国家社科基金
后期资助项目
GUOJIA SHEKE JIJIN HOUQI ZIZHU XIANGMU

U0143224

长江上游经济带低碳发展研究

李　新　著

科学出版社

北　京

内 容 简 介

长江经济带历来就是中国最重要的工业走廊之一。本书以作为长江经济带的水资源涵养地和生态屏障的长江上游经济带为研究对象，在系统介绍长江上游经济带社会经济概况、长江上游经济带生态环境变化时空特征的基础上，对区域内能源消费与碳排放量开展定量分析，科学研判未来区域内的各省市能源消费结构优化和碳排放减少的弹性和潜力，通过协同机制协调云、贵、川、渝等区域的低碳发展政策，试图提出具有示范作用的长江上游经济带低碳发展路径，共同推进长江上游经济带的低碳发展。

本书适合地理学、环境学、生态学等专业的师生阅读参考，也可供相关科研机构的研究人员、行业协会、企业的管理者和技术人员、政府相关管理部门和决策部门工作人员参考。

审图号：GS 川（2022）67 号

图书在版编目（CIP）数据

长江上游经济带低碳发展研究 / 李新著. —北京：科学出版社，2024.06

国家社科基金后期资助项目

ISBN 978-7-03-074930-7

Ⅰ. ①长… Ⅱ. ①李… Ⅲ. ①长江流域－上游－低碳经济－区域经济发展－研究 Ⅳ. ①F124.5

中国国家版本馆 CIP 数据核字（2023）第 033109 号

责任编辑：莫永国 / 责任校对：王晓茜
责任印制：罗 科 / 封面设计：墨创文化

科学出版社 出版
北京东黄城根北街 16 号
邮政编码：100717
http://www.sciencep.com
四川煤田地质制图印务有限责任公司印刷
科学出版社发行 各地新华书店经销

*

2024 年 6 月第 一 版 开本：720×1000 1/16
2024 年 6 月第一次印刷 印张：12 1/4
字数：394 000

定价：149.00 元
（如有印装质量问题，我社负责调换）

国家社科基金后期资助项目
出版说明

后期资助项目是国家社科基金设立的一类重要项目，旨在鼓励广大社科研究者潜心治学，支持基础研究多出优秀成果。它是经过严格评审，从接近完成的科研成果中遴选立项的。为扩大后期资助项目的影响，更好地推动学术发展，促进成果转化，全国哲学社会科学工作办公室按照"统一设计、统一标识、统一版式、形成系列"的总体要求，组织出版国家社科基金后期资助项目成果。

全国哲学社会科学工作办公室

作 者 简 介

李新，男，1968 年生，辽宁沈阳人，民盟盟员，理论经济学博士后，管理学博士，成都理工大学管理科学学院教授、博士研究生导师。现为中国自然资源学会会员、中国技术经济学会高级会员、中国环境科学学会会员、中国地质矿产经济学会会员、中国运筹学会企业运筹学分会理事，美国匹兹堡大学卡茨商学院和丹麦南丹麦大学生命周期工程研究中心的访问学者。主要从事管理科学与工程、资源环境管理、物流工程、工程管理、循环经济、生态文明与绿色发展、区域低碳发展等领域的教学科研工作。在《中国人口·资源与环境》、《资源科学》、《科学学研究》、《国土资源科技管理》、*Resources Policy*、*Resources，Conservation and Recycling*、*Energy*、*Journal of Cleaner Production*、*Greenhouse Gases：Science and Technology*、*Industrial Management and Data Systems* 等国内外重要期刊发表学术论文 80 余篇。先后主持国土资源部（现自然资源部）地质调查软课题"主要矿产资源二次利用的调查与评价"和"太阳能、风能等行业小金属资源消费调查"、四川省社会科学研究"十三五"规划 2016 年度统计专项项目"四川省二氧化碳排放清单核算与评价"、四川省社会科学研究"十三五"规划 2019 年度基地重大项目"伴生矿产全球贸易格局演变对我国的影响及四川省对策研究"等 20 余项科研项目。2019 年获全国绿色矿山突出贡献奖。

前　言

随着全球气候的不断恶化，低碳发展已成为世界各国协调经济发展与保护环境的重要途径。《巴黎协定》为 2020 年后全球应对气候变化行动作出安排，确定了削减温室气体排放量以及遏制全球变暖的行动方针。碳排放增加已成为人类社会共同面临的环境问题，基于低碳发展的全球性碳管制迫在眉睫。2020 年 9 月，国家主席习近平在第七十五届联合国大会一般性辩论上阐明，应对气候变化《巴黎协定》代表了全球绿色低碳转型的大方向，是保护地球家园需要采取的最低限度行动，各国必须迈出决定性步伐。长江上游经济带是我国自然资源丰富的地区，也是我国经济发展相对落后的地区，其主导产业仍以自然资源的初加工为主，资源开发强度大，能源消费和温室气体排放量大，环境影响严重，这与其作为长江经济带的水资源涵养地和生态屏障功能区的定位明显不符，长江上游经济带已成为我国长江流域和长江经济带生态环境综合治理的重点区域。因此，通过科学核算区域内的能源消费与二氧化碳排放的清单，有针对性地开展节能减排活动，加强区域间的协作，采取产业升级、产业链延伸和清洁能源替代等举措，实现长江上游经济带的低碳发展，可为长江经济带的可持续发展，乃至全国主要经济区域的低碳协同发展提供示范。2020 年，长江上游经济带所涉及的区域云南、贵州、四川、重庆碳排放量分别为 $1.3738 \times 10^8 t$、$2.0040 \times 10^8 t$、$3.16209 \times 10^8 t$、$1.2688 \times 10^8 t$，其中，原煤、焦炭、天然气等为主要能源消费和碳排放源。长江上游经济带高耗能高排放产业也大多集中在第二产业，其中包括黑色金属采选、非金属矿产开采与选矿部门等。从时间序列预测的角度可以看出，长江上游经济带的排放将会处于上升的趋势，且不同经济发展情景下的碳排放潜力差异较大。在结合不同因素的影响扰动之后，发现碳排放在不同的政策调整之下有明显的变化。本书立足于长江上游经济带的不同省份和主要城市的排放清单核算，建立了时间序列和环境压力模型，这样既可以探讨长江上游经济带总体碳排放未来发展趋势，也可以结合不同的发展情景，探究不同区域和因素对区域碳排放的影响，充分挖掘该区域的节能减排潜力，以此落实区域低碳发展路径。

长江经济带历来就是中国最重要的工业走廊之一，中国的采矿、钢铁、军工、汽车、电子、石化等基础工业汇集于此，集中了大批高耗能、大运量、高排放的工业企业，在能源的消耗上具有较强的典型性和代表性。长江上游经济带主要包括云南省、贵州省、四川省、重庆市，其作为长江经济带的水资源涵养地和生态屏障，以采掘业、加工业、制造业为主导产业，大量的能源消费和二氧化碳排放严重影响了长江上游地区生态环境，定量分析长江上游经济带的能源消费和二氧化碳排放量，科学研究该区域内的各省市能源消费结构优化和二氧化碳排放减少的弹性及潜力，通过协同机制协调云南、贵州、四川、重庆等区域的低碳发展政策，共同推进长江上游经济带的低碳发展不仅对长江经济带环境保护，而且对全国低碳发展起着示范作用。2020 年，习近平总书记在中央财经委员会第六次会议上作出推动成渝地区双城经济圈建设、打造高质量发展重要增长极的重大决策部署。这使长江上游经济带又迎来新的发展机遇。因此，长江上游经济带的低碳发展研究具有深刻且紧迫的学术价值和现实意义。

　　本书主要分为绪论、长江上游经济带社会经济概况、长江上游经济带生态环境变化时空特征、能源消费与碳排放的定量化分析、长江上游经济带低碳发展路径分析及政策建议等内容。

目　　录

前言

第1章　绪论 ·· 1

1.1　研究背景与意义 ··· 1

1.2　研究目标 ·· 4

1.3　研究创新 ·· 4

1.4　国内外研究进展 ··· 5

1.4.1　城市层面的温室气体排放清单及核算 ············· 7

1.4.2　气候变化和城市各行业 ·························· 9

1.4.3　气候变化与城市可持续发展 ····················· 11

1.4.4　城市层面的战略和缓解气候变化行动计划 ········· 13

1.4.5　研究现状述评 ································· 15

1.5　研究方法与思路 ··· 16

1.6　本章小结 ·· 17

第2章　长江上游经济带社会经济概况 ····················· 19

2.1　长江上游经济带边界界定 ································· 19

2.2　人口规模变化 ·· 21

2.3　经济发展水平 ·· 24

2.4　自然资源禀赋 ·· 28

2.4.1　土地资源 ···································· 28

2.4.2　林业资源 ···································· 30

2.4.3　矿产资源 ···································· 32

2.4.4　水资源 ······································ 33

2.5　产业结构特征 ·· 35

2.5.1　四川省产业结构特征 ···························· 35

2.5.2　贵州省产业结构特征 ···························· 39

2.5.3　重庆市产业结构特征 ···························· 40

2.5.4　云南省产业结构特征 ···························· 43

2.5.5　长江上游经济带产业特征 ························ 45

2.6　本章小结……………………………………………………… 47

第3章　长江上游经济带生态环境变化时空特征 ………………… 48

3.1　长江上游经济带生态环境变化的研究方法 ……………… 48
　3.1.1　研究区域概况 ………………………………………… 50
　3.1.2　数据来源与处理 ……………………………………… 50
　3.1.3　研究方法 ……………………………………………… 51

3.2　基于长江上游经济带大气图像的土地利用特征分析 …… 52
　3.2.1　土地利用时序演变特征 ……………………………… 52
　3.2.2　土地利用空间演变特征 ……………………………… 54

3.3　长江上游经济带大气碳浓度时空演变分析 ……………… 56
　3.3.1　碳浓度时序演变分析 ………………………………… 56
　3.3.2　碳浓度空间演变分析 ………………………………… 57
　3.3.3　碳汇时空演变分析 …………………………………… 59
　3.3.4　碳浓度驱动因素分析 ………………………………… 61

3.4　本章小结……………………………………………………… 62

第4章　能源消费与碳排放的定量化分析 ……………………… 63

4.1　能源消费与碳排放的定量化分析方法 …………………… 63
　4.1.1　研究方法 ……………………………………………… 63
　4.1.2　计算方法 ……………………………………………… 64
　4.1.3　可行性分析 …………………………………………… 67
　4.1.4　不确定性分析 ………………………………………… 68
　4.1.5　研究框架及思路 ……………………………………… 68

4.2　四川省能源消费与碳排放的核算 ………………………… 69
　4.2.1　四川省 2000~2020 年二氧化碳总排放 …………… 71
　4.2.2　四川省主要年份二氧化碳排放清单 ………………… 72
　4.2.3　四川省主要城市二氧化碳排放清单 ………………… 76

4.3　重庆市能源消费与碳排放的核算 ………………………… 81
　4.3.1　重庆市 2000~2020 年二氧化碳总排放 …………… 81
　4.3.2　重庆市主要年份二氧化碳排放清单 ………………… 83
　4.3.3　能源消费、碳排放与经济增长关系 ………………… 91

4.4　云南省能源消费与碳排放的核算 ………………………… 93
　4.4.1　云南省 2000~2020 年二氧化碳总排放 …………… 94
　4.4.2　云南省主要年份二氧化碳排放清单 ………………… 95
　4.4.3　能源消费、碳排放与经济增长关系 ………………… 98

　　　4.4.4　云南省主要城市二氧化碳排放清单 ·················· 99
　4.5　贵州省能源消费与碳排放的核算 ························ 103
　　　4.5.1　贵州省 2000～2020 年二氧化碳总排放 ··········· 104
　　　4.5.2　贵州省主要年份二氧化碳排放清单 ··············· 105
　　　4.5.3　能源消费、碳排放与经济增长关系 ··············· 108
　　　4.5.4　贵州省主要城市二氧化碳排放清单 ··············· 109
　4.6　本章小结 ·· 115
第 5 章　长江上游经济带低碳发展路径分析 ·················· 116
　5.1　基于灰色模型的碳排放趋势分析 ···················· 116
　　　5.1.1　灰色 GM(1, 1)模型的建立 ······················· 116
　　　5.1.2　灰色 GM(1, 1)模型的预测 ······················· 118
　5.2　不同经济发展情景下的节能减排潜力分析 ············ 120
　5.3　基于环境压力模型的分区域碳排放趋势分析 ·········· 123
　　　5.3.1　环境压力模型的建立 ··························· 123
　　　5.3.2　预测结果分析 ································· 125
　5.4　低碳发展路径分析 ····························· 135
　　　5.4.1　2020 年前低碳发展进程 ······················ 136
　　　5.4.2　2020～2030 年的低碳发展路径 ················· 142
　5.5　本章小结 ·· 147
第 6 章　长江上游经济带低碳发展的政策建议 ············· 148
　6.1　制定实施绿色低碳发展战略 ·················· 148
　　　6.1.1　提高绿色低碳发展的战略地位 ·················· 148
　　　6.1.2　将绿色低碳发展全面融入生态文明建设进程 ······ 148
　　　6.1.3　明确提出长江上游经济带绿色低碳发展的战略目标和路线图 ······149
　　　6.1.4　把握成渝地区双城经济圈的发展战略机遇 ········ 149
　6.2　构建区域低碳发展协同治理机制 ·················· 150
　　　6.2.1　发挥政府的服务和管理功能 ··················· 150
　　　6.2.2　积极支持企业参与协同治理 ··················· 151
　　　6.2.3　提高社会成员的意识和能力 ··················· 152
　6.3　构建区域低碳发展的保障体系 ···················· 153
　　　6.3.1　构建完善绿色低碳发展综合政策体系 ············ 153
　　　6.3.2　加快推进新型工业化和新型城镇化 ·············· 155
　　　6.3.3　加强能源领域技术创新应用 ··················· 156
　　　6.3.4　持续引导绿色低碳消费方式 ··················· 158

6.3.5　加强绿色低碳发展国际合作 ……………………………………159

6.4　成渝地区双城经济圈低碳发展典型模式 …………………………160

6.4.1　成渝地区双城经济圈低碳发展的模式 ……………………161

6.4.2　成渝地区双城经济圈协同低碳发展的路径 ………………163

6.4.3　成渝地区双城经济圈协同低碳发展的保障体系 …………164

6.5　本章小结 ……………………………………………………………165

参考文献 ……………………………………………………………………167

第1章 绪 论

1.1 研究背景与意义

《巴黎协定》制定了减少温室气体排放量以及遏制全球变暖的行动方针，二氧化碳排放增加已成为人类社会共同面临的环境问题，全球性二氧化碳排放治理迫在眉睫。由《联合国气候变化框架公约》[①]和《京都议定书》[②]所确立的减排模式以"生产者责任"（或"地理边界"）为原则来核算各国的二氧化碳排放。中国现在是世界上最大的一次能源和温室气体排放的消费者（Shan et al.，2017）。随着《巴黎协定》[③]的正式签署和中国政府减排工作的大力推进，未来中国二氧化碳排放的核算和管控压力将进一步加大。

二氧化碳减排是全球性问题，而城市是全世界能源和二氧化碳排放的主要消费者，城市消耗了全球能源的 2/3 并贡献全球 70%以上的二氧化碳排放量（IEA，2008）。考虑电力终端消费情况下，城市耗电占全部耗电二氧化碳排放的 71%～76%（IPCC，2014），在更广泛地考虑城市的终端能源消费时，城市区域会产生更多的二氧化碳排放。国际能源署（IEA，2010）估计，2006～2030 年，城市能源使用产生的二氧化碳排放量将以每年 1.8%的速度增长，全球二氧化碳排放量的比例将从 71%上升至 76%。由于城市化，世界城市人口从 1900 年的 2.2 亿人（占世界人口的 13%)增长到 2015 年的 36.3 亿人（占世界人口的 52%）（Kennedy et al.，2014）。据世界银行发布的数据，2017 年世界上有 75.3 亿人，生活在城市中的人口超过 41.1 亿[④]。2017 年中国人口总数为 13.9 亿人，城市人口达 8.1 亿人，占中国人口总数的58.3%。随着人口快速增加及城市化过程的加速，城市的能源需求和人均二氧化碳的排放量都持续增加（Shan et al.，2018b；Zhang et al.，2016）。

---

① 联合国大会于 1992 年 5 月 9 日通过的一项公约，同年 6 月在巴西里约热内卢召开的由世界各国政府首脑参加的联合国环境与发展会议期间开放签署。

② 全称为《联合国气候变化框架公约的京都议定书》，是《联合国气候变化框架公约》的补充条款。

③ 2015 年 12 月 12 日在巴黎气候变化大会上通过、2016 年 4 月 22 日在纽约签署的气候变化协定，该协定为 2020 年后全球应对气候变化行动作出安排。

④ World Bank，2018："https://data.worldbank.org.cn/"．

中国二氧化碳总排放中的城市贡献率为 85%，高于世界平均水平和欧洲（69%）、美国（80%）（Dhakal，2009）等发达地区和国家水平。因此，以城市为核心的经济区域是实施气候变化适应和二氧化碳减排政策的主要组成部分，了解典型经济区域的排放状态是提出缓解措施的一个基本步骤。典型经济区域将成为减缓气候变化政策的决策者和实施者，应该对典型经济区域的二氧化碳排放问题进行更加深入的研究，以获得有效解决问题的路径和政策保障（Xi et al.，2011；IEA，2016；Shan et al.，2018b；Yuan et al.，2022）。

准确地建立和核算典型经济区域二氧化碳排放清单，科学分析其能源消费特征和二氧化碳排放驱动因素是在典型经济区域开展气候变化减缓行动和制定相应措施的重要前提（Zhou et al.，2018；Oh et al.，2017），详细的二氧化碳排放数据可为建设和研究低碳发展战略提供技术支持和管理办法（Kennedy et al.，2014）。

中国学者对国家层面和区域层面的二氧化碳排放清单及其排放驱动因素已经开展了系列深入的研究，如针对区域层面的辽宁省、湖南省、东南沿海地区、北部沿海地区的研究（Guan et al.，2017；Peters G P et al.，2012；Shan et al.，2016a；Liu et al.，2022）。国家层面的二氧化碳排放核算则主要是从三次产业及其对应能源消费类别（煤炭、汽油、煤油、柴油、燃料油、天然气）等消费量折算而开展的（蒋金荷，2011）。省域层面的二氧化碳排放测算方法主要有宋旭等（2020）、温景光（2010）运用对数平均迪氏指数法（logarithmic mean Divisia index，LMDI）分解模型，研究江苏省或其他省域地区的二氧化碳排放情况及其影响因素，但缺少对产生二氧化碳排放的行业细分；黄金碧和黄贤金（2012）使用联合国政府间气候变化专门委员会（Intergovernmental Panel on Climate Change，IPCC）提出的方法测算了江苏省内各地级市的二氧化碳排放量，并分析了江苏省减排潜力，但在能源消费种类划分、行业分类等方面未有细分；成远等（2022）通过构建能源消费的二氧化碳排放模型，对浙江省的二氧化碳排放与碳足迹进行了研究，并进行了效率评价。对中国城市级的能源消费和排放清单的研究大多集中在省会和特大城市，如北京、上海、广州、香港、天津、南昌、重庆、深圳等（Shan et al.，2018b；Zhou et al.，2018；Jia et al.，2018；Gao et al.，2016；Liu et al.，2012；Sugar et al.，2012；Dhakal，2009）。但是，不同规模的城市和发展阶段缺乏一致性和系统的能源统计，科学核算和评价典型经济区域能源消费和排放状况的问题亟待解决（Su et al.，2012；赵荣钦和刘英，2016）。目前，关于中国长江上游经济带的二氧化碳排放研究较少，而长江上游经济带作为中国重要的典型经济区域，了解其二氧化碳排放特征和制定低碳发展的策略可为中国其他区域提供参考，并进一步为中国制定国家整体节能减排政策提供参考。

长江上游经济带的建设与发展是国家推进区域经济社会协调发展全局性战略的重要组成部分，是充分发挥长江黄金水道运输干线作用，促进长江流域上、中、下游地区的优势互补与合作，深入推动新一轮西部大开发，促进长江流域生态屏障良好发展的战略措施。《长江经济带发展规划纲要》①从大力保护长江生态环境，加快构建综合立体交通走廊，创新驱动产业转型升级，积极推进新型城镇化，努力构建全方位开放新格局，创新区域协调发展体制机制、保障措施等方面描绘了长江经济带发展的宏伟蓝图。2016年1月，习近平总书记在重庆召开推动长江经济带发展座谈会并发表重要讲话，提出当前和今后相当长一个时期，要把修复长江生态环境摆在压倒性位置，共抓大保护，不搞大开发。2018年4月，习近平总书记在武汉主持召开深入推动长江经济带发展座谈会并发表重要讲话，强调新形势下，推动长江经济带发展，关键是要正确把握整体推进和重点突破、生态环境保护和经济发展、总体谋划和久久为功、破除旧动能和培育新动能、自我发展和协同发展的关系，坚持新发展理念，坚持稳中求进工作总基调，加强改革创新、战略统筹、规划引导，使长江经济带成为引领我国经济高质量发展的生力军。绿色、低碳和循环发展是实现生态文明建设的重要路径，长江上游经济带低碳发展是实现长江经济带可持续发展和落实习近平总书记关于长江经济带系列重要讲话精神的重要举措。本书在对长江上游经济带发展的基本范畴进行界定、相关理论进行述评、理论支撑进行分析的基础上，按照从一般到具体的逻辑思路，对典型经济带低碳发展的支撑系统和长江上游经济带各省域之间通过政策协同促进低碳发展的主要途径进行了探索性研究。并对长江上游经济带发展的相关范畴进行了界定，对支撑研究的相关概念包括经济带、交通经济带、沿江经济带、长江经济带及长江上游经济带进行了辨析。在充分借鉴其他学者研究成果的基础上，按照"既遵循自然条件相似性和行政单元完整性的特点，也符合经济区和流域经济带一般要求"的基本原则，对长江上游经济带的范围进行了界定，其范围涵盖云南省、贵州省、四川省、重庆市的市（地）级行政单元，区域面积为114万 km^2。本书对学术界关于长江上游经济带、

---

① 由中共中央政治局于2016年3月25日审议通过，是推动长江经济带发展重大国家战略的纲领性文件。

长江流域开发、流域经济研究的相关文献进行了述评,对支撑本书研究的重要理论、流域开发理论等进行了梳理和分析,从而为长江上游经济带的低碳发展及协同政策推进提供了理论支撑。

1.2 研究目标

共同推进区域低碳发展,是国际社会共识和行动纲领。积极应对气候变化,走低碳发展道路必将成为全球经济社会发展的新常态。正在加速推动的以"低碳化"为特征的新一轮全球能源革命,必将重塑全球能源体系。中国作为最大的能源消费国和二氧化碳排放国,是全球能源治理和国际气候制度的重要倡导者和参与者,必须顺应全球大势,在经济社会发展中充分考虑应对气候变化工作要求。

随着工业化趋近完成和城镇化日益深化,中国经济社会发展形势将发生深刻变化:资源环境约束日益紧迫,发展方式转型势在必行,产业结构、能源结构调整趋向深入,居民生活消费模式逐步转变,能源技术发生重大变化。能源活动作为最大的碳排放来源,其与经济社会发展之间形成的有机整体,面临结构性的转变。这种转变将是一个持续渐进的过程,需要明确的目标来引导,也需要按照合理有序的步骤推进。

本书的研究目标是通过政策引导和区域协同,探索长江上游经济带的低碳发展路径与协同治理机制。本书主要包括长江上游经济带的大气二氧化碳浓度、能源消费和二氧化碳排放清单的分析,多维度识别和解析二氧化碳排放的社会因素等内容。

1.3 研究创新

研究的创新包括以下方面。

(1)在确定省域温室气体排放核算的边界方面存在一定难度,因为相邻省(区、市)的能源和物质流动可能带来大量的跨界温室气体排放。与国家层面相比,省份之间的商业活动更为频繁,本书从生产部门和能源消费角度实现了省级层面的碳排放清单核算。

(2)现有研究成果尚缺少统一的二氧化碳排放清单编制方法作为参考。已有的大多数研究成果主要集中在几个特定的省份和城市,如江苏、北京、上海、天津、重庆、南京和西安等,有关长江上游经济带其他省会城市的研究需要在本书展开。

（3）大多数省（区、市），没有具体和一致的能源消费数据。以往的研究成果所使用的数据主要来自城市统计年鉴和遥感图像，或者当地政府网站公布数据，这些数据需要进行系统的一致性和准确性的评价。将数据进一步细分到具体碳排放环节（细分部门）、能源消费的各种类和二氧化碳排放产生的过程（燃烧能源/加工过程）中，细分解决系统的统一性、准确性问题，使本书对长江上游经济带的统计分析更科学。

（4）由于区域经济发展和产业政策的差异性，在不同区域之间开展政策协同推进低碳发展上存在一定困难。要想从长江上游经济带整体的角度协同开展低碳发展，必须积极探索区域协同发展机制，但受到长江上游经济带多主体复杂关系的影响，区域协同低碳发展进程面临发展缓慢、出现僵局等问题。要进一步提升政策决策效率，必须以接近民众为基础，在提升政策民主性的同时，解决多元主体协同发展途径中的利益多重性、裁判程序争议等问题，从而促进长江上游经济带生态环境和区域经济协同发展。

1.4　国内外研究进展

20 世纪 30 年代，Keynes（1936）奠定了宏观经济学基础，Harrod（1939）与 Domar（1946）在原有的基础上进行动态化处理，同时利用生产函数，使得经济理论进入现代化。随后，Solow（1956）和 Swan（1956）将生产函数中的劳动、资本固定比率进行调整，使其具有连续性，从而诞生了新古典经济增长模式。Romer（1986）发现了 Solow 模型的不足之处：外生变量技术进步包含在假设条件之中，储蓄率并不能表达增长效应，于是提出了外溢性经济增长模型，在原有的新古典理论中，开创性地提出了内生经济理论。Lucas（1988）则在经济增长的内生性研究中创新性地加入了人力资本积累因素，进一步完善了研究体系。

传统经济发展模式是一种以"资源—产品—污染排放"为流向的物质单行道封闭的发展模式，主要是依托低端工业产品的生产和出口导向模式。该模式发展以政府政策为依托，盲目追求经济高速增长，逐步形成经济发展结构倾斜的态势，第一产业、轻工业、服务业都发展缓慢。该模式的主要特征表现为通过大量的资金和劳动力的投入提高产品生产效率，在大批量生产中对生产方式无限制地调整扩大。在这样的发展模式下，人类活动越发依赖地球资源和能源的开发，粗放型的生产和一次性的资源利用产生了大量的污染废弃物。该模式用大量的资源粗放投入换取经济的高速增长，忽略了自然资源的不可逆性，造成了不可逆转的环境污染问题。20世纪80年代后，许多新的经济理论和研究模型逐步出现，使得现代经济发展理论（主要包含可持续发展理论、新经济增长理论等）进入了新的发展阶段，整体发展趋于融合。传统经济学家对资源环境协调发展的研究，随着可持续发展模式的兴起逐步丰富起来。随着可持续宏观经济政策的提出，人类盲目的经济发展和环境限制高水平消费都不利于可持续发展。自然资源并不是取之不尽、用之不竭的，对经济系统进行约束和对经济发展模式进行良性调整，才能寻求到更加优质的协调发展模式。只有实现经济和环境的可持续控制，才能实现经济高质量发展。

近年来，受环境污染和全球气候变化问题的影响，许多学者和研究机构对城市级二氧化碳排放核算方法产生了兴趣（Jia et al.，2021；Zhang et al.，2021）。由于不同的研究目的和数据的缺乏，用于二氧化碳排放估算的方法不断创新（Brondfield et al.，2012；Xu et al.，2017）。从方法论的角度来看，这些方法形成了不同维度、不同层面、不同类别的二氧化碳排放测算方法体系。

对于城市能源消费产生的二氧化碳排放，许多学者使用能源平衡表（energy balance table，EBT）或能源消费数据来计算具体研究区域的二氧化碳排放量。Shan等（2017）开发了一套基于EBT的构建中国城市二氧化碳排放清单的方法，其中涵盖了47个产业部门、17种化石燃料和9种初级工业产品；Zhao等（2012）以上海为例讨论了如何正确使用EBT计算二氧化碳排放量，并讨论了在分析排放源的特征时应该关注的关联因素；Sun等（2018）讨论了使用EBT计算二氧化碳排放量及其不确定性，这种方法的缺点是只专注于省级或直辖市级（北京、上海、天津和重庆），或者省会城市（如广州）的测算。直辖市直接在中央政府的管辖下，拥有丰富而全面的相关数据，但地级市没有那么多的数据资源。因此，这些方法并不适用于地级市的二氧化碳排放量测算。

关于温室气体排放责任的溯源问题，近年来二氧化碳排放清单受到了公众、学术界和政府的关注。现阶段对二氧化碳排放量的核算主要有国家层面（Guan et al.，2009；Mi et al.，2017；Choi et al.，2020）、省级层面（Meng et al.，2017；Shan et al.，2016a；Yu et al.，2017）和部门层面上开发的核算方法（Liu et al.，2012；Shan et al.，2016b；Shao et al.，2013），在城市层面的排放清单核算是有限的（Brondfield et al.，2012；Chen Y N et al.，2015；Hasegawa et al.，2009；Hoornweg et al.，2015；Kennedy et al.，2010；Anu et al.，2011）。大多数城市级温室气体排放清单是采用"自下而上"

的方法计算得出的，即通过使用某些部门收集的能源数据开展计算，所设置的部门在不同研究中略有差异。祁神军和张云波（2013）计算了中国 43 个产业部门的二氧化碳排放量，包括建筑业、专用设备制造业、交通运输及设备制造业等的排放量。不同的是，Kennedy 等（2010）及其后续研究（Kennedy et al.，2014）编制的二氧化碳排放清单则涵盖了电力、供暖工业燃料、地面运输燃料、航空及海运交通、工业流程和产品使用等多部门，以及全球 10 个超大城市的能源消费；Felix 等（2019）建立的能源和排放数据集中包括了 274 个城市，研究结果呈现了城市气候变化减缓的总体潜力。

与全球研究相比，中国城市层面的二氧化碳排放清单研究方兴未艾。Dhakal（2009）编制了中国省会城市的二氧化碳排放清单；Liu 等（2012）编制了 1995～2009 年中国 4 个直辖市的符合一次能源、产业过程产生的直接碳排放和电力相关间接碳排放的排放清单；Meng 等（2019）编制了中国"一带一路" 37 个节点城市 2005 年、2012 年、2015 年的二氧化碳排放清单，并对排放特征进行了系统分析。值得注意的是，中国城市层面的二氧化碳排放清单是按各个部门所编制的，这些部门，甚至国家或省域层面的清单部门编制有很大不同。国家和省域层面的二氧化碳排放清单通常是根据能源平衡表所编制的。另外，大多数现有的研究更关注少数几个特大城市，如北京、天津、上海和重庆 4 个直辖市及少数省会城市（如广州）的碳排放，主要是因为这些城市具有一致和系统的能源统计数据。

可见，城市二氧化碳排放的精确数据还需要在排放经济关系中进一步分析（Chen D et al.，2018；Chen G，et al.，2018；Chen S et al.，2015；Lu et al.，2017；Meng et al.，2017；Mi et al.，2016；Shao et al.，2013）。

1.4.1　城市层面的温室气体排放清单及核算

气候变化研究和气候政策制定需以温室气体排放清单为基础，近年来公众和学术界对此关注较多。大多数现有清单是在国家或全球层面进行讨论的，而关于城市排放清单方面的研究是有限的。

许多情况下，如何恰当地计算当地规模的温室气体排放情况并确定减少温室气体排放的行动仍然是一个开放性的挑战（Martire et al.，2018）。在城市层面，为计算碳排放完成一个适当且一致的系统边界和可计算的程序仍然是值得思考的。二氧化碳排放核算的边界因城市而异，这取决于分析的目的和定义。区域二氧化碳排放，涉及地域总体二氧化碳排放、电力生产二氧化碳排放、进出口电力产生的二氧化碳排放及进口产品和服务产生的二氧化碳排放。此外，城市中跨越系统边界的密集交互，即跨境活动，包括国内和国际运输，区域间电力传输和其他商品及服务的流动以及在边界外产生的购买电力供应，都对根据所选边界水平来计算二氧化碳排放具有重大影响。

在城市层面，生产和消费导致了二氧化碳排放。更具体地说，由国内生产和出口引起的基于生产的二氧化碳排放包括生产时的排放，但不包括最终使用的目的地或最终使用商品的顾客的二氧化碳排放。Shan 等（2017）提出了一套基于能源平衡表的中国城市生产性二氧化碳排放核算方法。按照 IPCC"区域排放核算"的定义，新建的排放清单包括 47 个产业部门、17 种化石燃料以及 9 种初级工业产品。Liu X 等（2018）根据增强植被指数、调整的夜间光照指数以及"Land-Scan"人口数据（这是自 20 世纪 90 年代末以来由橡树岭国家实验室制作的全球人口分布数据集），开发了一种改进的分配模型，用于追踪 2000 年、2005 年、2010 年和 2013 年中国的二氧化碳排放量。Li Q 等（2017）通过使用抽样调查，基于企业温室气体报告和地理参考数据来估算排放和空间分布，提出了基于地理位置的二氧化碳排放清单方法。Zhu 等（2017）计算了 2005~2014 年中国长江三角洲地区 17 个城市的能源产业二氧化碳排放量。Chen D 等（2018）估计 2005~2013 年中国 187 个地级城市的工业二氧化碳排放量，主要来自工业部门的化石能源。Du 等（2018）开发了一个具有 8 个子模型（包括社会经济模型、初级产业模型、二级产业模型、三级产业模型、住宅模型、交通模型、废物处理模型以及电力模型）的集成系统动态模型，用来评估 1991~2015 年上海的碳排放量。Cai 等（2018）通过生成 286 个中国城市二氧化碳排放的高空间分辨率数据集，改进了碳核算方法的全面性和准确性。

相反，所有发生在生产和分销部门的二氧化碳排放都是根据消费计算分配给最终产品消费者的。根据这种方法，进口产品区域的二氧化碳排放被分配到它们的生产中。Ottelin 等（2018）在赫尔辛基都市区内划分了六种不同类型的城区碳足迹，包括中央步行区、中央步行区边缘、密集公共交通区、公共交通区、汽车区和行人中心区。Long 等（2017）通过对日本 49 个地级市的案例研究，探索了按来源划分的间接家庭二氧化碳排放及其与潜在影响属性的关系。Wang Y 等（2021）使用计量经济模型，测算分析了 2006~2017 年铁路运营碳排放量的变化趋势。Isman 等（2018）重点关注生态足迹的碳足迹子组成部分，并进一步将碳足迹转化分解为个人消费的详细分类。Fry 等（2018）认为，城市碳足迹分析需要投入产出数据库和相关计算，以避免由于足迹评估边界的截断而导致的不可接受的范围限制所造成的严重错误。因此，根据不同的数据可用性水平，确定了中国 4 个直辖市，即北京、上海、重庆和天津的碳足迹。

某些研究比较了两种碳排放核算方法。Sudmant 等（2018）分析比较了中国、英国和美国城市基于生产和消费的二氧化碳排放量。Meng 等（2017）计算了 2012 年中国 4 个直辖市（即北京、上海、天津和重庆）基于生产和消费的二氧化碳排放量。Andrade 等（2018）分析了马德里基于生产的温室气体排放清单核算所面临的挑战，估算了伦敦温室气体排放清单核算经验对供应链和最终消费者碳排放造成的影响。

1.4.2 气候变化和城市各行业

气候变化从多方面影响城市各行业，同时，城市各行业经营活动带来的温室气体排放也影响气候系统。为城市提供"生命血液"的城市能源系统在很大程度上促进了二氧化碳排放。全球碳排放主要来源是城市能源消费产生的排放量。能源行业的排放由许多因素决定，如能源使用水平、能源结构和技术。相反，气候变化可能以不同的方式影响城市能源系统。能源对全球气候变化的影响已经得到了广泛的研究，但气候变化对能源系统影响的研究仍然很少。显而易见的是，城市能源行业在包括供应、需求、运营和资产在内的所有过程中都可能受到气候变化带来的影响。Wei 等（2017）计算了中国人口最多、经济最活跃的地区之一，即京津冀地区的城市电网碳排放量。Wang J 等（2018）采用 IPCC 自下而上库存指标估算了中国生物质燃烧产生的温室气体排放，利用地理信息系统（geographic information system，GIS）揭示了生物质燃烧排放的时空特征。To 等（2017）利用电力公司可持续发展报告中的生命周期方法和燃料组合数据分析了中国香港电力消耗产生的温室气体排放。Rocha 等（2017）分析了免税对巴西不同地区 4 个城市商品和服务流通，以及光伏微型发电项目的收益和风险的影响。Dou 等（2018）通过建立城市规模焚烧设施与工业之间热交换网络可行性评估的综合模型，评估了土地利用对经济和环境指标的影响。Waheed 等（2018）调查了可再生能源消费对巴基斯坦碳排放的影响。Gupta 等（2018）提出了一种基于本地化的 GIS方法，该方法利用公共可用的住房与能源国家和地方数据集，为英国各城市提供有针对性的低碳措施。Roelich 等（2018）于 2013～2017 年对英国 5 个城市进行了纵向分析，试图使这些城市形成新的制度安排，以参与国家能源系统和对减缓气候变化作出贡献。Ibrahim（2021）对埃及存在风力发电潜力的四处地点进行了电力生产评估和比较分析，以获得更优的能源产量。

　　交通运输行业在能源需求和二氧化碳排放中占很大比例，而且正在迅速增长。城市是现代人类生活的中心，城市交通运输行业发展迅速。特别是在互联网时代，公共交通运输的发展给城市客运带来了新的挑战和机遇。因此，对城市交通运输行业二氧化碳排放的研究具有重要的意义和紧迫性。Yu 等（2017）调查了中国区域交通运输部门的全要素碳敏感生产率增长，并考虑不同省（区、市）的区域异质性，分解了其随时间变化的动态变化。Magueta 等（2018）利用 2002~2016 年葡萄牙新车销售数据库，从描述性统计的角度探索了平均二氧化碳排放量和销售演变情况，其中考虑了不同类型的新车销售（如汽油、柴油和电力）。Fan 等（2017）以北京的公共交通为例，应用长期能源替代规划系统（long-range energy alternatives planning system，LEAP）模型分析了 2016~2030 年不同情景下的能源需求和主要温室气体排放情况。Beheshtian 等（2018）提出了替代燃料基础设施作为气候适应和减缓的协同方法，并提出了一种定量方法来模拟交通能源基础设施受到压力或受到攻击时出行行为对燃料可用性的依赖。Becherif 等（2018）提出了三种新方法来高效快速地估计燃料电池的电化学阻抗谱（electrochemical impedance spectroscopy，EIS）。Hossain 等（2022）使用对数平均迪氏指数法（LMDI）模型，确定了孟加拉国交通部门 1990~2017 年发展与能源消费导致的二氧化碳排放之间关系的驱动因素。Cong 等（2009）从环境和经济角度研究了丹麦交通运输行业的整个沼气利用链（包括生物质供应、沼气生产和分配、燃料替代等）。Yin 等（2018）开发了一个综合土地利用运输模型来评估巴黎共享出行对气候变化的影响。Gan 等（2021）分析了电动汽车使用对温室气体排放的影响。Liu 等（2017）估计了中国对公路客运的需求，公路交通排放被认为是城市空气污染最重要的来源之一。Hofer 等（2018）估计了格拉茨市（一个典型的欧洲内陆城市）的城市汽车交通造成的二氧化碳排放量。Guo 等（2018）使用投入产出模型分析了中国主要行业的能源消费量和二氧化碳排放量。他们的研究结果表明，中国的公路运输在整个交通运输行业的二氧化碳排放量中占主导地位。Yang Y 等（2018）估计了北京日常出行领域的二氧化碳排放和减排潜力。

　　建筑业可以通过直接和间接方式产生二氧化碳排放。二氧化碳在建筑领域有许多直接的用途，如可作为便携式压力工具中的气动系统的压缩气体。从生命周期分析的角度来看，由于建筑行业的活动，会有相当多的二氧化碳被间接排放。Liao 等（2022）基于产业和空间的双重视角，阐述了绿色建筑对建筑业碳减排效率的促进作用。Ziogou 等（2017）不仅研究了能源节约，还研究了典型城市办公建筑（代表地中海东部塞浦路斯气候）的两种替代绿色屋顶解决方案的可持续性。Seo 等（2018）采用自上而下和自下而上相结合的方法，分析了大墨尔本地区不同住宅改造项目的具体影响。Heidarinejad 等（2018）分析了个性化调节系统对美国不同城市商业建筑潜在的节能、成本和二氧化碳排放的影响。Bertone 等（2018）采用混合方法，包括场景建模、利益相关者研讨会和访谈，来确定改造公共建筑的主要挑战和潜在应对策略。Fastenrath 等（2018）分析了澳大利亚布里斯班的建筑实践、政策制定和相关参与者的共同演变和相互作用，以检验绿色建筑转型的特定地点。Palermo 等（2018）发现建筑改造可以在很大程度上减少邻里规模建筑的能源使用及排放。Zhang C 等（2018）讨论了城市混凝土回收利用在减少温室气体排放方面的协同效益。Ribeiro 等（2018）评估了发展中城市建筑中的水-能源效率项目研究情况。

服务业一直被认为比工业更环保，并且需要的能源和二氧化碳排放的强度都较低。Lin 等（2017b）采用基于元边界松弛的效率测量（meta-boundary slack based measure，MSBM）的方法来估算中国服务业的能源效率。Sun 等（2021）采用基于非期望超效率 SBM（slacks-based measure）模型与 ML（Malmquist-Luenberger）指数模型对中国各省域服务业能源效率进行比较分析。Wang 等（2017）运用人口、财富和技术随机回归影响（stochastic impacts by regression on population，affluence，and technology，STIRPAT）模型，研究了 1980～2014 年中国商业领域二氧化碳排放的主要影响因素。

1.4.3　气候变化与城市可持续发展

气候变化与城市可持续发展之间存在相互影响的关系（Jin et al.，2015；Vergragt et al.，2015）。一方面，城市可持续性发展的制度和政策可能限制或促进气候变化。现有研究表明可持续发展政策正不断纳入各类适应气候变化的观点，从应对气候变化的角度入手提升城市发展更具可持续性。例如，在联合国通过的《改变我们的世界：2030 年可持续发展议程》中，制定和实施减缓及适应气候变化的政策是可持续城市的一个重要目标。另一方面，气候变化对作为城市社会经济发展基础的人类生活条件产生了影响。城市实现可持续发展目标的能力将受到气候变化和气候政策反应的影响。因此，城市可持续发展可以看作是一个受气候变化政策间接影响的问题。

城市化对全球气候和环境产生了巨大的影响。城市化和气候变化的影响在许多方面正在趋同。Zhang J 等（2018）提出了人类迁移对中国北京城市相对湿度影响的观测证据。Yang 等（2017）利用 2000～2010 年中国 266 个地级市的数据分析了城市化对能源消费的影响，并研究了这种影响在收入和城市化群体之间的异质性。Vasenev 等（2018）基于土壤调查和土地转化模型，探讨了未来城市化对莫斯科地区土壤有机碳储量可能产生的净影响。Martire 等（2018）通过一项基于该现象对城市的下一年脆弱影响的调查，分析了城市人口对气候变化的影响。Han 等（2018）利用集聚经济理论探讨了城市群经济影响二氧化碳排放的机制。Fujii 等（2017）通过大都市的数据集确定了如何根据不同城市类型来决定影响城市二氧化碳排放变化的因素。Shen 等（2018）通过对数平均迪氏指数法（LMDI）对排放因子进行了分类研究，排放因子主要分为能源和产业结构、能源强度、人口规模和经济产出能力等方面。Chen G 等（2018）研究了悉尼郊区化对全球变暖的影响。

城市生态系统对元素的生物地球化学循环具有重要影响，并通过气体排放影响气候。Mauerhofer 等（2018）以奥地利维也纳为例，提供了一个新的框架来分析如何解决气候变化与生物多样性保护之间的利益冲突。Wang P 等（2018）利用涉及城市生态系统健康评价和差异性分析的能值分析方法，分析了北京和天津的极端降水与城市生态系统健康状况。Hou 等（2018）定量评估了美国旧金山市受污染土地再开发缓解气候变化的潜力。Bonn 等（2018）通过对增加城市植被效应的调查，以树种对大气化学的影响为例，探讨潜在的城市管理策略，可以对抗臭氧和 PM_{10} 等污染物。Wamsler 等（2020）提出了将环境和气候政策整合，以适应气候变化的针对性战略。Wu 等（2018）收集了 2014～2016 年中国地级以上主要控制城市的空气质量指数（air quality index，AQI）以及这些城市重污染企业的库存产量数据，并通过多重不连续性回归模型，测试了大气污染对重污染企业库存产量的影响。Hao 等（2018）使用城市面板数据来估计 $PM_{2.5}$ 浓度对经济发展的影响。Alavipanah 等（2018）通过一系列多光谱和空间矢量数据得出城市层面的表面温度以及二维（2D）、三维（3D）信息。Wang Z 等（2018）从"社会-经济-生态系统"的角度研究了北京的城市韧性。

预计气候变化将增加极端事件的强度和频率，这些极端事件（如洪水和海平面上升等）将对城市的可持续发展产生巨大的影响。Mendoza-Tinoco 等（2017）引入洪水足迹的概念作为一种新的核算框架，用于衡量生产要素、基础设施和住房资本损失对生产系统造成的直接或间接的总体经济影响。Abebe 等（2018）提出了一种基于地理信息系统和贝叶斯网络的洪水脆弱性评估耦合模型，通过该模型对不确定性进行量化，获取了洪水影响因素之间的因果关系。Chan 等（2018）研究了减缓中国香港和新加坡洪水灾害的政策措施。Reyhaneh 等（2019）采用模糊空间多准则决策对城市雨水基础设施系统风险进行了分析。Rodriguez-Sinobas 等（2018）通过低影响发展措施改善了马德里瓦尔德贝巴斯新城市发展中的水资源管理。Cui 等（2018）利用多区域一般均衡模型估计了中国沿海城市海平面上升产生的经济影响。Abadie（2018）提出了一种模型，该模型将 IPCC 情景的概率与当地海平面上升信息匹配，并在特定时刻为世界 120 个主要沿海特大城市提供预期的损害和风险控制措施。Salas 等（2018）采用了具有多目标优化的城市脆弱性评估模型。

1.4.4 城市层面的战略和缓解气候变化行动计划

许多城市已经采取行动减缓气候变化。例如，C40 城市气候领导联盟（C40 Cities Climate Leadership Group）和地方政府可持续发展组织（Local Governments for Sustainability）是许多城市合作应对气候变化的两个全球网络。城市需要科学界提供更多的有用信息来做出相应的决策。

一个城市应对气候变化的政策选择有很多，如提高能源效率、减少化石能源的使用、倡导低碳生活、建立碳交易市场等。城市需要找到合适的低碳发展路径，实现可持续发展。评估和选择城市气候政策需要考虑许多标准，包括环境效益、成本效益、代际公平、区域间公平、制度可行性、技术可行性和道德伦理等。

许多研究人员将减缓气候变化的政策分为两类，分别是基于数量的减排政策和基于价格的减排政策。二氧化碳排放交易中使用最广泛的是基于数量的减排政策，其工作原理是首先限制参与者排放的资格，控制排放许可证数量，然后允许他们在市场上买卖许可证，其优点是在碳价格不确定的情况下，可以直接控制减排水平。总量管制与排放交易体系的一个关键要素是，参与者可以通过购买和出售许可证，以最低成本达到减排目标。特别是那些能够以更低成本减排的参与者可以出售多余的许可证，相反地，成本较低的参与者将避免购买许可证。Hu 等（2017）对北京碳交易试点项目的运行绩效和成熟度进行了评估，指出碳排放配额分配是建立全国碳排放交易市场的基础和重要里程碑。Zhou 等（2018）利用多衰减因子数据包络分析（data envelopment analysis，DEA）对我国城市的二氧化碳排放配额进行了分配。Qin 等（2017）提出了一个多标准的决策分析模型来分配中国东部沿海地区的碳排放配额。

最广泛使用的基于价格的机制是碳税或能源消费税，要求对每吨二氧化碳排放进行固定收费。通过间接确定减排水平，可以直接控制碳价格。基于价格的机制之所以具有成本效益，是因为排放方可以选择以低于税收或固定费用的成本来减少排放。Li Y 等（2017b）建立了一个城市级的可计算一般均衡（computable general equilibrium，CGE）模型，以模拟碳定价对城市的潜在影响，包括对支付出口边境碳调整税或引入国内碳税。Zhao 等（2018）研究了消费税调整方式的合理性及其对碳排放的影响。Zhang S 等（2018）研究了分层电价系统的有效性，该系统旨在激发节约用电行为以及解决交叉补贴问题。

一些研究建议使用相关工具来促进城市减排。为了积极应对全球气候变化，许多国家和组织正在努力确定引导居民低碳环保消费的方法。碳标签作为一种识别产品全生命周期产生的温室气体排放的方法，其对不同类型消费者低碳消费行为的影响很值得研究。de Jong 等（2018）比较了香港、上海和北京三个中国特大城市应对生态现代化挑战而采取的城市品牌建设方法。Illankoon 等（2018）根据澳大利亚的绿星评级系统，分析了使用辅助水泥材料获取混凝土的生命周期成本。Axon 等（2018）调查了行为改变举措的因素和障碍，将其分为六类，包括基于社区的干预、基于信息和意识的干预、生态区、展示活动、能源转换和以智能技术为重点的干预措施。

城市对城市（city to city，C2C）合作，即城市通过其跨区域网络共同面对气候变化，其对减缓气候变化具有重要意义。决策者有机会通过各城市之间的相互作用和合作，向其他城市学习如何采取行动去减缓和适应气候变化。许多研究已经介绍了在单个城市的气候变化减缓行动，如德国科隆（Holtz et al.，2018）、奥地利维也纳（Essl et al.，2018）、丹麦哥本哈根（Gao，2018），以及中国深圳（Zhan et al.，2018）、上海（den Hartog et al.，2018）、南昌（Jia et al.，2018）、苏州（Liu T et al.，2018）等地的行动。

Lee 等（2018）确定并分类了气候变化行动的 C2C 网络，并将其功能与活动水平联系起来。欧盟委员会（European Commission）启动了《市长盟约》（Covenant of Mayors），以鼓励地方政府制定可持续能源计划，帮助减少温室气体排放。该计划旨在实现欧洲战略（European Strategy）中有关气候变化和能源效率的目标。Pablo-Romero 等（2018）利用《市长盟约》组织的数据库研究了近 1300 个城市的主要基准行动。Coelho 等（2018）审查了 124 个葡萄牙城市提交的《可持续能源行动计划》（Sustainable Energy Action Plans，SEAP）。Nagorny-Koring 等（2018）在一个案例研究中分析了两个欧盟资助的来自欧洲不同国家的八个城市的项目，以便从理论和实践上评估城市转型。Reckien 等（2018）收集了欧盟 885 个城市地区的气候减缓和适应计划，并将这些计划分为三类。

许多绩效评估方法用于评估城市级别的减缓气候变化战略或行动的绩效。最广泛使用的方法是 DEA。Wang M 等（2021）采用了多因素 DEA 方法评估了中国区域发展和产业市场结构变动对二氧化碳排放的影响。Sun 等（2018）采用了一种改进的 DEA 模型来衡量中国 211 个城市的节能减排效率。Gonzalez-Garcia 等（2018）采用多准则 DEA 模型，考虑可持续发展三大支柱的指标偏移量，确定非可持续城市。Pu 等（2018）估计了中国市长在经济绩效和环境质量方面对政治生涯的贡献。Wang R 等（2021）制定了低碳绿色发展评价指标，分析了中国农业相关排放效率。Wu 等（2017）使用非径向方向的距离函数模型来检验中国 286 个城市二氧化碳的排放率和生产率。以上这些研究成果为本书研究提供了丰富的研究基础和方法借鉴。

1.4.5 研究现状述评

对区域碳排放核算体系的构建，不仅是绿色低碳社会建设的基础，还是考核区域绿色低碳发展目标实施进程的衡量工具，更是反映区域低碳发展状况的关键。总的来说，加快建立地方二氧化碳排放总量控制"梯度"管理制度，完善自下而上的二氧化碳排放统计核算体系对区域低碳发展目标的实现至关重要。由于不同区域在资源禀赋、总体格局所处地位和组织决策管理水平等方面存在较大的差异，而这些因素对区域经济和绿色低碳发展等诸方面都产生直接和间接的影响，因此，必须充分结合不同地区生产消费的特点，积极构建省级和城市级小尺度碳排放核算体系，剖析城市碳排放与能源投入和经济发展之间的联系。

现有对长江上游经济带二氧化碳排放特征的研究较少。长江上游经济带一直面临着资源压缩和复合的问题。决策者需要大量的数据来支持长江上游生态环境的改善和能源的安全利用。同时，政府可以更好地为西部地区制定低碳发展战略。本书采用 IPCC 区域排放核算方法编制了研究区的排放清单，并且包含了部分主要城市排放清单，然后对计算结果进行了定量分析。通过对区域减排目标的研究，采用时间序列方法，对研究区域 2021~2030 年的排放量进行了相应的预测。上述工作为长江上游经济带乃至西部地区的低碳绿色发展提供了有价值的参考，可以使政府从更全面的角度推动中国的减排行动。

不同学者研究碳排放问题时采用的方法和分析的角度有所不同，大多数研究集中在碳排放效率评价。因此，本书考虑长江上游经济带之间的区域差异，首先在核算的数据基础上，采用时间序列预测模型对长江上游经济带碳排放潜力进行预测，各因素对碳排放的影响存在显著差异，并且会随着区域、时间的变化而变化，且各因素之间不是相互独立的，它们相互影响、共同作用，城镇化在这一点上尤为明显。因此，各因素对碳排放的影响是复杂的，要具体问题具体分析。本书针对不同省份的已有发展规划，设置不同的情景，主要选择的是经济、人口、能源、城镇化等影响因素，进行相关研究预测，旨在综合考虑整体和局部的碳排放未来发展情况，为长江上游经济带实现绿色低碳发展提供可供参考的依据。

1.5　研究方法与思路

本书在宏观层面结合了历史回顾、国际对比以及中长期经济社会发展转型趋势，考虑了人口数量、经济增长和城镇化水平，同时分析了长江上游经济带发展所面临的能源资源约束、生态环境容量和二氧化碳排放空间的情况。

根据 IPCC 方法，核算了长江上游经济带重点城市行政区域范围的二氧化碳排放，排放清单分为能源和过程相关的二氧化碳排放。其中，能源相关的排放可以使用两种方法计算：部门方法和参考方法，本书选择部门方法。本书考虑了 47 个产业部门内的 20 种能源（17 种化石能源和 3 种非化石能源）消费和 9 种产业过程的二氧化碳排放量。分析内容包括行业活动水平、工艺结构及技术路线和用能设备效率及排放因子。使用 IPCC 方法核算得出的二氧化碳排放清单，首先通过能源消费分析排放趋势，主要涉及化石能源和非化石能源的消费，终端消费主要集中在工业、建筑和交通部门；再对其节能减排潜力和路径进行分析，减排潜力主要在节能、非化石能源开发和单位化石能源排碳因子三个方面，其中节能潜力主要包括技术的节能、结构的节能和消费方式的节能。通过对长江上游经济带节能潜力的深入分析，了解其二氧化碳排放特征和制定低碳发展的政策措施，可为中国其他区域提供参考,并进一步为中国制定国家整体决策提供数据支持。本书的研究技术路线如图 1-1 所示。

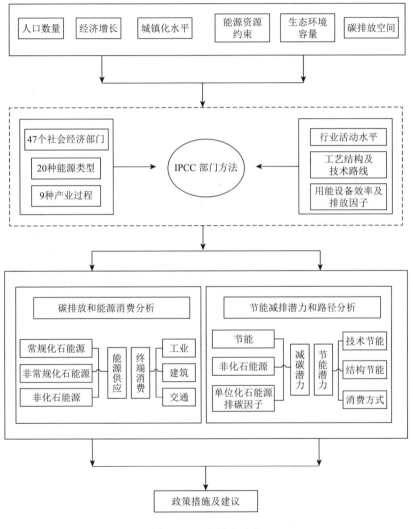

图 1-1 研究技术路线

1.6 本 章 小 结

本章首先介绍了目前全球气候变暖的原因——温室气体的大量排放、国际社会联合签署减排协议及我国目前面临的严峻碳排放压力等研究背景。其次,阐述了从区域角度出发制定长江上游经济带异质化减排战略具有重要意义。然后，从城市层面的温室气体排放清单及核算、气候变化和城市各行业、气候变化与城市可持续发展、城市层面的战略和缓解气候变化行动计划四个方面，对近年来有关碳排放的相关高质量文献进行了梳理与述评，将文献分类进行总结归纳，为后面研究奠定基础。最后，说明了本书的数据来源，并简单概括了各章节的研究内容和技术路线，以便读者更加清晰地了解全书内容。

第2章 长江上游经济带社会经济概况

2.1 长江上游经济带边界界定

经济区是在劳动地域分工基础上形成的不同层次和各具特色的以地域专门化为主要特征的经济地域单元。经济带是带状经济区的简称。它以劳动地域分工为基础，依托某一重点开发轴线，以其地理位置、自然环境为发展轴，对轴线地带上的一个或几个城市进行重点开发。

长江上游经济带划分的主要依据有自然生态环境、区域经济发展、流域地理特性等的相对一致性。

白志礼（2009）的《流域经济与长江上游经济区空间范围界定探讨》中对于长江上游经济带的划分的阐述如下所示。

（1）杜政清（1996）在《长江三角洲及沿江地区中心城市发展趋势与决策探析》中界定长江上游经济带的范围为涉及长江上游的地区，把重庆市（市辖区）和万县（现万州区）、涪陵地区划归其中。

（2）徐国弟（1999）在《21世纪长江经济带综合开发》中明确界定长江上游经济带西起攀枝花，以重庆市为中心，涉及城市包含重庆市，以及四川省的攀枝花、成都、泸州等。

（3）《长江上游经济带发展的几个问题》中，陈栋生（1996）基于长江流经地对长江上游经济带进行了划分，由于干流流经四川、云南，支流流经贵州、甘肃，故将四川省等省囊括其中。

（4）雷享顺（1995）在《重庆经济协作区与长江上游经济带》中指出长江上游经济带的主体构成部分包含云、贵、川三省和重庆市的21个县市。

（5）宁吉喆（2001）在《西部开发的重点区域和政策》中提到，长江上游经济带以重庆、成都等大城市为中心，辐射整个成渝地区。

（6）中国科学家、区域地理专家陆大道（2014）把沿长江到重庆市，从成渝线、宝成线至成都、绵阳和重庆市作为一级经济带之一。把北起重庆，途经遵义到贵阳作为四个二级经济带。

（7）邓玲（2002）在《长江上游经济带建设与推进西部大开发》中指出，长江上游经济带主要包括沿成渝高速公路等主要交通干线分布的成都市、绵阳市、德阳市、南充市等中心城市和四川省、重庆市的沿江市、县。

（8）国务院 2000 年颁布的《国务院关于实施西部大开发若干政策措施的通知》中，把重庆市、四川省、西藏等地区划为长江上游经济带。由于民族经济发展的特殊性，《"十五"西部开发总体规划》中将新疆、西藏等民族地区作为一个单列区域进行了规划，因此长江上游经济带的范围仅包含四川省和重庆市这两大主要经济区。

（9）陈兴述和田代贵（2007）在《长江上游经济带发展目标及空间发展站略》及田代贵（2006）在《长江上游经济带协调发展研究》等文献中提出长江上游经济带包含重庆、成都两大中心城市辐射范围、四川省的攀枝花市、绵阳市、达州市，贵州省的遵义市，云南省的昭通市等，把四川、重庆、贵州、云南三省一市涵盖在其中。

（10）邓玲（2011）在《长江上游经济带》中依据白志礼先生的"流域经济与长江上游经济区空间范围界定探讨"中的大、中、小三个尺度中的中尺度范围来进行划分。由于云南、贵州、四川和重庆三省一市都属于长江上游流域，且经济联系紧密和县级行政单元的相对完整性，从而确定四川全省、重庆市全市、贵州省的 4 个地市的 42 个县，以及云南省 5 个市、州的 40 个县（区、市）为长江上游经济带。

本书结合国内学者的研究，从流域自然条件和社会经济特征一致性的角度出发，从经济联系紧密性和行政中心的相关性，以及行政单元的相对完整性，明确定义"长江上游经济带指的是以成渝地区双城经济圈为依托，云南、贵州、四川、重庆为支撑的长江上游流域社会经济相对发达的地区"。该研究区域是长江经济带的重要组成部分，在我国宏观布局中起到了承东启西的重要战略作用。

长江经济带共涉及 11 个省份，如图 2-1 所示，本书选择云南、贵州、四川和重庆三省一市作为长江上游经济带进行研究。

图 2-1　长江上游经济带边界示意图

2.2　人口规模变化

如图 2-2 所示，长江上游经济带的总人口数从 2000 年的 19495.11 万人增长到 2020 年的 21074.31 万人，整体呈现逐年平稳增长的态势，年均增长率为0.39%。

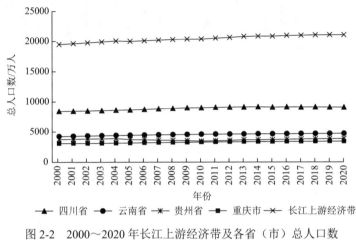

图 2-2　2000～2020 年长江上游经济带及各省（市）总人口数

资料来源：云南、贵州、四川和重庆统计年鉴

在长江上游经济带的四个省市中：2000 年贵州省人口有 3755.72 万人，2020 年增长到 3858 万人；四川省总人口数在 2000 年有 8407.5 万人，2005 年之前人口数在小范围波动，2020 年末户籍总人口数达到了 9081.6万人；重庆市总人口数 2000～2020 年处于平稳增长的状态，年均增长率为0.50%；云南省人口增长率变化不明显，年均增长率为 0.54%。2020 年，四川省、重庆市、云南省和贵州省的人口数量分别占长江上游经济带总人口数量的 43.09%、16.19%、22.41% 和 18.31%。

如图 2-3 所示，四川省总人口数量在 2015 年、2017 年、2019 年、2020 年有所下降，其他年份人口数量均在增长，到 2020 年总人口数量已经达到 9081.6 万人。2000～2020 年，四川省的城镇人口数量整体呈上升趋势，增加了 1910.5 万人，年均增长率为 4.08%。四川农村人口总数较多，2020 年农村人口占四川省总人口数量的 61.73%。四川省的农村人口数量在 2001～2005 年持续下降，在 2005～2008 年持续上升，在 2009～2020 年又持续下降，四川省农村人口在 2000～2020 年净减少 1236.4 万人，年均负增长率为 0.99%。

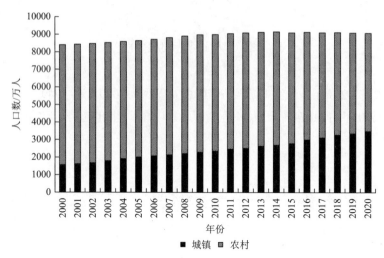

图 2-3　2000~2020 年四川省城镇人口和农村人口数量

资料来源：四川省统计年鉴

　　如图 2-4 所示，重庆市的总人口数从 2000 年的 3091.09 万人增长到 2020 年的 3412.7 万人；其中，2000~2014 年整体呈现稳定增长的趋势，年平均增长率为 0.63%，2014~2020 年人口数趋于稳定。重庆市农村人口数量不断减少，仅在 2006 年和 2007 年略微回升，农村人口数量在 2016 年下降最多，较 2015 年的人口数减少了 204.22 万人，下降了 10.31%；截至 2020 年，重庆市农村人口占重庆市总人口数的 50.75%。重庆市的城镇人口从 2000 年的 660.89 万人增长到了 2020 年的 1681.27 万人，在 2015~2016 年

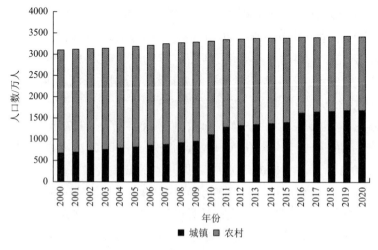

图 2-4　2000~2020 年重庆市城镇人口和农村人口数量

资料来源：重庆市统计年鉴

的增长率最大，增长了 224.49 万人，2011 年和 2016 年是城镇人口增长率
较高的年份，增长率均高于 15%。研究时间内，重庆市城镇与农村人口差
距从 2000 年的 1769.31 万人减少到了 2020 年的 50.17 万人。

如图 2-5 所示，云南省总人口数量在 2000～2020 年连续平稳增长，
共增长了 481.2 万人。云南省的城镇人口在 2000～2020 年一直保持着快速
增长趋势，从 2000 年的 990.6 万人增长到 2020 年的 2363 万人，年增长
率均在 4.44% 以上。云南省的农村人口数量在 2000～2020 年整体呈现下
降的趋势，仅在 2003 年增长了 5.6 万人，累计人口数量减少了 891.2 万人。
2000～2020 年，云南省的农村人口年均负增长率为 1.59%。

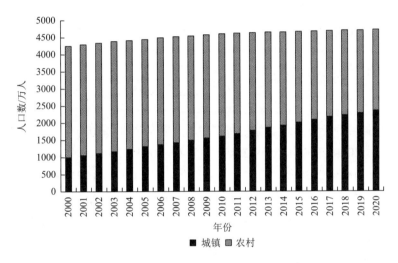

图 2-5　2000～2020 年云南省城镇人口和农村人口数量

资料来源：云南省统计年鉴

如图 2-6 所示，2000 年贵州省人口为 3755.72 万人，逐年增长到
2004 年达到峰值 3903.7 万人，之后又逐年递减，在 2010 年减至人口最小值
3479 万人，2011～2020 年贵州省的人口趋于稳步增长，2020 年人口达到
3858 万人。贵州省的城镇人口总体呈现上升趋势，在 2010 年的增长速率
为 11.26%，是增长最快的一年，仅在 2005 年下降了 23.64 万人。2020 年，
贵州省农村人口占总人口数量的 46.85%。贵州省的农村人口在 2000～
2020 年为负增长，年均负增长率为 2.27%。农村人口数量在 2000～2003 年
略微增加，2004～2020 年持续减少，在 2010 年减少得最多，较上一年减
少了 177.04 万人。

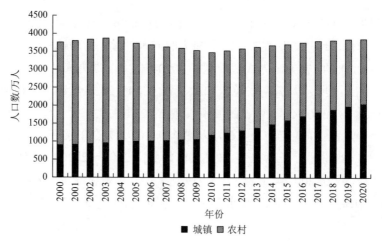

图 2-6 2000~2020 年贵州省城镇人口和农村人口数量

资料来源：贵州省统计年鉴

2.3 经济发展水平

如图 2-7 所示，长江上游经济带的地区生产总值从 2000 年的 8810.26 亿元增长到 2020 年的 115959.2 亿元，其中 2002~2013 年年均增长率达到 317.12%。2000~2020 年，长江上游经济带 4 个省（市）的 GDP 均呈现逐年增长的态势，四川省 GDP 从 2000 年的 3928.2 亿元增长到 2020 年的 48501.64 亿元，年均增长率为 13.39%；重庆市 GDP 从 2000 年的 1822.06 亿元增长到 2020 年

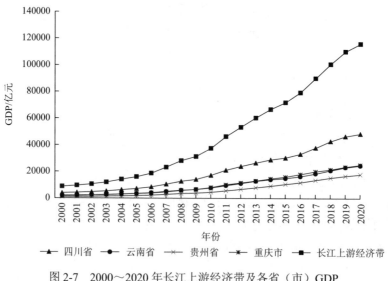

图 2-7 2000~2020 年长江上游经济带及各省（市）GDP

资料来源：云南、贵州、四川和重庆统计年鉴

的 25041.43 亿元，年均增长率为 14.00%；云南省 GDP 从 2000 年的 2030.08
亿元增长到 2020 年的 24555.72 亿元，年均增长率为 13.27%；贵州省 GDP
从 2000 年的 1029.92 亿元增长到 2020 年的 17860.41 亿元，年均增长率为
15.33%。2020 年，四川省、重庆市、云南省和贵州省的 GDP 分别占长江
上游经济带的 41.80%、21.60%、15.40% 和 21.20%。其中，四川省占了长
江上游经济带 GDP 的近一半，是长江上游经济带的第一大经济体，同时也
是本书研究的重点地区。

如图 2-8 所示，2000～2020 年，四川省 GDP 连续增长，2020 年较
2000 年增长了 44573.44 亿元。其中，第一产业从 2000 年的 945.58 亿元增长
到了 2020 年的 5556.86 亿元，年均增长率为 9.26%。第一产业在 2020 年的
涨幅最高，增长了 749.34 亿元，增速为 15.59%。第二产业持续增长，从 2000 年
的 1433.11 亿元增长到了 2020 年的 17505.61 亿元，年均增长率为 13.33%。
2003～2011 年增速均超过 15%，在 2004～2008 年达到增长高峰，增长率超
过 20%。随后增速放缓，2015 年涨幅最小，增长 109.76 亿元。第三产业也
呈现出持续增长的趋势。2020 年，四川省三大产业占全省 GDP 的比例分
别 11.46%、36.09%、52.45%。

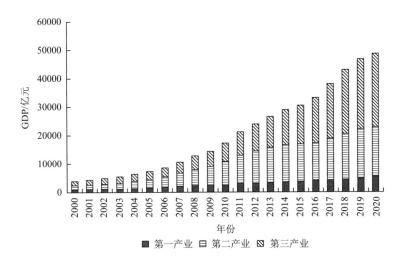

图 2-8　2000～2020 年四川省 GDP 增长变化情况

资料来源：四川省统计年鉴

如图 2-9 所示，2000～2020 年，重庆市 GDP 持续增长，2020 年较
2000 年增长了 23219.37 亿元。其中，第一产业从 2000 年的 280.45 亿元增
长到了 2020 年的 1803.54 亿元，整体呈上升趋势，年均增长率为 9.75%。

2006 年为负增长，减少 75.40 亿元，负增长率为 16.57%。第二产业整体上也在增长，从 2000 年的 774.63 亿元增长到了 2020 年的 9969.55 亿元，年均增长率为 13.63%。第二产业在 2000～2014 年增长速度较快，增长率超过 10%，随后增长速度逐步放慢。在 2011 年涨幅最大，增长 947.14 亿元，增长率为 26.13%。第三产业是持续增长的，从 2000 年的 766.98 亿元增长到了 2020 年的 13268.34 亿元，年均增长率为 15.32%。第三产业的增长速度较快，2020 年的涨幅最小，增长率为 4.79%。在 2008 年涨幅最大，达到了 30%。2020 年重庆市第一产业的生产总值占全市生产总值的 7.20%，第二产业的生产总值占全市 GDP 的 39.81%，第三产业的生产总值占全市 GDP 的 52.99%[①]。

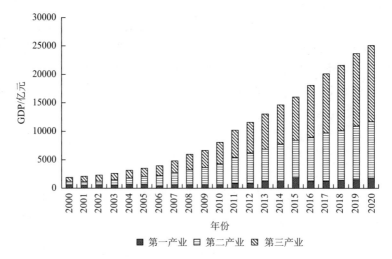

图 2-9　2000～2020 年重庆市 GDP 增长变化情况

资料来源：重庆市统计年鉴

如图 2-10 所示，2000～2020 年，云南省的 GDP 从 2030.08 亿元增长到 24555.72 亿元。其中，2020 年第一产业生产总值达到了 3611.76 亿元，2000 年～2020 年均增长率为 11.07%。2020 年第二产业的生产总值达到了 8387.46 亿元，2000 年～2020 年均增长率为 12.22%。第三产业的生产总值也持续升高，从 2000 年的 751.64 亿元增长到了 2020 年的 12556.47 亿元。2020 年云南省三大产业的生产总值分别占全省 GDP 的 14.71%、34.16%、51.13%，不难看出云南省服务业发展速度明显高于工业发展和农业发展。

① 所涉数据是按照原始数据相加后四舍五入而来。

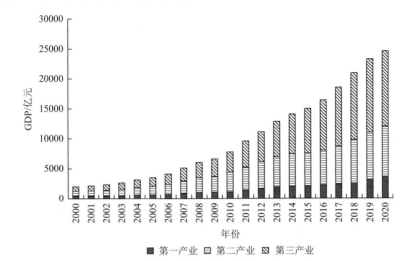

图 2-10　2000～2020 年云南省 GDP 增长变化情况

资料来源：云南省统计年鉴

如图 2-11 所示，2000～2020 年，贵州省 GDP 持续增长，从 1029.92 亿元增长到 17860.41 亿元，年均增长率为 15.33%。其中，第一产业从 2000 年的 270.99 亿元增长到了 2020 年的 2539.92 亿元，年均增长率为 11.84%。第二产业和第三产业的生产总值也不断增长，年均增长率分别达到了 14.87%

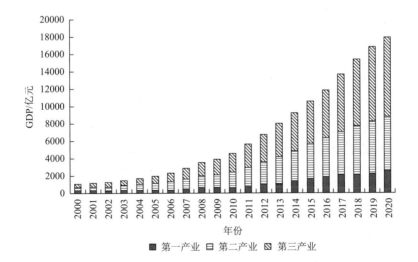

图 2-11　2000～2020 年贵州省 GDP 增长变化情况

资料来源：贵州省统计年鉴

和 17.37%。2020 年贵州省三大产业的生产总值分别占全省 GDP 的 14.22%、35.07%、50.71%。贵州省的发展结构与云南省类似。

2.4　自然资源禀赋

长江上游经济带自然资源丰富，区域位置优越，除了人均耕地低于全国水平外，已探明能源、矿产资源、林业资源、水资源等储量都位于全国前列。2020 年长江上游水资源总量达到了 7384.19 亿 m³，占全国总量的 23.36%；四川省天然气储量也占全国储量的 50%以上；长江上游的矿产资源（铁矿、铅锡矿、锰矿）储量占全国比例超过了 25%，铜矿储量达到了 33%，磷矿储量占 66%等。这些都表明长江上游经济带具有丰富的自然资源（陈栋生，1996）。从资源要素来看，长江上游地区自然资源丰富、劳动力资源丰富、潜在市场容量大、资产存量相当可观。因此，长江上游经济带在中国经济社会发展战略中的地位举足轻重。

2.4.1　土 地 资 源

土地资源是指现阶段已经被利用和未来可预见的能被利用的土地。土地资源具有自然属性和社会属性。土地的自然属性指的是土壤的类型、质地、坡度、排水情况，以及植被覆盖等与土地本身有关的特征。这些属性对于农业建设和环境保护等方面具有重要影响。土地的社会属性指的是人类的劳动对象和生产资料。土地资源利用的主要目的是尽可能地满足人类社会经济发展的需要，是人类社会不断发展的基础。

1）四川省土地资源概况

2019 年，四川省的辖区面积大约是 48.62 万 km²（表 2-1），约占全国陆地总面积的 5.1%，居全国第五位。四川省是一个人口大省，人均国土面积远低于全国平均水平。四川省的地貌类型包括平原、高原、丘陵和山地四种。由第二次全国土壤普查可以看出，四川省土壤类型具有多样化的特征，主要土壤类型包括了 25 个土类（占全国总数的 43.48%）66 个亚类（占全国总数的 32.60%）、137 个土属和 380 个土种（四川省统计局，2020）。

四川省土地资源类型极其丰富，除橡胶园土地类型外，还涵盖了其他省（区、市）较多的土地利用类型。在土地利用方面，68.9%的土地以林、牧业为主，85%以上的耕地集中分布在盆地和丘陵山区，70%的园林集中分布在丘陵和山区（四川省统计局，2019）。

表 2-1　四川省土地资源利用现状

类型	辖区	耕地	园地	林地	草地	城镇村及工矿用地	交通运输用地	水域及水利设施用地	其他用地
面积/万 km²	48.62	6.73	0.73	22.15	12.21	1.57	0.36	1.04	3.83
比例/%	100	13.84	1.50	45.56	25.11	3.23	0.74	2.14	7.88

资料来源：《四川统计年鉴（2019）》。

2）贵州省土地资源概况

贵州省位于中国西南部，土地总面积约为 17.62 万 km²。贵州省土地类型主要包括山地、丘陵和山间平坝，这些土地类型分别占该省总面积的 61.7%、30.8% 和 7.5%。贵州省人口较多，但受没有平原支撑的影响，耕地资源较为缺乏，耕地后备资源较为不足（贵州省自然资源厅，2018）。该省的土地类型主要特征是多样性和复杂性，多样性主要体现为贵州省土地分布范围广泛且种类繁杂；该地区土地的地质、植被、土壤种类以及社会经济发展带来的影响，使得其呈现出复杂性。也正是这样的土地特点，使得贵州省成为发展特色农、林产品的优良基地。贵州省的耕地面积大约是 3.4726 万 km²。其中，水田 0.8839 万 km²，占 25.45%；水浇地 0.0045 万 km²，占 0.13%；旱地 2.5842 万 km²，占 74.42%[①]。

3）重庆市土地资源概况

重庆市位于四川盆地的东南方向，是青藏高原和长江中下游平原的过渡地段，也是中西部交融的地区。重庆市地形地貌较为复杂，整体地势向长江河谷倾斜，长江贯穿重庆全境，使其具有极其便利的交通优势。重庆市总面积约为 8.24 万 km²，以山地和丘陵为主，分别占整个重庆市土地面积的 75.8% 和 21.8%（王璇等，2006）。正是复杂的地形地貌，导致重庆后备土地资源较为缺乏。

4）云南省土地资源概况

云南省的土地资源主要是山地和丘陵，土地类型众多，这也导致耕地资源匮乏。云南属山地高原地形，山地面积 33.11 万 km²，占全省总面积的 84%；高原面积 3.9 万 km²，占全省总面积的 10%；盆地面积 2.4 万 km²，占全省总面积的 6.0%。全省主要地类：耕地 5.3955 万 km²（8093.32 万亩）；园地 2.5722 万 km²（3858.24 万亩）；林地 24.969 万 km²（37453.46 万亩）；

---

① 贵州省第三次全国国土调查领导小组办公室，贵州省自然资源厅，贵州省统计局. 贵州省第三次全国国土调查主要数据公报. http://www.guizhou.gov.cn/zwgk/zdlygk/jjgzlfz/zrzy/zrzydcjcgl/202201/t20220121_72378280.html.

草地 1.3229 万 km^2（1984.33 万亩）；湿地 0.0398 万 km^2（59.66 万亩）；城镇村及工矿用地 1.0737 万 km^2（1610.59 万亩）；交通运输用地 0.5264 万 km^2（789.62 万亩）；水域及水利设施用地 0.6085 万 km^2（912.72 万亩）[①]。

2.4.2　林业资源

林业作为国民经济的组成部分之一，具有较高的经济效益与生态效益，在中国经济社会发展中起着十分重要的作用。林业资源合理规划，有利于在保护培育森林的背景下，充分获得林业产品和木材等资源的同时，实现区域生态防护。

1）四川省林业资源概况

四川省作为全国大型林场之一，拥有较多的森林资源。如表 2-2 所示，根据第九次全国森林资源清查结果，四川省森林面积 18.4 万 km^2，占全国森林面积的 8.3%，森林覆盖率 38.03%，活立木蓄积 197201.77 万 m^3，森林蓄积 186099.00 万 m^3。森林植被总生物量 150386.79 万 t，总碳储量 71582.45 万 t。四川省人工林蓄积达到 25446 万 m^3，森林覆盖率达到了 38.03%。2016～2020 年，全省增加森林面积 2925.7 万亩、森林蓄积 1.83 亿 m^3，草原综合植被盖度达到 85.8%，巩固退耕还林还草成果 1600 万亩，治理退化草原 7684 万亩、修复退化湿地 22 万亩，治理沙化、石漠化、干旱河谷等脆弱生态 470 万亩。同时，四川林草面积超过全省面积 70%，属于全国第二大林区、第五大牧区[②]。

表 2-2　四川省第九次全国森林资源清查结果

省份	人工林面积/万 km^2	人工林蓄积/万 m^3	天然林蓄积/万 m^3	天然林面积/万 km^2	森林面积/万 km^2	森林蓄积/万 m^3
四川	50.2	25446	160653	13.38	18.4	186099

资料来源：第九次全国森林资源清查。

2）贵州省林业资源概况

贵州省素来就有"宜林山园"的美称，全省拥有众多的林业资源和森林植被。贵州省分布着多种多样的植被类型，包含了常绿落叶阔叶林、山地季雨林及大面积的暖性山地针叶林等。该省的树种更为多样，既包括了

---

① https://www.yn.gov.cn/zwgk/gsgg/202112/t20211221_231929.html

② http://lcj.sc.gov.cn/scslyt/fzgh/2022/4/12/ccd17705e9874c96adc4feed4812588f.shtml。这部分来自《四川省林业草原发展"十四五"规划》。

杉木、马尾松等常见树种，也有经济地位较高的树种，如漆树和油桐等。贵州省林业资源的多样性，主要是受到贵州省地形的影响。该特性使得贵州省的森林覆盖地区主要集中在黔西北和黔东南的习水、赤水一带。贵州省林地 11.2101 万 km^2（16815.16 万亩）。黔东南、遵义市、黔南、毕节林地面积较大，占全省林地的 67.04%。统计结果显示，2020 年贵州省森林覆盖率达到了 61.51%（贵州省第三次全国国土调查领导小组办公室等，2021；贵州省林业局，2023）。

3）重庆市林业资源概况

如表 2-3 所示，重庆市林地面积为 4.47 万 km^2，其中森林面积为 3.74 万 km^2，森林资源丰富。该市森林覆盖率为 45.39%，其中，林木蓄积量为 2.05 亿 m^3。重庆市的人均林地面积为 0.0028km^2，人均森林面积为 0.0023km^2，人均林木蓄积量达到了 12.89m^3。其中，公益林面积占林地总面积的 67.9%，约 3.0304 万 km^2，国家级公益林则占 45.4%。

表 2-3　重庆市森林资源现状统计表

区域	总面积/万 km^2	林地面积/万 km^2	森林面积/万 km^2	林木面积/万 m^3	森林覆盖率/%
重庆市	8.24	4.47	3.74	20533.9	45.39
都市功能核心区和拓展区	0.55	0.18	0.17	899.0	30.91
城市发展新区	2.32	0.88	0.83	4270.5	35.78
渝东生态涵养发展区	3.39	2.10	1.68	8956.0	49.56
渝东南生态保护发展区	1.98	1.30	1.07	6408.4	54.04

资料来源：《重庆市森林资源公报（2017）》。

4）云南省林业资源概况

中国主要林区之一的云南省，森林面积为 2392.65 万 hm^2，居全国第 3 位，森林覆盖率为 65.04%，森林蓄积量 20.67 亿 m^3（云南省林业和草原局，2021）。云南省的森林资源开发潜力巨大，对实现经济社会可持续发展具有举足轻重的作用。云南省的林业产品类型丰富，有着其他省份无法比拟的优势（尚旭东，2010）。

云南省从古至今有着丰富的自然资源，林业面积较大，森林覆盖率较高，活立木蓄积量较大，林业得到了很好的发展。同时，云南省的植物种类繁多，其分布范围涵盖热带、亚热带、温带和寒温带的各类植物。云南省物种多样性丰富，有已知高等植物 19333 种（占全国 50.1%），其中中国特有高等植物 8772 种；国家重点保护植物 86 科 540 种（占全国 48.1%）。

云南省林地面积为 2496.9 万 hm²；全省有国际重要湿地 4 处，省级重要湿地 31 处，国家级、省级湿地公园共 19 处；全省共建立自然保护区 166 处，占全省自然保护地总数的 45.86%。（云南省自然资源厅，2018a）。

2.4.3　矿　产　资　源

矿产资源对于国民经济社会具有十分重要的意义，是大自然赐予人类的宝贵财富。矿产资源，主要是指受地质成矿影响后所形成的资源，其主要以化合物的形式存在于地壳内部、地下或地表，可以是固态、液态或气态。矿产资源作为一种非可再生资源，具有一定的有限储量。目前已知矿种已达 160 余种，使用比较普遍的有 80 余种。矿产资源为人类社会经济发展提供了重要物质基础。

1）四川省矿产资源概况

四川省因地形地貌复杂，形成了类型繁多的矿产。因此，四川省作为全国矿产资源富集的大省，为我国经济建设和社会发展提供了大量矿产储备。据调查，四川省现有探明资源储量的矿种 92 种（亚矿种 123 种），其中同类矿产已查明资源储量居全国前三位的就有 33。四川省优势矿产中，含天然气、钒钛及锂矿的有 14 个，居我国已查明资源储量之首。铂族金属、铁矿、稀土矿（稀土氧化物）等 10 类矿产，居全国已查明资源储量的第二位（四川省人民政府，2021a）。

2）贵州省矿产资源概况

贵州省矿产资源丰富，矿种多、分布广、门类齐全，省内优势矿种相对集中分布于水资源较为丰富的乌江干流区和交通发达的铁路沿线，且规模较大、品质优良。因此，贵州省矿产资源开发的外部条件相对较好。贵州省矿产资源能源结构良好，开发潜力巨大。贵州省优势矿产资源：包括煤、磷、铝、金、锰、锑、重晶石、水泥用灰岩及饰面用灰岩等。全省查明矿产地 3642 处，非金属矿产地 1397 处。全省初步发现各类矿产 137 种（含亚矿种），查明有资源储量的矿产 91 种（列入储量表有 84 种），其中 49 种位居全国总量前十位，28 种排前五位，20 种排前三位[①]。

3）重庆市矿产资源概况

重庆市作为我国四大直辖市之一，地处我国西部腹地，拥有大量的资源与能源，特别是蕴藏着大量的铝土矿、盐矿及天然气，再加上丰富的旅游资源，重庆市矿产资源颇具特色，已发现矿产 70 种，其中具有查明资源

储量的 44 种、可开发利用的 24 种。页岩气、天然气、锰、铝土矿、锶、毒重石等矿产资源丰富，在全国具有重要地位。截至 2020 年底，全市共有 916 个采矿权。其中，天然气、页岩气采矿权 38 个，年产量分别为 52 亿 m^3、80 亿 m^3；非油气采矿权 878 个，大中型矿山占比 46%，年采掘矿石量近 3 亿 t，为经济社会发展提供了不可或缺的能源资源保障（重庆市人民政府，2022）。

4）云南省矿产资源概况

云南省作为资源大省，无论是金属矿还是非金属矿均较为丰富。非金属矿中，煤炭在云南分布较广，各种盐类、石膏类也大量存在。金属矿以有色金属为主，如铜矿、锡矿和钛矿，已经探明的这些矿种储量均位居全国矿种前列。因此，云南也被称为有色金属王国（云南省自然资源厅，2018c）。

云南省是中国最重要的有色金属生产基地，锡矿闻名世界，产量一直位居全国第一。此外，全国较为重要的铜生产基地位于云南省的东川、易门和永胜，其中，东川的铜矿所产的铜色泽如银，最为出名。云南省兰坪铅锌矿储量一直位居全国前列，该地区铅锌矿开采简单且品位高。云南省其他地区同样资源丰富，主要矿种有铜、镍、铅、锌、铟、锗、镉、铊、锑、锡、铂、钴、银、磷、钾盐、砷、水泥配料用砂岩、化肥用蛇纹岩、蓝石棉、盐矿、硅灰石、硅藻土等（云南省自然资源厅，2018c）。

2.4.4　水　资　源

水是人类的生命之泉，地球上任何物种都离不开水，水资源是大自然赋予地球的宝贵资源，对于人类的生活、生产、经济发展以及环境改善至关重要。

1）四川省水资源概况

作为水资源大省，四川省的水资源量一直位居前列。根据相关部门统计，该省多年平均降水量为 4889.75 亿 m^3。同时，四川省境内拥有近 1400 条大小河流，河水支流遍布全省各地。因此，四川省也被称为"千河之省"。据相关部门统计，四川省水资源总计约为 3489.7 亿 m^3，以天然河流为主，水流量达到 2547.5 亿 m^3，约占四川省全部水资源的 73% 左右。由于四川省丰富的水资源储量，人均拥有水资源一直高于全国平均水平。但四川省平原、高原、丘陵、盆地及山地共存的地形地貌，导致四川省水资源分布不均匀，进而造成区域性或间接性缺水。同时，受自然因素的影响，四川省降水季节分布不均，降水主要集中在 6～10 月，这期间往往会有洪涝灾害发生，这些因素都制约着四川省水资源的利用（四川省人民政府，2020）。

2）贵州省水资源概况

贵州省也有相对丰富的水资源，并且贵州全省遍布大量的河网，由于全省地形以丘陵为主，河流坡度较大，形成天然的落差，从而为贵州省增加了大量的水能资源。据统计，贵州省全年平均水能资源可以达到1874.5 万 kW，位居全国第六位。由于河网分布较为密集，贵州全省每平方千米就拥有水能资源达到 106kW，位居全国第三位。贵州省水能资源主要聚集在乌江、南盘江、北盘江、清水江、赤水河等河流，由于其开发条件优越，因此，贵州省在这"四江一河"建造大量水能设备，其水能储存量和可开发容量已经达到了全省的 4/5 以上。贵州省水能资源主要特点可以总结为分布较为均匀，开发成本较低，地理位置较为优越，发电能力强。2020 年，全省年平均降水量 1417.3mm，折合年降水总量2496.81 亿 m^3，全省水资源总量 1328.63 亿 m^3，比多年平均水资源总量1062 亿 m^3 偏大 25.1%。贵州省水位落差集中的河段多，电站规模适中，距负荷中心近，开发条件优越。

表 2-4　贵州省水资源概况　　　　（单位：亿 m^3）

水资源	年降水量	地表水资源量	蓄水量	可供水量	地下水资源量	水资源总量
数值	2496.81	1328.63	227.18	90.08	281.03	1328.63

资料来源：《2020 年贵州省水资源公报》。

3）重庆市水资源概况

重庆市有 274 条河流，境内流域面积超过 100km²，其中有 42 条流域面积大于 1000km²。如表 2-5 所示，2020 年全市年降水量达 1182.9513 亿 m^3，地表水资源量达 766.8559 亿 m^3，地下水资源量为 128.6877 亿 m^3，可供水量约为 70.1101 亿 m^3（重庆市水利局，2021）。

表 2-5　重庆市水资源概况　　　　（单位：亿 m^3）

水资源	年降水量	地表水资源量	蓄水量	可供水量	地下水资源量
数值	1182.9513	766.8559	56.6740	70.1101	128.6877

资料来源：《重庆市水资源公报（2020 年）》。

4）云南省水资源概况

云南省境内河流主要分属于长江、珠江、元江、澜沧江、怒江和独龙江六大水系。云南省水资源较为丰富,如表 2-6 所示,2020 年云南省年降水总量为 4435 亿 m³,地表水资源量达 1799 亿 m³,地下水资源量为 619.8 亿 m³(云南省水利厅,2021)。

表 2-6　云南省水资源概况　　　　　　(单位:亿 m³)

水资源	年降水量	地表水资源量	蓄水量	供用水量	地下水资源量	水资源总量
数值	4435	1799	81.76	156	619.8	1799

资料来源:《2020 年云南省水资源公报》。

2.5　产业结构特征

2.5.1　四川省产业结构特征

四川省是西部大开发的重要省份。自改革开放以来,四川省产业结构调整发生明显变化。在我国工业化进程加速的环境下,四川省经济发展的支柱产业转变为第二产业。四川省主要产业发展集中在了能源化工、5G、人工智能及食品饮料等方面。四川省人民政府办公厅印发《关于优化区域产业布局的指导意见》,推动完善主体功能区规划的落地,提前布局不同区域产业,构建完备的现代化产业体系。在已有五大经济区产业布局的前提下,进一步制定四川省 21 个市州重点布局产业及重点发展领域措施,落实"一干多支"发展战略的产业支撑(四川省人民政府,2018a)。

四川省各地区产业布局分布如表 2-7 所示,成都市力争成为国家数字经济示范区,致力打造世界级新一代信息技术和高端装备制造产业集群及国家大数据综合试验区,主要涉及的产业包括数字经济、电子信息和先进材料等。

表 2-7　四川省各地区产业布局分布

经济区	重点产业布局	重点发展领域
成都	电子信息	集成电路、新型显示、信息安全、软件与信息服务、智能终端、新一代网络技术、大数据、人工智能、虚拟现实
	装备制造	传统汽车、新能源与智能汽车、轨道交通、航空发动机、航空与燃机、航天装备、节能环保、智能装备、医疗设备及器械
	先进材料	高性能纤维及复合材料、特种金属功能材料、锂电池材料、太阳能电池材料、燃料电池材料、高分子材料、新型无机非金属材料、前沿性材料
	食品饮料	生物技术药、新型化学药、中药制造、川菜调味品、优质白酒、饮料制造、农产品精深加工

续表

经济区	重点产业布局	重点发展领域
德阳	装备制造	发电设备、输变电装备、油气化工与海洋工程装备、航空与燃机、智能装备、轨道交通
	先进材料	化工材料、锂电池材料、新型建筑材料
	能源化工	硫磷钛化工、天然气化工
	电子信息	电子元器件、智能终端、大数据
	食品饮料	优质白酒、饮料制造、烟草制造、医药制剂
绵阳	电子信息	新型显示、数字视听、大数据、软件与信息服务、新一代网络技术
	装备制造	传统汽车、新能源与智能汽车、节能环保、核技术及应用装备、智能装备、航空发动机
	先进材料	特种钢铁材料、磁性材料、化工新材料、高性能纤维及复合材料、太阳能电池材料
	食品饮料	农产品精深加工、优质白酒、中药制造、化学药
遂宁	电子信息	电子元器件、新光源、集成电路
	食品饮料	优质白酒、农产品精深加工、休闲食品
	能源化工	精细化工、盐卤化工、天然气化工
	先进材料	锂电池材料、石墨烯材料
乐山	电子信息	电子元器件、集成电路、光电信息、半导体
	先进材料	钒钛钢铁材料、有色金属材料、稀土材料、太阳能电池材料、高性能纤维及复合材料
	食品饮料	精制川茶、饮料制造、农产品精深加工
	装备制造	节能环保、核技术及应用装备
雅安	先进材料	有色金属材料、新型建筑材料、电子专用材料
	装备制造	汽车零部件、新能源与智能汽车
	食品饮料	精制川茶、饮料制造、农产品精深加工
	电子信息	大数据、电子元器件
眉山	电子信息	新型显示、大数据
	装备制造	轨道交通、工业机器人、医疗设备与器械、机械零部件、节能环保
	先进材料	有色金属材料、化工材料、高性能纤维及复合材料
	能源化工	精细化工、日用化工
资阳	装备制造	轨道交通、传统汽车、智能装备
	食品饮料	饮料制造、农产品精深加工、中药制造
	电子信息	集成电路、云计算
	先进材料	口腔装备材料
自贡	装备制造	节能环保、航空与燃机、电力装备
	先进材料	高分子化工材料、有色金属材料、石墨烯材料

经济区	重点产业布局	重点发展领域
自贡	电子信息	智能终端、电子元器件
	能源化工	盐化工
泸州	食品饮料	优质白酒、农产品精深加工、生物制药、中药制造、化学药
	电子信息	智能终端、大数据、北斗应用
	装备制造	航空航天与燃机、汽车零部件、工程机械、医疗设备及器械
	先进材料	化工新材料、太阳能电池材料
内江	装备制造	汽车零部件、轨道交通、节能环保
	先进材料	新型建筑材料、钒钛新材料、高性能纤维及复合材料、陶瓷新材料
	食品饮料	中药制造、生物制药、化学药
	电子信息	大数据、信息安全
宜宾	食品饮料	优质白酒、农产品精深加工、精制川茶
	电子信息	智能终端、大数据
	装备制造	轨道交通、新能源与智能汽车、通用航空
	先进材料	高性能纤维及复合材料、新型建筑材料、化工材料、金属复合材料
广元	食品饮料	饮料制造、农产品精深加工、精制川茶
	先进材料	铝基材料、锂电池材料、高分子合成材料
	电子信息	电子元器件、智能终端
	特色产业	新型建材、绿色家具
南充	装备制造	传统汽车、新能源与智能汽车、精密零部件、农业机械
	能源化工	石油化工、精细化工、化工新材料
	电子信息	电子元器件、智能终端、软件与信息服务
	特色产业	丝绸纺织、化纤纺织、棉纺织、服装生产
广安	装备制造	轨道交通、节能环保、汽车零部件
	电子信息	智能终端、电子元器件
	先进材料	化工新材料、玄武岩纤维、新型建筑材料、先进轻纺材料
	能源化工	精细化工、盐化工
达州	能源化工	天然气化工、锂钾化工
	先进材料	玄武岩纤维、微玻璃纤维、高分子化工材料、新型建筑材料
	装备制造	汽车零部件、农业机械
	食品饮料	农产品精深加工、医药制剂
巴中	食品饮料	农产品精深加工、精制川茶、饮料制造、中药制造
	先进材料	先进碳材料及石墨烯
攀枝花	先进材料	钒钛钢铁材料、石墨及碳基材料、稀贵金属材料
	能源化工	风电、光电、水电

续表

经济区	重点产业布局	重点发展领域
攀枝花	食品饮料	农产品精深加工、烟草制造
	装备制造	工程与矿山冶金装备、轨道交通、节能环保、医疗康复器具
凉山	先进材料	钒钛钢铁材料、稀土材料、有色金属材料
	能源化工	风电、水电
	食品饮料	农产品精深加工、医药制剂
阿坝	能源化工	水电、光电、风电
	食品饮料	农产品精深加工、矿泉水、中藏药
	特色产业	民族工艺品
甘孜	能源化工	水电、光电、风电
	食品饮料	农产品精深加工、矿泉水、中藏药
	特色产业	民族工艺品

资料来源:《四川省人民政府办公厅关于优化区域产业布局的指导意见》(川办发〔2018〕92 号)。

注:凉山全称为凉山彝族自治州;阿坝全称为阿坝藏族羌族自治州;甘孜全称为甘孜藏族自治州,本书后续研究中简称甘孜州。

环成都经济圈,主要构成区域包括成德绵、成德资和成眉乐等产业联动区,需进一步提升和巩固各区域与成都之间的协调合作发展。绵阳注重军民融合,充分发展中国(绵阳)科技城;德阳力求工业转型升级,逐步优化四川省高端装备制造业。

加快川南经济区的融合发展,建设全省第二大经济增长点。自贡市将以装备制造为重点,加快发展通用航空产业集群,推动国家老工业城市的产业转型升级。泸州市将加快推进中国(四川)自由贸易试验区川南临港片区的建设,打造世界级的白酒生产基地和国际知名品牌。

川东北经济区,加快建设产业转移示范区,努力推进清洁能源化工产业转型,积极建设国家综合能源开发示范区,同时推动优质农产品生产加工基地的发展。其中,广元市是西部重要的绿色食品生产基地,"绿色家庭"的重要基地,全国食品工业的重要基地。南充市大力发展构建新能源汽车、石油化工、纺织服装设计等研发基地。

攀西经济区,积极建设世界一流的钒钛材料产业集群,协调大力发展先进材料产业、能源化工产业和食品饮料产业。

川西北生态示范区以建立国家生态标杆区为核心,以发展生态经济为基础,以"飞地经济"为重点,开发高原特色农特产品加工基地和藏药产业化基地。

2.5.2　贵州省产业结构特征

截至 2020 年，贵州全省地区生产总值增速连续六年位列全国前三位，2020 年该省地区生产总值达到了 17860.41 亿元。在经济快速发展的大环境下，该省产业结构不断调整。2020 年三次产业占比为 14.22∶35.07∶50.71。

2020 年贵州省税收收入达到 2377.83 亿元（表 2-8）。其中，第一产业税收值占该省总税收收入的 0.12%，占比较低。第二产业的税收值为 1054.26 亿元，占比为 44.34%，采矿业、制造业和建筑业三个主导产业占比分别为 3.75%、27.78% 和 9.74%。第三产业的税收值为 1320.74 亿元，超过第一、第二产业的总和，占比达 55.54%，保持连续增长态势，批发零售业、金融业、房地产业及租赁和商务服务业，占比分别为 21.43%、9.40%、13.25% 和 3.10%（贵州省统计局，2021）。

表 2-8　2020 年贵州省税收收入情况

指标名称		绝对数/亿元	占省总税收收入比例/%
税收收入		2377.83	—
第一产业		2.83	0.12
第二产业		1054.26	44.34
	采矿业	89.25	3.75
	制造业	660.64	27.78
	建筑业	231.53	9.74
第三产业		1320.74	55.54
	批发零售业	509.53	21.43
	金融业	223.51	9.40
	房地产业	315.13	13.25
	租赁和商务服务业	73.66	3.10

资料来源：贵州省统计局（2021）。

2018 年，贵州省政府印发《贵州省十大千亿级工业产业振兴行动方案》，力求大力推动工业转型升级，构建贵州省绿色集约型现代化工业体系。加快发展清洁能源产业、现代化工、基础材料、健康医药以及大数据电子信息等千亿元级产业，实现全省产业发展的提质增效（贵州省工业和信息化厅，2018）。贵州省重点产业布局如表 2-9 所示。

表 2-9　贵州省重点产业布局

序号	产业集聚区名称	所在市	主导产业
1	贵阳经济技术开发区	贵阳	航空航天技术及产品、精密机械、精密仪表仪器、精密电机电器、数字家用电器、生物工程、天然药业、绿色食品
2	贵阳国家高新技术产业开发区	贵阳	电子与信息、生物制药、先进制造技术
3	贵阳白云经济开发区	贵阳	铝及铝加工业、食品医药
4	贵州修文医药产业园区	贵阳	制药工业
5	遵义国家级经济技术开发区	遵义	军工、卷烟、电气、机械、化学原料、绿色食品、白酒
6	安顺经济技术开发区	安顺	军工、制药、汽车、机械、化工、酒类、食品、民间工艺
7	贵州安顺西秀工业园区	安顺	绿色食品工业、民族制药工业、旅游产品工业
8	贵州安顺黎阳高新技术产业园区	安顺	航空、汽车零部件、环保机械、信息产业、制药、光机电一体化
9	贵州六盘水红果经济开发区	六盘水	煤炭、化工、建材

资料来源：贵州省工业和信息化厅（2018）。

2.5.3　重庆市产业结构特征

　　重庆市优势产业集群主要包含汽车摩托车、电子信息、装备制造、天然气石油化工、材料冶金、生物医药、综合能源和部分劳动密集型加工制造业等。以金融、商贸物流、研发服务等为代表的生产、生活性服务业，以特色种养业为代表的现代农业，构成了结构不断优化、门类更加齐全、布局日趋合理的现代产业体系。重庆市主城区功能定位及产业布局、重点产业布局如表 2-10 和表 2-11 所示。

表 2-10　重庆市主城区功能定位及产业布局

主城区名称	城区功能定位	主导产业布局
江北区	总体：重庆城市核心区与高端时尚消费区。五大功能区"三中心、两基地"：重庆新兴金融中心、重庆新兴商贸中心、重庆最大的物流中心、重庆集约发展的现代制造业基地、总部企业的区域基地	总体布局：形成金融、物流、研发设计等新兴现代服务业与以高新技术产业为引领的现代制造业并驾齐驱的发展新格局。支撑产业：①房地产。②专业服务业，以科技研发、工业设计、软件开发、营销策划等领域为核心的生产性服务业集群，以法律诉讼、财务审计、规划设计、文化创意和教育培训等领域为支撑的智慧型专业服务业集群。③休闲健康产业，以大型医疗服务机构为核心，以专科保健疗养服务为辅助的先进医疗保健服务体系
渝中区	行政、商贸、金融、信息中心和交通、通信枢纽，重庆市中心城区	商贸业、金融业、信息产业、中介服务业

续表

主城区名称	城区功能定位	主导产业布局
南岸区	"开放高地"：经济技术开发区、弹子石中央商务区、茶园新区	五大支柱产业： 1. 现代装备制造业 　机电装备制造业基地 　交通设备制造业 　特种汽车生产基地 　摩托车整车及汽摩零部件生产基地 　船舶及重型装备制造业 　东港船舶产业园 　特种船舶生产线 　新能源装备产业 　核电辅助配套装备产业基地 　风电配套装备 　环保设备产业 　环保机械装备 2. 电子信息产业 　移动通信终端产品生产基地 　物联网产业示范基地 　全国物联网示范基地 　电子产品制造业 3. 现代服务业 　新兴商贸中心 　重庆南部区域物流中心 　金融服务业 　生产性服务业 4. 都市旅游业 　生态旅游休闲产业 　历史文化旅游产业 　都市乡村旅游产业 5. 现代都市农业
九龙坡区	总体定位：高新产业集聚区，内陆开放重要门户，科学发展示范窗口。 三大功能定位： 1. 全国一流、西部领先的国家级高新技术开发区 2. 西部领先工业强区 3. 现代服务经济强区	"一区带多园"产业布局 1. 三大产业集群：中国铝加工之都，先进制造业基地，电子信息产业基地。 2. 战略性新兴产业：一大基地，七大新兴产业。 现代服务业：两大商圈（杨家坪、石桥铺），三大基地（物流产业、文创产业、休闲旅游）
沙坪坝区	"一区三高地" 国家创新型城区	新兴优势产业：电子信息产业、现代物流业。 传统优势产业：汽摩及装备制造业、商贸流通业。 后发优势产业：旅游产业、商务服务业、健康产业、创意产业
渝北区	重庆商贸大区、西部美食名区 重庆开放高地 国家中心城市展示区 重庆现代服务业基地 重庆先进制造业基地	商贸业：龙溪商圈、两路商圈、"一线"黄金消费走廊。 传统优势产业：通机气缸头生产基地、渝能泰山100亿产业基地。 会展业：重庆悦来国际博览中心、会展城星级酒店群、会展城商务总部。 总部经济：空港新城总部大楼、渝鲁总部研发基地、中渝国际都会、海航西南总部。 物流业：重庆航空物流基地、重庆印刷物流中心、重庆邮政速递物流集散中心、庆荣现代物流配送中心、移动通信物流基地、重庆嘉里物流中心、重庆中百仓储农产品加工及配送中心。 旅游业：统景温泉度假区、森林公园保护性开发项目、张关白岩溶洞群风景区深度开发项目

续表

主城区名称	城区功能定位	主导产业布局
巴南区	重庆南部地区的集聚和辐射；总部基地、商务中心、商业中心、交通枢纽、公路物流枢纽等方面的集聚辐射能力和综合服务功能。江南新城、主城第三增长极、城乡一体发展示范区	现代制造业三大产业：汽车摩托车产业、装备制造产业、轻工产业。三大新兴战略性产业：电子信息产业、精细化工及化工、金属新材料产业、节能环保产业。新型工业园区体系：花溪工业集中区鹿角-界石工业集中区、界石公平工业集中区、鱼洞工业集中区、麻柳工业集中区、木洞工业集中区。现代物流业：重庆公路物流基地、产业项目。旅游业：中国温泉之乡
大渡口区	功能一：新型工业区——以循环经济为主要特色的绿色工业。功能二：物流发展区——面向大西南的综合物流集散地。功能三：文化休闲区——以生态和滨水环境为依托的大型休闲、游乐、运动和教育设施。功能四：生态宜居区——主城区以中高档住宅为主的房地产	支柱产业：重钢集团非钢产业，玻璃纤维制造产业，先进机械制造产业，百亿楼宇工业产业，电子信息产业。建桥工业园。现代物流园：在重庆具有独特优势的现代物流园区。大渡口商圈：独具现代购物公园特色的区域性商圈
北碚区	两江新区北碚片区核心功能区（蔡家、水土两大组团以及北碚新城、温泉城、农业园区和台农园）	"两高一特"产业：高新技术产业、高品质生态商住产业及特色旅游产业

资料来源：重庆市人民政府（2018）。

表 2-11　重庆市重点产业布局表

序号	产业集聚区名称	所在市	主导产业
1	重庆经济技术开发区	重庆	特种船舶、数控机床、环保装备设备、手机
2	重庆高新技术产业开发区	重庆	电子信息、生物医药、先进制造业
3	万州经济技术开发区	重庆	盐气化工、新材料新能源、纺织服装、机械电子、食品药品
4	长寿经济技术开发区	重庆	石油化工、天然气化工、氯碱化工、生物质化工、精细化工、新材料产业
5	重庆两江新区	重庆	轨道交通、电力装备（含核电、风电等）、新能源汽车、国防军工、电子信息
6	重庆建桥工业园区	重庆	先进制造业、新材料产业、医药食品产业、电子信息产业和现代物流业
7	重庆西永微电子产业园区	重庆	集成电路产业、软件与信息服务产业
8	重庆九龙工业园	重庆	汽车（重型汽车）、摩托车、机电、精密机械制造、印刷包装、石材钢材加工
9	重庆西彭工业园	重庆	高新技术产业、铝材精深加工
10	重庆双桥工业园区	重庆	重型汽车生产、汽车零部件
11	重庆市渝东经济技术开发区	重庆	精细化工、机械加工、电子电器、服装生产、印刷包装

资料来源：重庆市人民政府（2018）。

2.5.4　云南省产业结构特征

云南省的支柱产业主要由五大部分组成，分别是烟草产业、旅游业、能源产业、生物产业以及矿产业。如表 2-12 所示，2016 年中共云南省委、云南省人民政府制定了《关于着力推进重点产业发展的若干意见》（云南省人民政府，2016）等相关文件着力构建新兴产业布局，从而搭建云南经济的新引擎。

表 2-12　云南省重点产业布局表

产业种类	发展目标	重点任务	重点园区项目和企业
生物医药和大健康产业	2020 年，主营业务收入达到 3800 亿元左右，年均增长 20% 左右，其中生物医药产业达到 1500 亿元左右，年均增长 20% 左右	注重全省新药研发创新，以二次开发为核心，实现原创性突破，进一步提升高新药研发水平。建立优质中药材和健康产品原料基地。加强种源的研究，培育优良品种。以中医药（民族药）、生物技术药为主，综合利用生物医药、医疗、生态旅游等优势资源，大力发展健康产品与服务，构建健康、养老、养生、医疗、康体等健康产业体系	集中打造滇中生物医药产业集聚区。加快推进昆明国家生物产业基地，昆明市现代中药与民族药、新型疫苗和生物技术药物产业集聚发展区建设，重点实施昆药生物医药科技园、中国医学科学院医学生物学研究所疫苗研发及产业化集群建设等项目。培育云南白药集团、昆药集团、沃森生物、三七科技等领军企业
旅游文化产业	2020 年，旅游业总收入达到 9000 亿元左右，年均增长 21% 左右，旅游文化产业增加值占全省 GDP 比例达到 10% 以上	实施全省旅游产业转型升级三年行动计划。大力发展通用航空，培育发展高端精品旅游服务，推动以观光型旅游产品为主向以观光、休闲度假、专项旅游产品等复合型产品为主转变。拓展旅游发展空间，积极发展医疗旅游、康体旅游等，大力发展跨境旅游，打造国际精品旅游线路，开发线上线下有机结合的旅游服务产品，推动旅游定制服务。优化旅游发展环境，整顿旅游市场秩序，提升旅游服务质量，强化"七彩云南、旅游天堂"整体形象塑造和宣传推广。推进文化创意和设计服务与相关产业融合发展，着力发展新闻传媒、出版发行印刷、文化休闲娱乐等文化产业。积极发展具有民族特色和地方特色的传统文化艺术，鼓励创造优秀文化产品。推进旅游与文化深度融合，提升旅游发展文化内涵，加快建设历史文化旅游区、红色文化旅游区、主题文化游乐园、民族文化旅游基地，着力打造文化旅游节庆品牌和精品演艺产品，以"南博会""旅交会"为重点加快会展业发展，拓展旅游文化新业态	加快推进以世界遗产旅游地、国家旅游度假区、国家公园、旅游城镇、精品景区、旅游综合体等为主的一批重大重点旅游项目建设，建设一批国家级或省级文化产业园区和基地，加快昆明等临空经济示范区建设，积极规划建设通用航空产业园。重点培育云南世博旅游控股集团、云南省旅游投资有限公司等龙头企业以及主营业务收入上亿元的文化企业

产业种类	发展目标	重点任务	重点园区项目和企业
信息产业	2020 年,主营业务收入达到 1600 亿元以上,年均增长 20% 左右,信息经济总体规模达到 5000 亿元左右	全面推进实施"云上云"行动计划。重点打造昆明呈贡信息产业园区,推动滇中城市群因地制宜,培育新一代信息技术及配套产业集群,依托沿边对外开放经济带建设信息产品出口加工集散基地。加快信息基础设施建设,抓好面向南亚东南亚的国际通信枢纽中心和国际光缆建设,建成"全光网省",普及5G 产业发展的基础设施,全面推进"三网"融合。着力发展新一代信息技术产业、电子信息产品制造业和信息服务业。落实大数据行动纲要,加快"互联网+"、电子商务、数字创意、区域信息服务产业等发展壮大,培育信息经济新业态。提升信息化应用水平,加快推进信息化与工业化深度融合发展,提高农业信息化、政务信息化水平。加强信息安全建设,构建网络治理和信息安全保障体系,营造安全可信的发展环境	加快呈贡信息产业园区建设,打造玉溪、保山新一代信息技术特色产业集群。加快华为西南大区云计算中心、能投浪潮云计算中心、面向南亚及东南亚的离岸数据中心等项目建设。扶持云南南天电子信息产业股份有限公司、云南思普投资(集团)有限公司等本土企业发展壮大,积极引进阿里巴巴、腾讯、中兴、普天等一批国内外知名企业
现代物流产业	2020 年,增加值达到 2000 亿元左右,年均增长 13%左右,社会物流总费用占GDP 的比例下降至18%以内	结合城市功能定位和产业布局,依托干线铁路、公路以及机场、港口、口岸,完善和优化现代物流网络布局,统筹规划建设物流基地、物流中心、物流示范园区。推进物流基础设施有效衔接,提高物流信息化、物流装备现代化和标准化水平,优化物流企业供应链管理服务。加快发展多式联运,大力发展第三方物流,加快推进国际物流、保税物流发展,构建便捷高效的跨境物流体系。完善城乡物流配送体系,优化城市物流配送,健全乡村物流网络。大力发展农产品物流,构建冷链物流服务体系	加快推进云南腾俊国际陆港及河口、瑞丽、磨憨等重点口岸国际商贸物流重大项目建设。支持云南物流产业集团有限公司、云南腾俊国际物流有限公司、云南泛亚物流集团有限公司等具有良好发展基础的企业发展成为专业化、社会化的现代物流龙头企业
高原特色现代农业产业	2020 年,全省农林牧渔业增加值达到3000 亿元以上,农产品加工产值与农业总产值之比达到 0.71：1,农村第一、第二、第三产业综合产值达到 10000 亿元以上,力争实现全省销售收入10亿元以上的农业"小巨人"达 100 户,农业"小巨人"销售收入年均增长 15%以上	突出"高原粮仓、特色经作、山地牧业、淡水渔业、高效林业、开放农业",打响高产、优质、高效、生态、安全的高原特色现代农业品牌。建设标准化、规模化、稳定高效的原料基地,打造一批特色农业产业强县,推动国家现代农业示范区、农业科技园区、绿色经济示范区示范带建设。促进第一、第二、第三产业融合发展,推动产加销一体化经营,大力发展农产品电子商务、休闲农业、乡村旅游,培育发展农业经济新业态	围绕培育一批年销售收入 50 亿元以上的农业"小巨人",支持云南农垦集团有限责任公司、云南神农农业产业集团股份有限公司、昆明华曦牧业集团有限公司等企业加快发展,支持楚雄元谋蔬菜批发交易市场、建水曲江农产品交易市场、通海县金山蔬菜批发市场、曲靖市陆良冷链物流市场等发展壮大

续表

产业种类	发展目标	重点任务	重点园区项目和企业
新材料产业	2020 年，主营业务收入达到 1700 亿元左右，年均增长 15% 左右	大力发展铂族、锗、铟、镓等稀贵金属材料及元器件加工等产业集群。加快发展有色金属合金材料和高端装备用新材料。积极发展电极材料、膜材料、半导体材料、集成电路封装材料、蓝宝石衬底、碳化硅材料、有机发光二极管材料、增材制造（3D 打印）用粉体材料等产品。发挥真空冶金国家工程实验室、稀贵金属综合利用新技术国家重点实验室、国家贵金属材料工程技术研究中心等创新平台作用，着力突破产业关键技术，全面提升产业技术创新能力	以滇中为核心培育稀贵金属新材料基地。组织实施新型贵金属电子封装材料研发应用、贵金属石墨烯新型复合材料研发应用、高耐蚀钛及钛合金管材与高品质钛带产业化、光纤用四氯化锗产业化等一批重大项目。重点培育贵研铂业、云南钛业、云南锗业、北方夜视等领军企业
先进装备制造业	2020 年，主营业务收入达到 1700 亿元左右，年均增长 20% 左右	以信息化、智能化、自动化为重点，抢抓分享经济崛起的机遇，加快新能源汽车和乘用车发展，配套发展汽车零部件，打造销售收入过千亿元的汽车产业链。加快发展数控机床、自动化物流成套设备、轨道交通设备、铁路养护设备、电力和新能源装备、重化矿冶设备、工程机械、农业机械装备、节能环保装备、通用航空装备等先进装备，培育发展智能机器人、3D 打印等智能装备。大力发展面向南亚东南亚市场的特色机电产品制造。着力发展装备配套产业，发展壮大一批配套企业集群	以滇中和沿边为重点，以园区为依托，培育打造先进装备制造产业基地。加快推进滇中装备制造产业基地、北汽云南汽车产业基地等项目建设。积极支持云内动力股份有限公司、昆明中铁大型养路机械集团有限公司、力帆骏马车辆有限公司、云南 CY 集团有限公司、昆明机床、云南正成精密机械有限公司等企业发展
食品与消费品制造业	2020 年，主营业务收入达到 3000 亿元左右，年均增长 16% 左右，其中食品工业 2000 亿元左右，消费品制造业 1000 亿元左右	加快"云品"特色食品加工业发展，提高技术装备水平，健全标准体系，打造茶、酒、糖、油、核桃、咖啡、果蔬七类过百亿元的云南特色食品加工业。以沿边、廊带节点城镇和开放载体为支撑，布局建设承接产业转移集聚区，加快承接家电、纺织服装、鞋帽、塑料制品、玩具、五金等出口导向型消费品制造，打造面向南亚东南亚的轻工纺织产业平台和加工贸易平台。推动特色消费品制造业转型升级，全面发展花卉、橡胶制品、包装印刷、林板、林产化工等优势行业，重点发展珠宝玉石、工艺美术、户外用品等旅游消费品制造，大力发展天然香料香水、精油、护肤及化妆品、洗涤清洁用品，积极发展节能节水器具等绿色消费品，加快家具产业发展	推进弥勒食品加工园、芒市食品加工园、杨林木业家具产业基地、大理剑川民族木雕家具产业园、德宏实木家具集聚区、立白日化工业生产基地、临沧中缅鞋业轻纺文化产业园、保山轻纺产业园等项目建设。重点培育勐海茶业有限责任公司、云南欧亚乳业有限公司、云南滇雪粮油有限公司、文山华博贸易有限责任公司、云南玉溪凤凰生态食品有限责任公司、云南摩尔农庄生物科技开发有限公司、云南白药清逸堂实业有限公司、云南红塔蓝鹰纸业有限公司、昆明伟建彩印有限公司、云南侨通包装印刷有限公司、云南创新新材料股份有限公司、腾冲市工艺美术厂、腾冲市丝路碧玉工贸有限责任公司等龙头企业

2.5.5　长江上游经济带产业特征

长江上游地区地处西部，虽拥有丰富的资源和广袤的土地，但由于历史原因，近代工业起步较晚，发展缓慢，经济远远落后于沿海地区。借助西部大开发的契机，近年来，长江上游经济带获得了迅猛的发展。该地区开发条件优异，是西部大开发的重点区域，整个区域发展承东启西、贯通南北，肩负着引领长江上游西部广大欠发达地区实现大发展的重要历史使命。

经过多年的发展，长江上游经济带已经初具实力，成为具有较高总量、较快增长速度、较强发展后劲、较完善产业结构、较优越发展环境的经济快速增长区。长江上游经济带上成渝经济核心地区辐射人口多，覆盖城市广，地域面积大，是中国第四大城市群。长江上游经济带的城市化进程、城市数量、城市规模与城镇结构变化迅速，体现在：城市人口迅速增加；城市规模翻倍扩大；城镇体系结构不均衡；城市职能多样；以二、三线城市为中心，逐步形成核心经济圈和产业带。

总体上看，长江上游经济带第一产业比例大，第二、第三产业发展相对比较缓慢，信息化、知识经济形态初见端倪。长江上游经济带发展面临着第一、第二产业初步现代化过程中最容易出现的经济结构调整的剧烈波动、基础设施欠缺、交通物流需求大，以及资本、技术、信息等要素紧缺等发展问题。同时，还面临着高新技术产业快速升级、国家对资源利用和环境保护约束增强、信息网络化智能化日新月异等现代经济现象。长江上游经济带中产业集中度偏低，集群效应相对不明显，资源配置分散，吸引更多社会资源向主导产业集中难度较大，新兴产业的技术创新能力低下，产品缺乏竞争力，影响经济带整体经济发展速度。

随着产业结构的升级，长江上游经济带各省（区、市）已开始根据自身的特点着手解决产业布局不合理的问题。以成渝地区双城经济圈为例，该区域以发挥优势、彰显特色、协同发展为导向，突出双城引领，强化双圈互动，促进两翼协同，统筹大中小城市和小城镇发展，促进形成疏密有致、集约高效的空间格局。把握要素流动和产业分工规律，围绕重庆主城和成都培育现代化都市圈，带动中心城市周边县市和区县加快发展。以全球新一轮科技革命和产业链重塑为契机，坚持市场主导、政府引导，强化机制创新，优化、稳定、提升产业链供应链，加快构建高效分工、错位发展、有序竞争、相互融合的现代产业体系。长江上游经济带宏观经济布局也已经展开，各地区也在协同合作的模式下，开始意识到地区之间分工合作的必要性，部分地区甚至已开始打破行政区划界限和地方保护，以促进生产要素的优化组合，引导和鼓励产业分工、转移和调整。

2.6　本章小结

本章首先介绍了长江上游经济带的历史区域划分，确定了本书的研究边界。其次，介绍了长江上游经济带涉及的云、贵、川、渝的经济社会、自然资源禀赋、产业结构等发展现状。最后，总结分析了长江上游经济区产业的演进与发展，从整体层面对其进行了相应结构布局的调整，这是全面促进长江上游经济带成长的重要环节和关键因素，有利于为长江经济带开辟新的市场空间、资源空间和生态空间，对于壮大长江经济带发展规模也极具战略意义。

第3章 长江上游经济带生态环境变化时空特征

3.1 长江上游经济带生态环境变化的研究方法

自工业革命以来，土地利用/覆被在中国乃至世界发生巨大的变化。长江上游经济带上的云南省、贵州省、四川省和重庆市是中国西南地区经济发展的重点区域，围绕长江上游流域的土地利用/覆被变化剧烈，生态环境压力巨大。随着温室气体排放增加和全球气候变暖日益加剧，生活水平的提高及环境保护意识提升，人们越发关注二氧化碳排放及其管理问题。IPCC指出，有充分证据显示人类活动导致了二氧化碳在大气层的累积，全球二氧化碳排放量水平处于稳定增长状态（顾朝林等，2009）。随之，探索二氧化碳排放的生态效应成为全球研究焦点。国外对于二氧化碳排放的关注较早，也更为重视，所以无论是理论还是实践探索都处于领先地位。随着中国特色的新型工业化、信息化、城镇化的深入推进，城镇化进程进入了生态文明背景下新一轮的转型发展阶段。2015年中国在参加联合国气候变化巴黎会议期间，提交了《强化应对气候变化行动——中国国家自主贡献》文件，文件代表着中国正式将节能减排作为国家主要发展战略之一。在全球关注碳排放背景下，已有研究表明全球第二大排放源是土地利用动态变化产生的二氧化碳排放量（顾朝林等，2009），其中，城市建设用地是城市最主要的碳排放来源（杨庆媛，2010）。在这样的背景下国内外众多学者不断从不同角度研究土地利用与二氧化碳排放。

国外二氧化碳排放测算主要基于传统碳排放系数法，随着科技进步及GIS与遥感（remote sensing，RS）的发展，卫星监测与实验法逐渐走入大众视野。值得关注的是，由温室气体观测卫星（Greenhouse Gases Observing Satellite，GOSAT）所测量的含碳量，日本将其数据透明化，此数据易获得性更大，区域二氧化碳估算更为准确。除此之外，许多学者通过建立目标区域监测样点来获取数据。例如，Romanovskaya等（2014）基于监测手段对2000～2011年俄罗斯的温室气体排放进行了监测，显示二氧化碳的主要排放源是新建的城市建成区（王志远等，2013）。国外对于大中尺度的研究已形成较为成熟的模式，一般通过卫星构建二氧化碳排放浓度模型进行测算（Romanovskaya et al.，2014）。较成熟的方法有日本北海道大学 Guo 等（2012）提出的（Terrestrial Ecosystem Model of Vegetation Productivity）TVP 碳-地模型，通过模型转化得到目标地区的二氧化碳排放浓度（Nourqolipour et al.，2015）。2016 年 12 月 22 日，我国发射了首颗全球二氧化碳监测科学实验卫星（以下简称"碳卫星"），标志着中国碳排放研究进入新的阶段（Meng et al.，2017）。2011 年至今，中国二氧化碳排放量一直处于世界第一，且居高不下，国内外众多学者以此开展绿色低碳发展相关研究。

碳吸收和土壤碳库相关资料显示，土地利用的动态变化会影响植被固碳能力，导致土壤表层固碳能力降低。二氧化碳的浓度受到越来越多的因素影响而逐步升高（李妹妍，2017）。多位学者从不同省（市）县域级进行土地覆被变化和碳浓度研究。研究发现，净初级生产力（net primary productivity，NPP）较初期下降，主要是城市化进程的推动，导致植被面积不断减少（王义祥等，2005）。赵先超等（2013）发现湖南省不同的土地利用产生的二氧化碳总量差别较大，林地是主要碳汇，而碳源的主要土地类型是城市建设用地。Prentice 等（1998）研究发现全球重要碳汇是热带雨林，林地的固碳释氧能力较强。Pacala 等（2001）研究得到 20 世纪末美国工业温室气体排放量有 30%～50%被陆地生态系统所吸收。Bresesti 等（2008）研究表明欧洲大陆也对温室气体有着不同程度的碳吸收，因此不难发现生态系统对于碳吸收来说至关重要。现有农地生态系统固碳效应相关研究主要是从各类型的生态环境（施红霞和王澄海，2015；张禹舜等，2016）、不同的空间（刘志斌等，2007）来开展的。当前，较为热点的农地相关研究为气候变化下的生态环境和土地利用变化的生态效应分析等（戴尔阜等，2016；戴靓等，2013）。随着科学技术的推进，我国植被固碳的研究广泛运用了遥感数据，在构建测算森林 NPP 物质量模型的同时，也完成了碳汇量的测算（江洪等，2010；张艳芳和朱妮，2013）。刘爱琳等（2017）研究得出城镇化水平的提高和工业用地的不断扩张会造成我国 NPP 降低。王效科等（2014）建议应构建我国陆地生态系统碳减排优先区，努力实现碳减排目标，着重实现我国碳汇管理格局优化。从区域治理角度出发，应因地制宜地探讨我国不同区域土地利用碳排放时空演变趋势（王胜蓝和周宝同，2017），同时将区域经济发展与环境治理相结合，探索土地利用碳排放与经济增长之间的相互关系（唐洪松等，2016）。

二氧化碳排放驱动力的研究方法多种多样，主要有指数分解法（闫庆友和尹洁婷，2017；黄勤和何晴，2017），Kaya 恒等式（Kaya identity），环境库兹涅茨曲线（environmental Kuznets curve，EKC）（王倩，2014；陈怡君等，2017），人口、财富和技术随机回归影响（stochastic impacts by regression on population, affluence and technology，STIRPAT）模型及其扩展模型（张润森等，2012），地理加权回归模型（张乐勤等，2013），脱钩模型等（肖宏伟和易丹辉，2014；焦高乐和严明义，2017），最后得出其与城市形态（王桂新和武俊奎，2012）、交通（邱强等，2017；左大杰等，2018；孙华中，2017）、居民（万文玉等，2017）、生活方式（刘清春等，2018；杨文越和曹小曙，2018）、产业结构（齐亚伟，2018；卢娜等，2017）等相关。

为此，如何在经济发展的同时保护土地资源，实现土地的有效利用，构建起长江上游流域生态屏障，促进我国长江上游经济带绿色低碳发展，是我国实现高质量发展亟待解决的重要问题。

3.1.1 研究区域概况

长江上游经济带是中国西南地区经济最发达的区域，其主要包括云南省、贵州省、四川省和重庆市，总面积 114 万 km^2。研究区位于我国西南腹地，地貌复杂多样，资源矿产丰富，人口众多，是我国"一带一路"倡议中具有独特区位优势的重点发展区域。因此，本章以云南、贵州、四川、重庆为研究区域，科学测算研究区内二氧化碳浓度和产业二氧化碳排放清单，探索节能减排和生态效应影响因子，这对二氧化碳排放空间管理及低碳土地利用空间格局优化具有现实意义，可为区域减排增效提供决策支持。

3.1.2 数据来源与处理

本章所需碳浓度数据均来源于中分辨率成像光谱仪（moderate-resolution imaging spectroradio-meter，MODIS）的卫星数据产品，具体信息见表 3-1。

表 3-1 TVP 所需产品数据列表

名称	类型	分辨率
地表温度（land surface temperature，LST）	MOD11A2	1000m
增强型植被指数（enhanced vegetation index，EVI）	MOD13A2	1000m
归一化植被指数（normalized differential vegetation index，NDVI）	MOD13A2	1000m
植被叶面积指数（leaf area index，LAI）	MOD15A2H	500m
光合有效辐射（photosynthetically active radiation，PAR）	MOD15A2H	500m
总初级生产力（gross primary productivity，GPP）	MOD17A2H	500m
净初级生产力（net primary productivity，NPP）	MOD17A3HGF	500m

资料来源：美国地质调查局。

本书利用亚欧大陆 TVP 碳-地模型对长江上游经济带的碳浓度进行核算，模型参数来源于 MODIS。本书主要通过对卫星影像数据的采样、裁剪和拼接，并剔除异常值，结合 ArcGIS 分区统计功能得到研究区域的碳浓度平均值。选取每年的 6 月作为年度碳浓度值，主要考虑二氧化碳的浓度呈现季节性，夏季浓度最低。

获取准确的土地利用类型数据尤为重要。由于研究区域涉及范围较大，本书采用 MCD12Q1 土地覆盖类型产品，进行土地利用类型的确定和数据获取，主要来源为美国地质调查局，采用 MCD12Q1 产品数据分类中的中分辨率成像光谱仪国际地圈生物圈计划（International Geosphere-Biosphere Program，IGBP）全球植被分类方法，明确土地类型为林地、草地、耕地、建设用地、水域、裸地和其他用地。由于 MCD12Q1 数据的空间分辨率为 500m 和 1000m，可能存在混合像元问题，导致分类结果存在一定误差。此外，在进行投影转换和数据裁剪时，也可能引入误差。MCD12Q1 数据的分类精度并非完美，可能会出现土地类型加总量不一致的情况，但从研究结果可以看出，每一年的土地类型计算结果加总量差值较小，因此，本研究结果可能存在一定误差，但在总体趋势上仍然是可靠的。

3.1.3　研　究　方　法

本章研究方法主要采用的是"TVP 碳-地模型"。间接估算碳浓度方面，国外远远领先于国内，其主要利用高空间分辨率、高时间分辨率和早发射（2000 年）的 MODIS 卫星及 GOSAT 温室气体观测卫星的碳浓度数据构建模型。估算结果比较精准的方法有日本北海道大学 Guo 等（2012）构建的"TVP 碳-地模型"，而"TVP 碳-地模型"按照不同的使用范围分为大洋洲大陆模型、非洲大陆模型、北美洲大陆模型、南美洲大陆模型和亚欧大陆模型，本书基于亚欧大陆模型间接估算云南、贵州、四川、重庆等地区的碳浓度，其具体表达式为

$$CO_2 浓度 = 277.93 + 0.4 \times LST + 95.04 \times EVI - 64.32 \times NDVI - 0.89 \times FPAR$$
$$+ 2.73 \times LAI - 0.03 \times GPP - 0.004 \times GN$$

$$(3-1)$$

式中，LST 为地表温度；EVI 为增强型植被指数，即地表植被的生长状态及覆被度，其值域范围为$[-1, 1]$；NDVI 为归一化植被指数，即植被的茂密程度，其值域范围为$[-1, 1]$；FPAR 为植物冠层吸收的光合有效辐射分量，其值域范围为$[0, 1]$；LAI 为植被叶面积指数，其值域范围为$[0, 1]$；GPP 为植物总初级生产力，即植物通过光合作用吸收的二氧化碳量，单位为 g C/m^2；GN 为植物总初级生产力（GPP）与植物净初级生产力（NPP）的差值；二氧化碳浓度单位为 ppm（1ppm 表示 1×10^{-6}）或 mg/L。

3.2　基于长江上游经济带大气图像的土地利用特征分析

3.2.1　土地利用时序演变特征

结合研究需要和（Interrational Geosphere-Biosphere Programme，IGBP）分类方案，本书将地类划分为林地、草地、耕地、建设用地、水域、裸地和其他用地；将云南省、贵州省、四川省和重庆市进行土地利用分类，然后分别对其进行面积统计，得到云南省、贵州省、四川省、重庆市的土地利用类型面积统计表。

由表 3-2 可知，云南省、贵州省、四川省和重庆市的土地利用类型2001～2020 年以来均以草地为主，面积占比达到 60%以上，其次为林地和耕地，面积占比分别为 20%和 13%左右，建设用地、水域、裸地和其他用地面积占比则相对较小。

表 3-2　云南省、贵州省、四川省和重庆市的土地利用类型面积统计表（单位：km^2）

年份	林地		草地		耕地		建设用地		水域		裸地		其他用地	
	面积 /km^2	比例 /%	面积 /km^2	比例 /%	面积 /km^2	比例 /%	面积 /km^2	比例 /%	面积 /km^2	比例 /%	面积 /km^2	比例 /%	面积 /km^2	比例 /%
2001	212753	18.83	762995	67.53	137176	12.14	7464	0.66	1799	0.16	7506	0.66	265	0.02
2002	212860	18.84	757752	67.06	142205	12.59	7627	0.67	1780	0.16	7494	0.66	240	0.02
2003	212831	18.84	752726	66.62	146943	13.00	7814	0.69	1741	0.15	7643	0.68	240	0.02
2004	213863	18.93	748861	66.27	149573	13.24	8046	0.71	1751	0.16	7625	0.67	238	0.02
2005	214778	19.01	749593	66.34	147816	13.08	8257	0.73	1732	0.15	7508	0.67	254	0.02
2006	215704	19.09	750347	66.41	146071	12.93	8518	0.75	1724	0.15	7342	0.65	231	0.02
2007	217757	19.27	748395	66.23	145829	12.91	8667	0.77	1737	0.15	7312	0.65	240	0.02
2008	218752	19.36	747166	66.12	145956	12.92	8799	0.78	1793	0.16	7242	0.64	229	0.02
2009	219827	19.45	749953	66.37	142148	12.58	8918	0.79	1821	0.16	7066	0.63	204	0.02
2010	221209	19.58	750866	66.45	139737	12.37	9107	0.81	1861	0.16	6942	0.61	216	0.02
2011	224196	19.84	749307	66.31	138338	12.24	9217	0.82	1895	0.17	6763	0.60	221	0.02
2012	227156	20.10	746499	66.07	138097	12.22	9351	0.83	1920	0.17	6698	0.59	216	0.02
2013	232381	20.57	740167	65.50	139164	12.31	9446	0.84	1988	0.18	6588	0.58	204	0.02
2014	239085	21.16	733557	64.92	138804	12.28	9572	0.85	2083	0.18	6642	0.59	193	0.02
2015	245963	21.77	726608	64.30	138718	12.28	9696	0.85	2209	0.20	6570	0.58	195	0.02
2016	251810	22.28	717763	63.52	141488	12.52	9783	0.87	2320	0.21	6577	0.58	216	0.02
2017	260301	23.04	707879	62.65	142394	12.60	9989	0.88	2405	0.21	6755	0.60	235	0.02
2018	266648	23.60	698999	61.86	143570	12.71	10260	0.91	2421	0.21	7721	0.68	319	0.03
2019	267932	23.71	698113	61.78	143521	12.70	10458	0.93	2329	0.21	7256	0.64	329	0.03
2020	274319	24.28	690951	61.15	144547	12.79	10600	0.94	2362	0.21	6885	0.61	275	0.02

由图 3-1 可知，2001～2020 年，云南省、贵州省、四川省和重庆市的林地和建设用地上升趋势明显，林地面积 2001 年为 212753km^2，占比 18.83%；

2020 年为 274319km^2，占比增加到了 24.28%，2001～2020 年建设用地面积占比从 0.66%增加到了 0.94%。而草地面积却在一直减少，面积从 2001 年的 762995km^2 减少到 2020 年的 690951km^2，面积占比从 67.52%下降到 61.15%。2001～2020 年，云南省、贵州省、四川省、重庆市的耕地、裸地和其他用地面积则保持相对稳定。

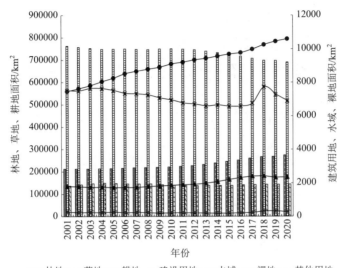

图 3-1　2001～2020 年云南省、贵州省、四川省、重庆市的土地利用类型变化

由图 3-2 可知，长江上游经济带中，云南省的林地面积最多，其次为四川省。2001～2020 年，长江上游经济带的林地面积均上涨。四川省的草地面积在长江上游经济带中占比最多，20 年来长江上游经济带的草地面积

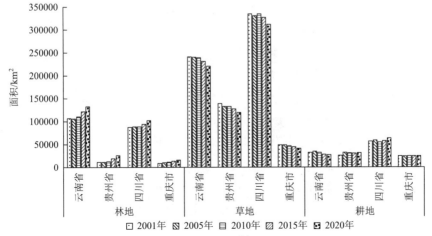

(a)

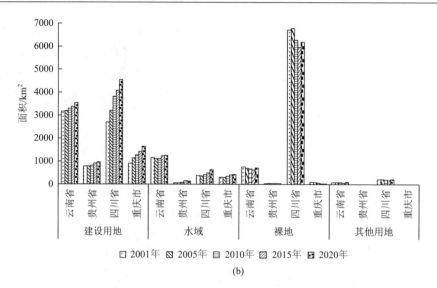

图 3-2　2001～2020 年云南省、贵州省、四川省、重庆市的土地利用面积变化

均下降。耕地面积最多的是四川省，除云南省耕地面积下降外，其他省市的耕地面积轻微上涨。长江上游经济带的建设用地面积呈现上升趋势，其中四川省的建设用地面积增加最多，其次为重庆。长江上游经济带中云南省的水域面积最大，其次为四川省，四个地区的水域面积均上升。四川省的裸地面积最大，20 年来呈现出波动变化，整体上呈现下降趋势。长江上游经济带的其他用地面积较少，面积变动较小。

3.2.2　土地利用空间演变特征

云南省、贵州省、四川省、重庆市作为西南地区最具发展潜力的经济带，研究区内各省（市）经济发展水平、城镇边缘区土地利用方式、资源禀赋特征等存在较大差异，土地利用方式具有空间上的非均衡性。根据整体与局部的辩证关系，研究其空间分布对探寻碳浓度空间规律具有重要参考价值。通过了解土地利用方式与其空间格局演变，也可以更好地掌握研究区内生态效应状况。

如图 3-3 所示，2001～2020 年，云南省、贵州省、四川省、重庆市的各地类占比并未发生较大变化。以林地、草地为主，其次为耕地、建设用地和水域。2001～2020 年，云南省、贵州省、四川省、重庆市土地利用的主要特点有以下三个方面。

（1）研究区域中，耕地是较为重要的土地类型，研究区域东部耕地面积日益扩大。2001 年长江上游经济带的耕地总面积为 13.7 万 km^2。由 2001～2020 年各种土地类型利用结构对比可得，农用地中耕地面积呈上升趋势，占比由 12.14%上升到 12.79%，20 年间共增加了 7371km²。耕地是重要的碳源，其面积的增大将会极大地增加区域碳排放，这对区域碳二氧化排放贡献较大。

（2）建设用地增幅较大。研究区内建设用地面积由 2001 年的 7464km²增长至 2020 年 10600km²，增长了约 42%。其原因在于研究区内的社会经济在 2001～2020 年得到了快速的发展。工业化与城市化的发展需要大量的建设用地作为支撑，致使云南省、贵州省、四川省、重庆市大量的农用地转化为了交通、能源、基础设施建设、生产服务等建设用地，建设用地的面积增幅较大。

（3）西部的林地增长较快，而草地总量呈下降趋势。林地由 2001 年的212753km²上升到 2020 年的 274319km²。2001～2020 年，其占土地总面积比例 20 年间上升了 5.45 个百分点，其主要归因于退耕还林。草地总量占比由 67.52%降低到 61.15%，下降了 6.37 个百分点。

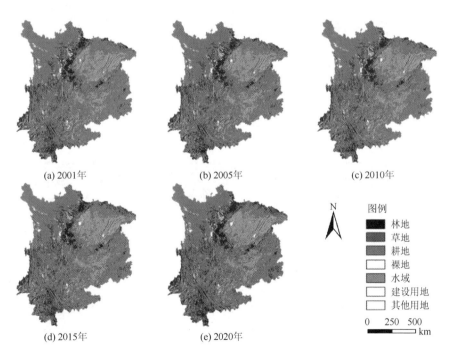

图 3-3　典型年份云南省、贵州省、四川省和重庆市的土地利用空间格局

综上，从长江上游经济区域的土地利用结构的构成来看，林地、草地等农用地是云南省、贵州省、四川省、重庆市最为主要的土地利用类型。从云南省、贵州省、四川省、重庆市土地利用结构在 2001～2020 年的变化

来看，耕地、建设用地、林地均呈现出了不同幅度的上涨趋势，裸地、水域、其他地类变化较小。农用地中的耕地为人类社会提供了重要的粮食生产功能，林地为人类提供了重要的生态环境保护、涵养水源等功能。然而，研究区内工业化、城市化进程的不断加快，导致了大量的农用地被占用。农用地的保护和社会经济发展之间的矛盾不断凸显，因此，研究区在未来亟须解决好两者之间的矛盾，使人类发展的物质基础和社会经济能够协调可持续发展。

3.3　长江上游经济带大气碳浓度时空演变分析

3.3.1　碳浓度时序演变分析

云南省、贵州省、四川省、重庆市夏季二氧化碳浓度均值变化情况如图 3-4 所示，总体来看，2001～2020 年二氧化碳浓度均值波动上涨，基本稳定在 340～420ppm。据统计，2019 年瓦里关国家大气本底站观测到的中国陆地区域大气二氧化碳浓度年均为 411.4ppm±0.2ppm，2020 年二氧化碳的全球平均浓度为 413.2ppm。

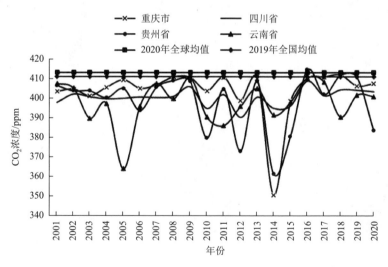

图 3-4　2001～2020 年云南省、贵州省、四川省、重庆市夏季二氧化碳浓度均值变化情况

因而具体来看，2014 年，云南省、贵州省、四川省、重庆市四个地区二氧化碳浓度均值整体最低；2015 年和 2016 年，二氧化碳浓度均值增量较大。2016 年，大部分地区二氧化碳浓度的增长高于全球平均水平 3.3ppm

的增量，与此同时，除贵州省外其余地区的二氧化碳浓度均高于中国平均值。研究区内二氧化碳浓度低于中国均值，却又高于全球增量，表明近几年土地利用方式发生巨大转变，经济得到极大的发展。

2001 年、2005 年、2010 年、2015 年和 2020 年二氧化碳浓度变化情况如图 3-5 所示。可见，云南省和贵州省二氧化碳浓度均值呈现先降后升趋势，四川省和重庆市的变化特征基本一致，均呈现出先升后降，2015 年后再次上升的趋势。表明川渝地区二氧化碳排放的影响机制具有相似性，土地生态环境也较为相似。

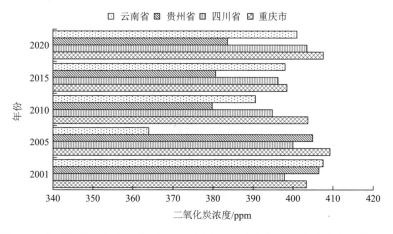

图 3-5　典型年份云南省、贵州省、四川省、重庆市的二氧化碳浓度变化对比

结合图 3-4 和图 3-5 可知，在 2001 年，云南省的二氧化碳浓度均值最高，这是由于该省建设用地面积最大，而建设用地上的人类活动导致了较高的二氧化碳排放。相比于四川省和重庆市，2010～2020 年，贵州省的二氧化碳浓度均值整体变化较小。除了 2001 年和 2005 年外，其余三个年份的二氧化碳浓度均值都低于四川省和重庆市。这主要是因为贵州省在 2010 年后逐步调整产业结构，大力发展第三产业，尤其是旅游业。截至 2020 年，贵州省第三产业比例高达 50.71%。与此不同，四川省和重庆市的第二产业比例较大，在 2020 年分别为 36.09%和 39.81%，因此其碳排放强度也较大。

3.3.2　碳浓度空间演变分析

林地、草地对调节区域碳循环具有显著作用，耕地也是重要的生态用地。云南省、贵州省、四川省、重庆市作为西南经济最活跃的地区，土地利用方式发生了巨大转变，城市化产生了大量的城市建设用地，农用地逐步减少，生态问题日益严峻。

本书将二氧化碳浓度值划分为三个区：227ppm≤二氧化碳浓度<350ppm 为低值区；350ppm≤二氧化碳浓度<410ppm 为中值区；410ppm≤二氧化碳浓度<472ppm 为高值区。由图 3-6 可知，2000～2020 年长江上游经济带二氧化碳浓度整体升高，而高值区主要由四川和重庆两地区逐步向云南、贵州迁移，集中于研究区中部、南部和东部区域。在川西高山高原地区，其二氧化碳浓度高值空间分布与地形走势相似，二氧化碳浓度可能与地形相关。中值区占据了研究区大部分区域，低值区分布范围逐步减少，由西南向东部变动。

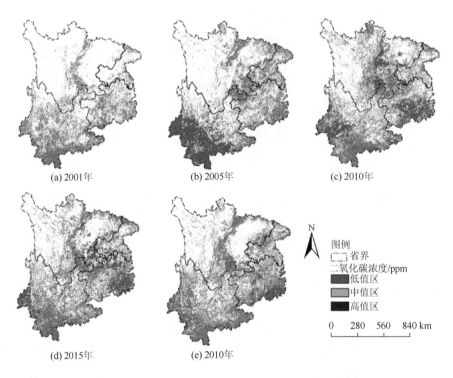

图 3-6　长江上游经济带典型年份二氧化碳浓度空间格局

具体而言，2001～2010 年，整体看来四川省和重庆市的二氧化碳浓度高值区范围逐步增加。该时段内四川省和重庆市是研究区内经济最为发达的地区，因此其二氧化碳浓度也高于其他区域。2001 年，云南省和贵州省的二氧化碳浓度较高。这是因为在这一时期，云南省用于人类活动的建设用地面积最大，建设活动导致碳排放量增加。而贵州省的植被覆盖面积相对较小，植被的固碳量较低，因此贵州省的二氧化碳浓度较高。2005～2010 年低值区域主要集中于云南省和贵州省，结合图 3-5，两省的二氧化碳浓度低值区整体减少。

在 2010 年后，由于前期经济的快速发展，城镇化水平的迅速提升，影响了区域环境质量。为改善区域内环境质量较差的困境，寻求可持续发展方式，四川省和重庆市采取了大量经济和政策手段，一定程度上降低了区域整体的二氧化碳浓度，从而呈现出高值区集中于经济发展热点区，中值区范围增加。而云南省和贵州省在长期摸索经济发展路径进程中，逐步找到适合自身的道路，结合地方地形地质景观及独特人文风光特色，开始大力发展旅游业，经济发展水平提升，二氧化碳浓度增加，低值区覆盖范围缩减。

3.3.3　碳汇时空演变分析

本书研究区域尺度碳汇的核算范围主要包含了林地、草地、水域以及未利用地。各类土地利用的碳汇估算模型具体表达式为

$$C_{\text{sink}} = \sum S_i = \sum_{i=1}^{n} L_i \omega_i \tag{3-2}$$

式中，C_{sink} 为碳汇量；S_i 为第 i 种土地利用类型产生的碳汇量；L_i 为第 i 种土地类型面积；ω_i 为第 i 种土地类型的碳汇系数；未利用地的碳汇系数为 $0.0005\text{t}/(\text{hm}^2 \cdot \text{a})$。

植被净生态系统生产力，指的是由大气进入植被生态系统的净二氧化碳量，在碳源核算时则不考虑植被的呼吸作用带来的碳排放。本书中植被净生态系统生产力主要包括林地、草地、未利用地三个方面，其具体表达式为

$$C_{\text{N}} = \sum C_{\text{V}} \cdot L_{\text{V}} \tag{3-3}$$

式中，C_{N} 为植被净生态系统生产力；C_{V} 为植被单位面积的净生产力；L_{V} 为植被的面积。林地、草地面积来自空间提取数据；单位面积的净生产力根据相关文献统计：森林为 $3.81\text{t}/(\text{hm}^2 \cdot \text{a})$，草地为 $0.95\text{t}/(\text{hm}^2 \cdot \text{a})$。

水域的碳吸收，其具体表达式为

$$\text{CL}_{\text{W}} = C_{\text{W}} \cdot L_{\text{W}} \tag{3-4}$$

式中，CL_{W} 为水域直接碳吸收的固碳量；C_{W} 为单位面积河流湖泊的固碳速率，$0.57\text{t}/(\text{hm}^2 \cdot \text{a})$；$L_{\text{W}}$ 为河流湖泊面积。

　　长江上游经济带四个地区在研究时间内，碳汇能力最强的是云南省和四川省，2020 年碳汇量分别达到 7144 万 t 和 6819 万 t，分别是长江上游经济带碳汇总量的 41.9%和 40%。两个地区加起来的碳汇量占了长江上游经济带总量的 81.9%。从图 3-7 可以看出，长江上游经济带的碳汇主要依赖于云南省，约占碳汇总量的 41.9%，草地和林地面积较多是云南省碳汇量贡献大的主要原因。从增速来说，2001～2020 年贵州省的年均增速为 1.05%，重庆市的年均增长率为 1.08%，云南省和四川省碳汇也在稳步增长，年均增长率分别为 0.61%和 0.26%（图 3-7）。

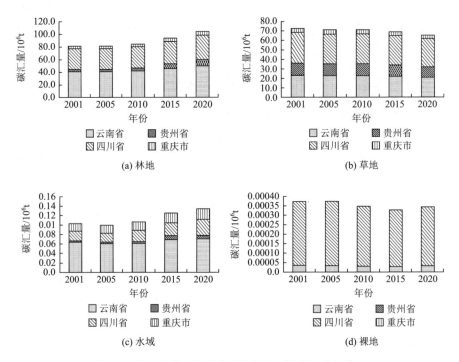

图 3-7　长江上游经济带典型年份分区域碳汇空间格局

　　长江上游经济带碳汇量总体呈上升的态势，2006 年碳汇量为 15356 万 t，2020 年碳汇量增长到了 17029 万 t，相较于 2006 年增长了 10.89%，增幅较大。由此表明，长江上游经济带地区的碳汇能力在逐步增强。植被净生态系统生产力（net ecosystem productivity，NEP）是该区域碳汇的主要来源。本书核算包括林地、草地、水域和未利用地四种用地的碳汇，其中来自林地的贡献最多，这是碳汇量贡献大的关键所在（图 3-8）。

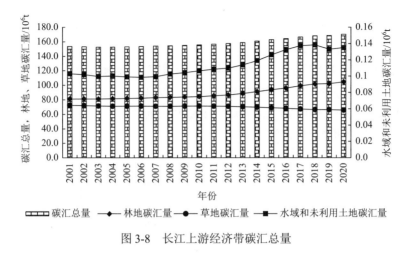

图 3-8　长江上游经济带碳汇总量

3.3.4　碳浓度驱动因素分析

1. 第二产业比例

根据统计年鉴数据和图 3-5 可知，第二产业比重对二氧化碳排放的驱动效应非常明显。以四川省和重庆市为例，该区域的二氧化碳浓度与第二产业比重变化趋势具有高度协同性。具体表现为在 2008 年金融危机影响下，这一区域的二氧化碳浓度均在 2010 年有所下降。说明相应的经济增长对二氧化碳排放具有促进作用，能源强度会影响二氧化碳排放量，这与大多数研究结论相一致。因此，减少第二产业比重是降低二氧化碳排放的重要措施之一。

2. 人均 GDP

结合上文分析和整理文献可知，人均 GDP 所代表的经济效应是推动二氧化碳浓度变化的主导因子。2001～2020 年贵州省和云南省的人均 GDP 低于四川省和重庆市，其整体变化趋势与二氧化碳浓度走势具有一致性，均呈现上涨趋势，表明此时二氧化碳浓度主要受经济效应影响。王新（2011）的研究也证实了这一观点。其认为重庆市 2000～2006 年能源强度的抑制贡献值与经济发展拉动贡献值之间的差距逐渐缩小，2006 年以后经济发展使抑制贡献值与拉动贡献值之间的差距又不断扩大，使经济效应成为首要的碳排放促进因素。

3. 城镇化率

城镇化率表征的是人口规模效应，与经济效应、二氧化碳排放强度相比，其影响力较弱。城镇化率越高，则表明城市人口越多，区域活动越发强烈，地表对二氧化碳浓度的扰动就越强烈。2010 年后，云南省和贵州省经济发展水平提升，旅游业的发展与基础设施等逐步完善，城镇化进程加速，影响区域二氧化碳浓度。四川省和重庆市城镇化进程相对有所减缓，同时为追求经济发展和环境保护的协同，二氧化碳浓度在空间分布上整体也相对降低。

3.4　本章小结

本章以云南省、贵州省、四川省、重庆市为研究区域，以其土地利用特征和生态效应为出发点，探索土地利用覆被变化带来的生态环境效应问题。长江上游经济带各区域以草地为主，占比高达 60%以上。林地和耕地紧随其后，占比分别为 20%和 12%左右，其他类型的用地面积占比则相对较小。林地和草地主要分布于西部地区，耕地和建设用地主要分布于东部地区。二氧化碳浓度较高，高值常年分布于长江上游经济带的东部地区。相较于一般的城市系统、城市带，本章的研究尺度更大，面临的效应问题也更为复杂，在进行定性分析结合研究结果和文献阅读后进行仔细的对比取舍，以兼顾其地域独特性和全面性。本章充分结合文献资料进行驱动力定性分析，探索二氧化碳浓度变化背后的驱动机理，以期为区域低碳发展提供政策支持。

第4章　能源消费与碳排放的定量化分析

4.1　能源消费与碳排放的定量化分析方法

4.1.1　研 究 方 法

（1）文献研究法。文献研究法包括了以下五个基本步骤：提出问题或假设、研究设计、文献搜集、文献整理和文献综述撰写，该方法是对已有的研究成果、资料和统计数据（年鉴）进行归纳、总结和分析，从而全面、正确地了解研究问题的基础和条件。

（2）"自上而下"和"自下而上"相结合的统计分析方法。结合长江上游经济带整体二氧化碳排放数据以及各省（市）47个产业部门、17种化石能源、9个产业过程的统计数据，逐级分解或合并，统计和测算不同能源消费和产业过程中的二氧化碳排放，从宏观和微观两个层面展开。宏观层面：从历史经验、国际形势及中长期经济社会发展的演变趋势等方面，对经济增长、人口发展、城市化水平的变化趋势进行分析，并对长江上游经济带中长期发展所面临的能源资源、生态环境容量、碳排放空间等重大约束进行"自上而下"的界定。微观层面：根据长江上游经济带47个产业部门的能耗和二氧化碳排放量，在IPCC模型的基础上建立中长期能源消费与二氧化碳排放量的分析模型，并在此基础上探讨在各种绿色低碳转型政策下，确定长江上游经济带的能源消费量和二氧化碳排放量的具体变化情况。

（3）分类统计法。能源消费二氧化碳排放仅指17种化石能源消费过程中所排放的二氧化碳量，而产业过程中产生的二氧化碳排放是由生产过程所带来的化学反应而产生的，并不是由产业生产所使用的能源造成的，本书将产业生产过程中产生的二氧化碳排放分解成相应的产业部门最终排放清单。这种分类分析有助于了解二氧化碳排放是来源于能源消费还是产业加工过程。

（4）情景分析方法。第一个情景是"趋势照常"情景，按照国家提出的"到2020年实现单位GDP能耗比2005年下降45%"的要求，由于发展惯性，发展方式转变相对较慢，发展新动能培育不足，节约型消费方式推广力度较弱，发展过程中先污染后治理的现象较为普遍，该情景反映当前政策趋势照常发展的结果，是分析节能减排潜力时的基准情景。第二个情景是"政策部署"情景，这个情景在考虑经济社会、环境发展需求的基础上，将强化技术进步、改变经济发展模式、改变消费方式、实现低能耗、低碳排放等因素也纳入考量范围，这一目标是通过进一步努力可以实现的情景，可作为政策部署的目标情景，也是重点分析的情景。第三个情景是"深化努力"情景，政府将低碳发展置于最优先地位，转变快速推进的经济发展方式，新技术迅速普及，体制机制障碍及时消除，全球共同努力推进减缓气候变化取得重大进展，形成良好的低碳发展国际环境，国内低碳技术研发和利用境外优质能源资源机遇及能力大大增强，该情景是一个相对理想化的情景，代表了在政策部署情景基础上进一步努力的方向。

4.1.2　计　算　方　法

根据 IPCC 方法，本书考虑了长江上游经济带重点城市的二氧化碳排放核算的行政区域范围，排放清单分为能源和产业过程相关二氧化碳排放，其中能源相关的排放可以使用两种方法计算：部门方法和参考方法核算，本研究选择了部门方法。根据 Shan 等（2017）研究，考虑了 47 个产业部门内 17 种化石能源和 9 种产业过程的二氧化碳排放量。发电的二氧化碳排放量是通过一次能源输入（如原煤、燃料油和柴油）计算的。因此，不考虑在城市边界以外产生的二氧化碳排放，如进口电力和热量消耗，以及城际交通能源消费，把用作化学原料的能量和运输过程中的损失从总能量消费中去除，以避免重复计算（Peters G P et al.，2012）。

1. 能源消耗

根据 IPCC（2006），产业部门的能源活动乘以相关排放因子可以计算得出化石燃料相关的排放，其具体表达式为

$$CE_{energy} = \sum_{i=1}^{17} \sum_{j=1}^{47} CE_{ij} = \sum_{i=1}^{17} \sum_{j=1}^{47} AD_{ij} \cdot NCV_i \cdot EF_i \cdot O_{ij} \qquad (4\text{-}1)$$

式中，i 为能源类型；j 为社会经济部门；CE_{ij} 为能源类型 i 在社会经济部门 j 中的二氧化碳排放量；AD_{ij} 为能源消费的活动数据，即在 j 部门中化石燃料 i 的消耗；NCV_i、EF_i 和 O_{ij} 分别为净热值、排放因子和氧化效率，这三个参数的单位分别是"J/吨能源消费量""吨二氧化碳排放量/J""%"。这三个参数来自文献（Liu et al.，2015），这些参数对于解释中国的能源消费更为准确。

在这项研究中，17 种化石能源分为三类：煤、石油和天然气。根据国家经济核算体系（NAQSIQ，2011）对 39 个工业部门的子行业进行分类。本书将 39 个工业部门分为四类：能源生产、重工业、轻工业和高科技产业。能源生产类别包括五个生产一级和二级能源类型的部门，而高科技产业类别指的是针对高新技术产业的五个部门。其余 29 个行业属于制造业，包括重工业和轻工业。本书将重型制造类别定义为包括输入能源以生产中间产品的 16 个部门，如黑色金属采选，以及非金属矿产品。13 个部门被归类为轻工制造业，主要生产食品加工和家具制造等最终产品（Shan et al.，2018a）。

IPCC（2006）和国家发展改革委办公厅（2011）都规定了矿物燃料的预设排放因素。中国最大的 100 个煤矿的 602 个煤样的实测数据（Liu et al.，2015）显示，IPCC 与国家发展和改革委员会（简称国家发展改革委，National Development and Reform Commission，NDRC）建议的排放因素与实际排放因素比较是偏高的。如表 4-1 所示，本书使用了最新的排放因子，假设这些因子比 IPCC 及 NDRC 的默认值更准确。本书考虑了不同部门燃烧的化石燃料的不同氧化效率，因为目前中国区域间的燃烧技术水平存在明显的差异。

表 4-1　化石燃料燃烧的净热值和排放因子

类型（i）	能源类型	净热值（NCV_i）/ （J/吨能源消耗量）	排放因子（EF_i）/ （吨二氧化碳排放量/J）
1	原煤	0.21	96.51
2	清洁煤	0.26	96.51
3	洗煤	0.15	96.51
4	煤球	0.18	96.51
5	焦炭	0.28	115.07
6	焦炉煤气	1.61	78.8
7	其他气体	0.83	78.8
8	其他焦化产品	0.28	100.64
9	原油	0.43	73.63
10	汽油	0.44	69.3
11	煤油	0.44	71.87
12	柴油	0.43	74.07
13	燃料油	0.43	77.37
14	液化石油气	0.51	63.07
15	炼厂气	0.47	73.33
16	其他石油产品	0.43	74.07
17	天然气	3.89	56.17

资料来源：国家发展改革委办公厅（2011）；IPCC（2006）。

2. 产业过程

本书计算了 9 个产业过程的二氧化碳排放量，9 个产业过程是排放密集型流程，如硅、铁、铁铬合金、氨、苏打粉、水泥和石灰生产，占中国工艺相关排放总量的 95%以上（NDRC，2004，2012，2016）。与产业过程相关的二氧化碳排放是由生产过程中的化学反应而产生的二氧化碳排放，并非产业生产所使用的能源产生。其具体表达式为

$$\text{CE}_{\text{process}} = \sum_{t=1}^{9} \text{CE}_t = \sum_{t=1}^{9} \text{AD}_t \cdot \text{EF}_t \qquad (4\text{-}2)$$

式中，t 为产业过程；CE_t 和 EF_t 分别为与过程相关的二氧化碳排放量和排放因子；AD_t 为工业产品产量。除水泥生产外产业过程的大部分排放因子（表 4-2）由 IPCC（2006）所提供（Liu et al.，2015）。

表 4-2　9 个产业过程的 CO_2 排放因子

过程（t）	产业过程	排放因子（EF_t）
1	氨生产	1.5000
2	纯碱生产	0.4150
3	水泥生产	0.2906
4	石灰生产	0.6830
5	铁铬合金生产	1.3000
6	硅生产	4.3000
7	未分类铁的生产	4.0000
8	黑色金属生产	3.1000
9	有色金属生产	3.1000

3. 数据来源与处理

能源消费部分的数据可以从各省（市）的统计年鉴中收集，能源平衡表（energy balance table，EBT）是一个地区能源生产、转化和最终消费的综合概述，它可以揭示一个地区的能源流量，以计算与化石燃料相关的二氧化碳排放量。然而，由于部分数据的缺失，无法在统计年鉴中获得直接数据，本书对缺失的数据估算处理。

产业过程部分的数据收集更加容易和普遍。每个省（市）的统计年鉴都有"工业产品生产"表，部分生产来自规模以上的工业企业（指每年主营业务的营业额在 500 万元以上的工业企业），可以通过省级统计年鉴对产业生产过程数据进行核算。由此得出分行业、分能源消费种类和产业过程的综合二氧化碳排放清单，使清单更加全面，为实现二氧化碳排放的总体控制提供数据集和决策支撑。本章的研究思路与技术路线如图 4-1 所示。

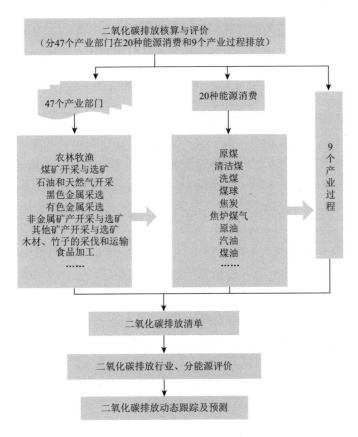

图 4-1　本章的研究思路与技术路线

4.1.3　可行性分析

（1）理论可行性。大量前人的研究成果已经形成了相对比较完整的理论框架、研究路径和研究方法，将已有理论成果应用到具体的长江上游经济带二氧化碳排放系统的统计研究中，优化和完善长江上游经济带二氧化碳排放统计研究的手段和内容，对已有理论成果的创新应用是本书理论研究特色之一。

（2）方法的可行性。数理统计分析、生产阶段分析、多元统计分析、对比分析、工艺分析和系统分析都已经被广泛应用于某一区域能源投入、消费、排放、评价等研究上，本书的前期基础研究也验证了对这些分析方法的综合或者创新应用均具有相应的可行性。

（3）数据的可行性。本书收集了 2000~2020 年长江上游经济带 47 个产业部门、17 种主要化石能源消费和 9 个产业过程的二氧化碳排放（折算和测算）的大部分数据，对长江上游经济带的二氧化碳分产业、能源种类和产业过程的碳排放清单的历史数据和特征有了一定了解。

4.1.4　不确定性分析

与输入和参数建模相关的不确定性可能会对生成碳排放的精确估算产生潜在重大影响（Zhou et al.，2015）。可能存在不完整的数据，经济波动、环境因素以及主观判断和数据质量问题等（Zhou et al.，2016，2013），使排放因子和能源活动存在不确定性。本书采用 IPCC 推荐的蒙特卡罗方法来评估城市排放的不确定性，不确定性呈现在中心估计值周围的某个置信区间（confidence interval，CI）的下限和上限，具有假设正态分布的活动数据和排放因子的所有输入参数被置于蒙特卡罗框架中。进行了20000 次模拟，以分析各部门估算排放的不确定性。假设活动数据和排放因子都是正态分布的，从文献中收集变异系数（coefficient of variation，CV）（标准差除以平均值）：活动数据的 CV 为 5%~30%，取决于部门（IPCC，2006；Zhang et al.，2007；Zhao et al.，2008；Wu et al.，2010）；排放因子的 CV 为 3%（煤）、1%（石油）和 2%（天然气）。结果表明，长江上游经济带区域内城市 97.5%的不确定性（中心估计值为±47.5%CI）下降[−5.6%, 7.8%]。

4.1.5　研究框架及思路

本章的主要研究对象是长江上游经济带 2000~2020 年 47 个产业部门、20 种能源消费和 9 个产业过程之间构成的二氧化碳排放动态变化，形成长江上游经济带分产业、分能源消费的碳排放清单及其数据集。总体框架如图 4-2 所示。

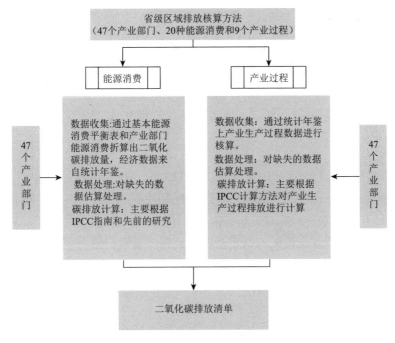

图 4-2　本章的研究框架及思路

4.2　四川省能源消费与碳排放的核算

四川省区域的二氧化碳排放清单由两个部分组成，分别是能源消费和产业过程，又分了 47 个产业部门对其进行计算，这 47 个产业部门是根据国家市场监督管理总局的规定定义的，其中包括在中国城市行政边界内进行的所有可能的社会经济活动，可以更详细地说明产业和整个城市的能源利用情况。能源消费部分的数据可以从相应年份《四川统计年鉴》中收集，EBT 是一个地区能源生产、转化和最终消费的综合概述，它可以揭示一个地区的能源流量，EBT 对化石燃料的部门消耗可用作活动数据，以计算与化石燃料相关的二氧化碳排放量。然而，由于部分数据的缺失，无法在统计年鉴中获得直接数据，本书对缺失的数据进行的是估算处理。能源消费产生的二氧化碳排放量的测算主要是依据 IPCC 指南和一些研究成果参考得出的，详见 4.1.2 节。

产业过程中的二氧化碳排放量计算主要是根据 IPCC 的计算方法和先前研究推断出来的，具体的计算公式见 4.1.2 节。由此得出四川省分产业、分能源消费种类和产业过程的综合二氧化碳排放清单，使清单更加全面，为四川省实现二氧化碳排放的总体控制提供数据集和决策支撑。

四川省二氧化碳排放核算和评价分了 47 个产业部门在 20 种能源消费和 9 个产业过程中的排放。其中 47 个产业部门包括农林牧渔；煤矿开采与选矿；石油和天然气开采；黑色金属采选；有色金属采选；非金属矿产开采与选矿；其他矿产开采及选矿；木材、竹子的采伐和运输；食品加工；粮食生产；饮料生产；烟草加工；纺织工业；服装及其他纤维制品；皮革、毛皮、羽绒及相关产品；木材加工；家具制造；造纸及纸制品；印刷和记录介质复制；文化、教育、体育用品；石油加工和焦化；化工原料及化工产品；医疗及医药产品；化学纤维；橡胶制品；塑料制品；非金属矿产品；黑色金属的冶炼和压制（解释：采选是开采环节；冶炼和压制是加工制造环节）；有色金属的冶炼与压制；金属制品；普通机械；特殊用途设备；运输设备；电气设备及机械；电子及电信设备；仪器、仪表、文化和办公机械；其他制造业；废料和废物；电力、蒸汽、热水的生产和供应；天然气的生产和供应；生产及供应自来水；建设；运输、仓储、邮电服务；批发、零售贸易及餐饮服务；其他；城市；农村。

20 种能源消费由 17 种化石能源消费和 3 种非化石能源消费所组成，17 种化石能源包括了原煤、清洁煤、洗煤、煤球、焦炭、焦炉煤气、其他气体、其他焦化产品、原油、汽油、煤油、柴油、燃料油、液化石油气、炼厂气、其他石油产品、天然气，3 种非化石能源是非化石热能、非化石能源电力、其他能源。9 个产业过程包括氨生产、纯碱生产、水泥生产、石灰生产、铁铬合金生产、硅生产、未分类铁的生产、黑色金属生产、有色金属生产。综合上述几大类排放的二氧化碳形成四川省二氧化碳排放清单，并分产业、分能源对二氧化碳排放进行分析与评价，再对四川省未来二氧化碳排放进行动态跟踪及预测。

2021 年四川省地区生产总值为 53850.8 亿元，位居全国 31 个省（区、市）的第 6 位。近 10 年，四川省在西部地区的经济地位、矿产资源储量、人口总量、农林牧渔业产值、工业增加值、服务业增加值、固定资产投资和金融业总资产始终排名第一。四川省在中国和长江上游经济带的综合地位非常重要，研究其排放特征有助于中国制定和实施低碳发展策略。《巴黎协定》的签订和中国的生态文明建设为全国各省（区、市）提出了更高的节能减排要求，四川省在大力发展经济和转变经济增长方式之际，如何有针对性地改善各分产业的能源消费结构和产业加工过程，成为摆在四川省面前的重要课题，本书为四川省各级政府和产业部门客观了解二氧化碳排放的主要来源提供了清晰的全景和轨迹。因此，本书将四川省化石能源消费和产业工艺过程的二氧化碳排放产生划分两大部分，将能源具体种类划分 20 种类（如煤炭就划分为原煤、清洁煤、洗煤和煤球等）、将行业细分为 47 个碳排放产业部门，从多角度、多层面和多过程来核算及评价四川省的二氧化碳排放，建立四川省能源消费和二氧化碳排放平衡表，进而通过详细的排放清单确定二氧化碳排放的主要"贡献者"，使四川省在能源消费结构和二氧化碳排放治理上更具有针对性和有效性。

4.2.1 四川省 2000～2020 年二氧化碳总排放

从图 4-3 可以看出，2000～2011 年，四川省能源消费和产业过程的二氧化碳排放量基本呈现递增的情形；能源消费产生的二氧化碳排放量在 2013 年之后明显下降，2016 年之后处于稳定波动的状态；2020 年能源消费排放和产业过程排放都出现了下滑，产业过程排放受影响程度更大。与能源消费相比，产业过程每年排放的二氧化碳少得多；能源消费占总二氧化碳排放量的 80%左右，产业过程排放的二氧化碳量占比较少，占总量的20%左右。

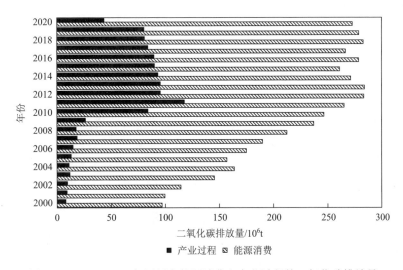

图 4-3 2000～2020 年四川省能源消费和产业过程的二氧化碳排放量

产业过程所排放的二氧化碳量平均每年的增长率为 9.21%。能源消费排放的二氧化碳量从 2000 年的 9.70×10^7t 增长到了 2019 年的 2.69×10^8t，年均增长率为 5.52%。在产业过程中，2000～2008 年每年的增长幅度都较小。2008～2009，2009～2010 年，二氧化碳排放量分别增加了 8.53×10^6t 和 1.27×10^7t，增长率分别是 48.41%和 48.58%。在能源消费中，2002～2003 年

增长了 3.09×10^7 t 二氧化碳排放量，2011～2012 年增长了 3.27×10^7 t，这两年的增长量是最高的。2020 年的排放量明显下降。

4.2.2　四川省主要年份二氧化碳排放清单

2000～2020 年，四川省二氧化碳排放总量的大概走势为：2000～2009 年，四川省能源消费和产业过程的二氧化碳排放量都呈现出较低水平；2016 年左右四川省排放处于稳定波动的高排放状态；2020 年，能源消费排放和产业过程排放都出现了下滑。本书选择了 2000 年、2005 年、2009 年、2016 年和 2020 年进行详细的分析。

1. 2000 年

2000 年四川省二氧化碳排放总量达到 1.05039×10^8 t，原煤所产生的二氧化碳排放量为 6.2194×10^7 t，占比最大，占二氧化碳排放总量的 59.2%；其次是焦炭，排放量为 1.2798×10^7 t，占二氧化碳排放总量的 12.2%；再次是产业过程，排放了二氧化碳 8.039×10^6 t，约占二氧化碳排放总量的 7.7%。

如图 4-4 所示，四川省排放二氧化碳量最多的是电力、蒸汽、热水的生产和供应部门，该部门中原煤的二氧化碳排放量为 3.25×10^7 t，占比高达 95.98%；排放的二氧化碳量居第二位的部门非金属矿产品。

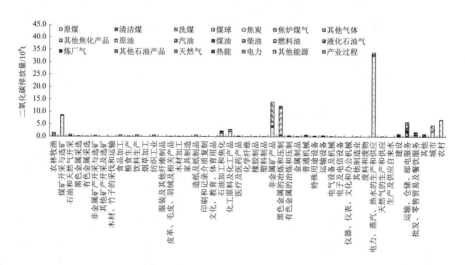

图 4-4　2000 年四川省 47 个产业部门的二氧化碳排放清单

2. 2005 年

2005 年四川省二氧化碳排放总量为 $1.70076 \times 10^8 t$，其中原煤排放的二氧化碳量为 $9.6117 \times 10^7 t$，占二氧化碳排放总量的 56.51%；其次为焦炭，排放了 $2.5697 \times 10^7 t$，占二氧化碳排放总量的 15.11%；再次是产业过程，排放了二氧化碳 $1.3019 \times 10^7 t$，占二氧化碳排放总量的 7.66%。相比 2000 年，2005 年的二氧化碳排放量有所增长。

如图 4-5 所示，四川省排放二氧化碳量最多的是电力、蒸汽、热水的生产和供应等部门，排放了 $6.3783 \times 10^7 t$ 二氧化碳，在该部门中原煤的二氧化碳排放量高达 96.8%；排放的二氧化碳量居第二的是黑色金属的冶炼和压制部门，排放了 $2.2655 \times 10^7 t$ 的二氧化碳，其中焦炭是占比最大的二氧化碳排放量的能源类型，占比高达 93.6%；二氧化碳排放量位居第三的是非金属矿产品部门，排放量达到 $2.1532 \times 10^7 t$，其中产业过程占二氧化碳排放总量的 60.47%。之后，二氧化碳排放量较多的部门依次是煤矿开采与选矿部门，运输、仓储、邮电服务部门，农村。

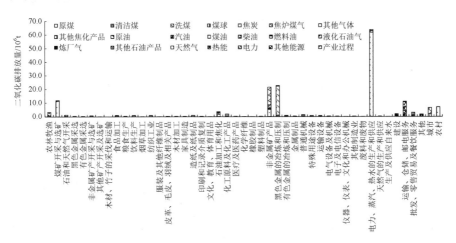

图 4-5　2005 年四川省 47 个产业部门的二氧化碳排放清单

3. 2009 年

2009 年四川省二氧化碳排放总量为 $2.63115 \times 10^8 t$，其中，原煤排放的二氧化碳量为 $1.34944 \times 10^8 t$，占二氧化碳排放总量的 51.3%；其次是焦炭，排放了 $3.0881 \times 10^7 t$，占二氧化碳排放总量的 11.7%；再次是产业过程，排放了二氧化碳 $2.6165 \times 10^7 t$，占二氧化碳排放总量的 9.9%。相比 2005 年，2009 年的二氧化碳排放量大幅增长，但原煤所占比例有所下降，产业过程所占比例上升了 2.3%。

如图 4-6 所示，四川省排放二氧化碳量最多的是电力、蒸汽、热水的生产和供应部门，排放了 $7.9069×10^7$t 二氧化碳，该部门中原煤的二氧化碳排放量为 $6.9451×10^7$t，占比 87.8%；排放的二氧化碳量居第二的是非金属矿产品部门，排放了 $4.2216×10^7$t 二氧化碳，其中，产业过程是最主要二氧化碳排放量的能源类型，占比 62.0%；二氧化碳排放量居第三的是黑色金属的冶炼和压制部门，排放了 $3.0669×10^7$t 二氧化碳，其中，焦炭占比 87.2%。之后，二氧化碳排放量较多的部门依次是煤炭开采与选矿部门，运输、仓储、邮电服务部门，石油加工和焦化部门。

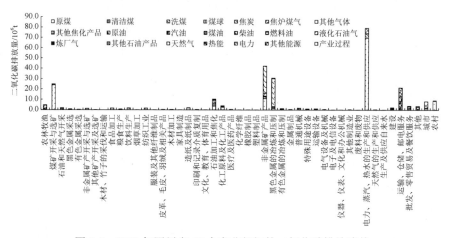

图 4-6　2009 年四川省 47 个产业部门的二氧化碳排放清单

4. 2016 年

2016 年四川省二氧化碳排放总量为 $3.19×10^8$t，其中原煤排放的二氧化碳量为 $5.23×10^7$t，占二氧化碳排放总量的 16.38%；其次焦炭排放了 $4.51×10^7$t，占二氧化碳排放总量的 14.12%；再次为产业过程，排放的二氧化碳量为 $4.25×10^7$t，占二氧化碳排放总量的 13.31%。相比于 2009 年，2016 年的二氧化碳排放量增长了 $5.60×10^7$t。原煤所占比例下降了 34.91%，焦炭所占比例上升了 2.38%，产业过程所占比例上升了 3.37%。

如图 4-7 所示，2016 年四川省大部分的二氧化碳排放的产生集聚在黑色金属的冶炼和压制，电力、蒸汽、热水的生产和供应，非金属矿产品这三个部门，它们合计占当年四川省全部二氧化碳排放的 55.81%。其次，二氧化碳排放量较多的部门依次是运输、仓储、邮电服务，石油加工和焦化部门，化工原料及化工产品。

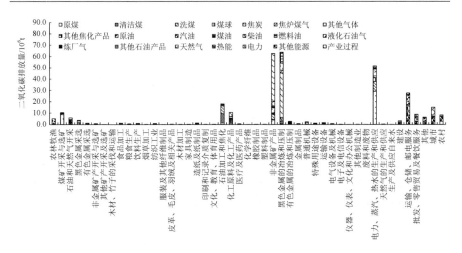

图 4-7　2016 年四川省 47 个产业部门的二氧化碳排放清单

5. 2020 年

2020 年四川省二氧化碳排放总量为 3.08×10^8 t，其中原煤排放的二氧化碳量为 8.25×10^7 t，占二氧化碳排放总量的 26.82%；其次为产业过程，其排放二氧化碳的量为 4.68×10^7 t，占二氧化碳排放总量的 15.22%。再次是焦炭，排放了 3.47×10^7 t，占二氧化碳排放总量的 11.28%；相比 2016 年，2020 年的二氧化碳排放量减少了 1.15×10^7 t，但原煤所占比例上升了约 10.44%；焦炭所占比例下降了 2.84%；产业过程所占比例上升了 1.91%。

如图 4-8 所示，2020 年四川省二氧化碳排放集中在非金属矿产品，黑色金属的冶炼和压制，电力、蒸汽、热水的生产和供应这三个部门上，它

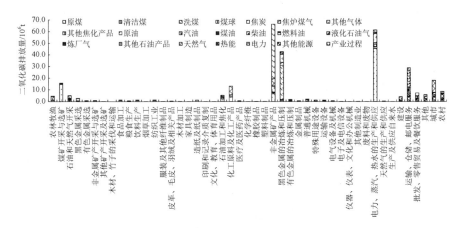

图 4-8　2020 年四川省 47 个产业部门的二氧化碳排放清单

们合计占当年四川省全部二氧化碳排放的 55.39%。其次，二氧化碳排放量较多的部门依次是运输、仓储、邮电服务，城市，煤矿开采与选矿。

4.2.3　四川省主要城市二氧化碳排放清单

通过计算四川省 15 个市（州）的二氧化碳排放量，2006～2020 年的排放清单如表 4-3 所示。四川省 15 个市（州）的二氧化碳排放总量已达到了历史最大值并处在缓慢下降阶段，在 2012 年达到排放最大值 40623 万 t，2020 年下降至 33327 万 t。2007～2012 年快速增长，年均增长率为 8.22%。2020 年成都、攀枝花和宜宾等城市对四川省内二氧化碳排放贡献最大。

表 4-3　2006～2020 年四川省 15 个主要市（州）的二氧化碳排放总量（单位：10^6t）

市（州）	2006年	2007年	2008年	2009年	2010年	2011年	2012年	2013年	2014年	2015年	2016年	2017年	2018年	2019年	2020年
成都	21.75	33.33	31.01	34.69	40.38	42.97	42.15	41.21	48.32	47.46	67.97	70.25	75.97	89.13	87.82
绵阳	17.09	15.83	10.23	12.09	14.54	14.62	14.89	15.05	14.40	12.22	15.26	12.79	13.07	14.16	15.32
攀枝花	68.89	105.16	94.22	109.75	115.27	120.91	104.28	86.72	87.32	84.39	73.18	66.91	61.17	55.92	51.13
德阳	6.71	8.14	7.49	8.87	10.56	10.18	10.69	9.85	9.23	7.53	11.20	11.85	12.50	14.13	13.08
广元	6.98	9.23	7.83	8.92	10.78	16.58	18.28	13.40	13.11	17.55	20.34	19.44	16.97	17.20	15.67
宜宾	15.85	14.37	16.00	17.06	18.61	25.38	30.30	31.60	27.38	22.65	26.19	22.70	25.40	23.98	27.72
泸州	15.30	16.79	17.27	21.14	23.95	32.51	23.40	16.28	17.21	16.39	16.97	19.39	20.51	21.19	22.69
自贡	8.00	8.18	8.05	8.85	10.59	12.14	10.72	8.18	7.31	5.90	12.08	12.00	8.96	9.89	8.71
乐山	11.95	15.67	18.30	21.75	28.26	35.12	41.06	39.69	32.73	39.36	26.13	29.70	29.40	27.28	24.98
遂宁	8.10	9.96	11.81	12.18	12.02	12.85	15.01	10.18	11.60	13.83	10.99	16.57	8.66	11.89	10.16
甘孜	—	—	0.81	0.89	1.07	1.06	1.31	0.95	0.97	1.06	0.78	1.34	1.44	1.60	0.76
眉山	11.52	13.32	15.91	17.48	19.65	21.79	24.02	23.83	22.64	21.11	21.83	21.57	21.30	21.04	20.79
内江	12.79	17.86	21.36	27.08	35.11	46.28	58.01	52.28	41.50	36.18	36.05	33.19	30.56	28.13	25.90
雅安	—	1.03	1.27	2.55	3.85	5.10	5.05	3.41	3.36	3.30	5.33	4.85	4.35	4.06	4.71
资阳	3.46	4.85	6.04	6.42	7.17	7.27	7.06	6.11	6.88	5.56	5.11	4.76	4.43	4.12	3.83

为了对 15 个市（州）的二氧化碳排放特性进行全面的多视角的综合分析，本书还采用了二氧化碳排放强度和人均二氧化碳排放量的方法来进行分析。四川省大体上的二氧化碳排放强度在 2006 年达到排放最大值 2.23t/

万元，在 2020 年下降至 0.63t/万元。2000～2020 年人均二氧化碳排放量从 1.25t/人上升到 3.39t/人，年均增长率为 5.11%。2020 年 15 个主要市（州）的二氧化碳排放强度由 0.19t/万元（甘孜州）到 4.91t/万元（攀枝花市）不等。甘孜和遂宁是以服务业和高附加值产业为主导的经济区域，是二氧化碳排放强度较小的市（州），而攀枝花、内江是典型的工业型城市，二氧化碳排放强度大。

为了进一步探讨四川省主要市（州）的二氧化碳排放情况，本书与中国平均的二氧化碳排放情况进行比较。2020 年中国二氧化碳排放总量是 $1.0376×10^{10}$t，GDP 总量为 1013567 亿元，总人口为 141212 万人。对比发现，2020 年四川省 15 个主要市（州）的平均二氧化碳排放强度（1.12t/万元）比中国城市二氧化碳排放强度（1.02t/万元）高 8.93%，差距最大的是攀枝花市 4.91t/万元；人均二氧化碳排放量（3.94t/人）为全国人均二氧化碳排放量（7.35t/人）的 54%。由于技术进步、产业转型和激励政策的实施，四川省 15 个主要市（州）在低碳发展方面处于优势地位。2006～2020 年，二氧化碳排放强度从 2.23t/万元逐年下降到 0.65t/万元，逐渐与全国平均二氧化碳排放强度接近，且从未低于全国平均二氧化碳排放强度，说明四川省仍有较大减少二氧化碳排放的潜力。

在四川省 15 个主要市（州）中，煤炭和煤炭相关产品（主要包括了原煤、洗精煤、其他洗煤、型煤和焦炭）的消耗量最大，其次是石油产品（主要包括了原油、煤油、汽油、柴油和燃料油）。同时，2020 年煤炭和石油产品产生了 61.21% 的二氧化碳排放量，其中原煤、焦炭和柴油贡献了前三名的二氧化碳排放量。在 2006～2020 年的 15 年里，四川省 15 个主要市（州）原煤的二氧化碳总排放量贡献已经在 2012 年达到了最大值 49.18%（$1.9978×10^8$t），在 2020 年下降到了 26.78%（$8.926×10^7$t）。焦炭二氧化碳排放量的波动幅度小，平均每年占总量的 11.28%，2020 年为 10.97%。汽油和柴油贡献率分别从 2006 年的 4.15% 和 5.77% 增长到 2020 年的 8.29% 和 8.78%。天然气的贡献率平均为 9.37%，在 2020 年达到 15.23%。2020 年，产业过程中所产生的二氧化碳排放量占总二氧化碳排放量的比例为 13.74%。

将 17 种化石能源类型投入到三个产业中，第一、第二、第三产业共分为 47 个工业部门，各部门消耗能源产出了不同的碳排放量。有些部门的能源消费虽然很多，但产生的二氧化碳排放却相对较少，如四川省使用大量水电这种清洁能源的部门。对于那些使用煤炭或石油等高排放指数的能源的部门，它们所产生的二氧化碳排放也相对较多，如加工有色金属和化工原料产品的部门。此外，交通运输部门的二氧化碳排放量通常比其能源消费量要高。

由于城市的能源消费量和分行业部门能源消费数据很难获取，所以本书选取了四川省内所有可获取数据的 15 个主要市（州），其中涵盖了四川省所有重点城市，如成都、攀枝花和绵阳等。其在经济发展和二氧化碳排放方面都具有代表性。煤炭和煤炭相关产品（主要包括了原煤、洗精煤、其他洗煤、型煤和焦炭）及石油产品（主要包括了原油、煤油、汽油、柴油和燃料油）是消耗量最大的能源品种，同时也是二氧化碳贡献最多的能源品种。2020 年四川省还处于工业化中期阶段，经济发展由第二产业主导。第二产业排放贡献最大，为 76.14%；第三产业排放贡献22.35%，其余由第一产业贡献。

综上，了解产业、部门和能源类型贡献的二氧化碳排放量有利于政府部门制定低碳政策。目标城市的二氧化碳排放清单编制为四川省低碳发展规划和节能减排政策提供了数据支撑。

1. 成都市排放特征

成都市作为四川省的省会城市，GDP 一直保持省内第一的位置且2020 年占全省 GDP 的比例高达 40.02%。2017 年，成都市被国家发展改革委批准为全国低碳城市的试点。国家发展改革委明确提出，力争把成都建成中国西部地区的"碳交易中心"，成为低碳市场化服务的"核心区"，低碳发展的"引领区"，低碳生产生活的"标杆区"，低碳发展制度和机制的"示范区"。

成都市的第三产业对 GDP 总量贡献最多，在 2020 年达到总产值的66.42%，第二产业占比为 29.90%。第一产业和第二产业的比值总体上保持着平缓下降的趋势，而第三产业的占比则逐步提升。成都市是四川省省内二氧化碳排放量仅次于攀枝花的城市，历史二氧化碳排放量呈现上升趋势，由 2006 年的 $2.175 \times 10^7 t$ 增加到 2020 年的 $8.782 \times 10^7 t$，年均增长率为10.48%。第二产业是成都市二氧化碳排放贡献最大的产业，在 2020 年贡献比例达到 66.46%，其中，电力、蒸汽、热水的生产和供应，非金属矿产品及石油和天然气开采部门的贡献最多，在第二产业中占比分别为26.53%、19.72% 及 15.61%；第三产业的贡献比例达到 34.32%，其中，运输、仓储、邮电服务对二氧化碳排放的贡献最大，2020 年，成都市汽车保有量为 545.7 万辆，位列全国第二，排在北京之后，所以石油制品占成都市二氧化碳排放贡献率最大（56.64%），增加混合能源和新能源汽车的使用，将有效降低石油消耗对成都市二氧化碳排放量的贡献。

2020 年成都市原油消耗产生的二氧化碳排放占比最高,占比为 26.52%。其次是原煤和天然气,占比分别为 19.87% 和 16.94%。原油和天然气在石油和天然气开采部门中投入量最大,分别投入了 154.97 万 t 和 $1.982×10^9 m^3$。原煤在非金属矿产品部门中的投入量最大,达到了 169.99 万 t。

2006~2020 年,成都市的二氧化碳排放总量从 $2.175×10^7 t$ 增加到了 $8.782×10^7 t$,成都市的 GDP 从 2804.87 亿元增加到 17838.00 亿元。二氧化碳排放总量和 GDP 都基本保持逐年增长的态势,但二氧化碳排放强度却从 2006 年的 0.775t/万元下降至 2020 年的 0.492t/万元,并呈现逐渐降低的形势。这个结果说明成都市经济发展已经步入一个低碳发展模式。成都市这 15 年的 GDP 每年都稳居四川省第一位,在四川省的经济建设中占主导地位。

总体来说,成都市为四川省 GDP 的主要贡献者,一定程度上主导了经济社会的发展,但从核算二氧化碳排放的结果来看,成都市的二氧化碳排放总量还保持着上升的趋势,这也说明成都有很大的减排可能性。未来随着低碳发展战略的实施、产业结构的优化和政府职能部门出台的鼓励政策,成都市必将实现低碳清洁发展。

2. 绵阳市排放特征

绵阳市是全国第一批科技城,同时也是国防科技、电子产业的重要基地,是川西北的政治、经济、文化和交通中心,是继成都市之后的第二大城市。2008 年四川发生 8.0 级强烈地震和在世界金融危机的共同作用下,绵阳市二氧化碳排放总量也急剧下降,相较 2007 年下降了 35.4%;绵阳市的二氧化碳排放量在 2009 年有所回升,而在 2010 年及之后则保持平稳。直到 2015 年开始出现下降趋势,与 2014 年相比,二氧化碳排放量下降了 15.1%。2016 年之后,二氧化碳排放量先减少,然后逐步增加。截至 2020 年,绵阳市的二氧化碳排放量比 2006 年下降了 10.36%。

2020 年,绵阳市 GDP 为 3020.54 亿元。第一、第二、第三产业的 GDP 分别占绵阳市 GDP 的 12.28%、39.29% 和 48.43%,第三产业对 GDP 的贡献最大。2020 年,绵阳市的二氧化碳排放总量为 1532 万 t,第二产业对全市二氧化碳排放总量的贡献最大,高达 87.24%,第三产业为 10.58%。第二产业中,原煤的能源投入最多,投入量为 372.64 万 t;第三产业中的汽油的能源投入最多,投入量为 29.12 万 t。

2020 年绵阳市二氧化碳排放量最高的是电力、蒸汽、热水生产和供应,共排放 592 万 t,占 47 个产业总排放的 38.64%,其中二氧化碳排放量最高的是原煤。其次是非金属矿产品,二氧化碳排放量为 566 万 t,占到总量的

36.94%。其中产业过程的排放量最大，占该部门排放的 53.87%。

绵阳市的 GDP 和人口规模都在四川省内位居第二，虽然绵阳市的二氧化碳排放总量和二氧化碳排放强度在四川省 15 个主要市（州）中都排第七，但绵阳市的二氧化碳排放强度呈现逐渐降低的态势，绵阳市的二氧化碳排放强度由 2006 年的 3.18t/万元快速下降至 2020 年的 0.51t/万元。由于绵阳市的 GDP 自 2006 年的 537.88 亿元增加到 2020 年的 3020.54 亿元，可以看出，绵阳市在经济总量持续增长的同时，单位 GDP 所带来的二氧化碳排放也在持续降低，这更表明绵阳市已进入"低碳发展模式"。绵阳市在这 15 年间的 GDP 逐年稳步上升，说明了绵阳是科技城，拥有国内唯一以"两弹一星"为主题特点的科技馆，推动高科技和知识密集型产业的发展，科技发展带动的能源消费小，二氧化碳排放强度低。

3. 攀枝花市排放特征

攀枝花市钛和钒的储量均位居世界前三，是中国有名的"钒钛之都"，是全国最大的钒钛生产基地，也是一个典型的资源型城市。攀枝花于 2012 年首次提出"阳光康养旅游"理念，并发起了"中国阳光康养旅游城市"的建设。2015 年，攀枝花被列为西南地区唯一的全国区域工业绿色转型发展试点城市。

攀枝花市作为一座典型的钢铁工业城市，2006～2011 年的二氧化碳排放量基本呈上升趋势，在 2011 年达到排放最大值 12091 万 t，仅在 2008 年受汶川地震和金融危机影响稍许下滑，2012 年空气优良率仅为 30%左右。自 2012 年攀枝花市开始实施城市转型政策后，二氧化碳排放量陡降，跌至 2013 年的 8672 万 t。近年来攀枝花市坚持绿色创新理念，大力促进钢铁产业转型升级，空气优良率几乎达到 100%。2015 年，攀枝花第二产业对二氧化碳排放的贡献依旧最大（占二氧化碳排放总量的 99.6%），攀枝花大力发展旅游、农业、康养等产业，以打造新的经济增长点，但目前该市第二产业占比过大，对第一、第三产业重新布局造成困难，是短板所在。但 2015 年之后第二产业占比出现了明显下降的状态，由于资源的过度开发利用，攀枝花从工业型城市逐步向康养旅游城市过渡。受 2008 年地震和金融危机影响，黑色金属冶炼的二氧化碳排放从前一年的 4207 万 t 下降至 2674 万 t。2012 年城市转型期间，攀枝花市的二氧化碳排放从前一年的 12091 万 t 下降至 11411 万 t。2000～2020 年，攀枝花市原煤的总体消费一直处于上升状态，从 2011 年开始处于较为平缓的状态。

随着政府政策导向，攀枝花市在实现城市转型的道路上，关闭了近90%的小型铁矿石冶炼厂，攀枝花市的总二氧化碳排放强度自 2009 年开始下滑。2006～2020 年，作为资源型城市的攀枝花市，尽管开始城市转型，但是其二氧化碳排放强度稳居四川省第一位。

4.3　重庆市能源消费与碳排放的核算

重庆市是国家西部唯一的直辖市，是西部大开发的重要战略支点和"一带一路"建设的重要连接点，是长江上游经济带的经济、科技、金融、航运枢纽。重庆市是中国的老工业城市，其 GDP 在西部地区排名靠前。2017 年，重庆市是继北京市、上海市、深圳市、广州市后，地区生产总值第五个超过 2 万亿元的城市。2010 年，国家发展改革委把重庆市列为全国第一批"五省八市"的低碳试点城市，重庆市在这一背景下，既要完成低碳经济的发展，又要完成产业的低碳转型，还要打造成全国的绿色、低碳发展示范城市。2011 年，国家发展改革委办公厅发布《关于开展碳排放权交易试点工作的通知》，通知规定通过建立国内的碳交易市场来达到 2020 年我国控制温室气体排放的行动目标。重庆市是七个碳排放权交易试点城市之一，其中"生态文明"建设尤为突出。从 2010 年开始，重庆市就致力于向低碳城市过渡。

2000～2020 年，重庆市的人口规模由 3091.09 万人增长到 3412.71 万人。其中，城镇人口由 660.89 万人增长到 1681.27 万人。作为第四个成立的直辖市，重庆市的人口规模大于上海市、北京市、天津市，城镇人口比例低于上海市、北京市、天津市。重庆市的人均 GDP 在 2000～2020 年是每年递增的。重庆市 2000 年的人均 GDP 为 0.59 万元，2005 年的人均 GDP 为 1.09 万元，2010 年的人均 GDP 为 2.44 万元，2015 年的人均 GDP 为 4.76 万元，2020 年的人均 GDP 为 7.34 万元。

2000～2020 年重庆市的 GDP，第二产业平均占比为 44.16%，第三产业的平均占比为 46.39%，该占比在 2009 年之后超越第二产业排到第一位，且 2009 年后每年的占比都逐渐上升，于 2019 年达到 53.64%。第一产业的平均占比较低，只有 9.45%。从长江上游经济带的地区生产总值来看，重庆市的地区生产总值在 2000～2020 年的平均占比为 21.52%，且历年的占比较为均衡。

4.3.1　重庆市 2000～2020 年二氧化碳总排放

重庆市是全国五大中心城市之一，它的地理位置也是得天独厚的。重庆市的能源消费是城市经济发展的必然趋势。国家出台了一系列调控能源的消费措施，其中重庆市是 2015 年实施的售电侧改革试点；2017 年，国家出台《加快推进天然气利用的意见》，其中明确指出，重庆市将在全国范围内推行天然气体制改革的试点工作；2017 年初，重庆市才设立了全国第二家油气交易中心。同年，国家出台《加快推进天然气利用的意见》，其中明确指出，重庆市将在全国范围内推行天然气体制改革的试点工作。希望重庆市在发展经济的同时，也能坚持"绿水青山就是金山银山"的理念，建设一个绿色低碳的城市。

2000~2020 年，重庆市的能源总消耗量从 2069 万 t 标准煤逐年增长到 7622 万 t，不难发现，2020 年重庆市的能源消费是 2000 年的 3.68 倍。由于能源消费量的上升对应二氧化碳排放量的上升，图 4-9 绘制了 2000~2020 年重庆市二氧化碳排放量。从图 4-9 可以看出，2000~2011 年重庆市二氧化碳排放处于上升阶段，年均增速为 8.02%。2020 年排放量为 12688 万 t，是 2000 年的 1.78 倍。

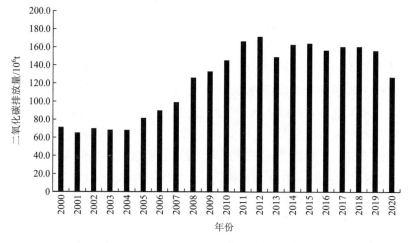

图 4-9　2000~2020 年重庆市二氧化碳排放量

图 4-10 显示了基于人均二氧化碳排放量的角度，2000~2020 年重庆市的人均二氧化碳排放量和排放强度的走势，其中，二氧化碳排放强度整体呈现下降的趋势，仅在 2005 年和 2008 年有很小幅度的增长，属于正常波动范围，其从 2000 年的 3.92t/万元下降到 2020 年的 0.51t/万元，在经济不断增长的同时，单位地区生产总值带来二氧化碳排放量下降，说明重庆市已经实现了低碳经济发展模式。

2000~2020 年，从重庆市的人均二氧化碳排放量来看，重庆市的人均二氧化碳排放量趋势基本上与二氧化碳总排放量相近，说明重庆市的人口规模较为稳定。人均二氧化碳排放量整体上呈增长趋势，这也是在

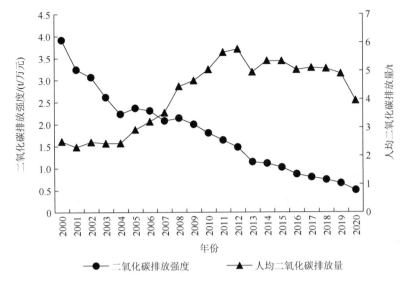

图 4-10 2000～2020 年重庆市二氧化碳排放强度和人均二氧化碳排放量变化

人口规模稳定的情况下,二氧化碳总排放量增长造成的。重庆市是中国的老工业区,工业的快速发展导致了二氧化碳排放量持续增长。

4.3.2 重庆市主要年份二氧化碳排放清单

在 2000～2020 年中,本书选择 2000 年、2003 年、2007 年、2011 年、2015 年和 2019 年来动态分析重庆市的二氧化碳排放情况。

如图 4-11 所示,2000 年原煤的二氧化碳排放量为 4.02×10^7t,是能源品种的最大贡献,占重庆市二氧化碳总排放量的 56.39%,第二高贡献的能源品种为天然气,二氧化碳排放量为 7.2×10^6t,占总排放量的 10.07%。产业过程释放了 4.1×10^6t 的二氧化碳,占总排放量的 5.71%。

如图 4-12 所示,2000 年,重庆市二氧化碳排放量最大的部门为电力、蒸汽、热水的生产和供应部门,其排放量高达 2.11×10^7t。二氧化碳排放位居第二的部门是非金属矿产品部门,排放量为 1.19×10^7t,其中原煤依旧是二氧化碳排放最大的贡献能源,排放量高达 5.74×10^6t,产业过程排放量仅次于原煤,达到了 4.08×10^6t,二者排放量之和占该部门总排放量的 82.74%。排放量贡献第三的部门是黑色金属的冶炼和压制,二氧化碳排放量为 9.41×10^6t,焦炭成为该部门最大的二氧化碳排放能源,排放量为 4.54×10^6t,清洁煤的二氧化碳排放量也达到了 2.40×10^6t。剩下的部门中二氧化碳排放量相对较大的依次为化工原料及化工产品、农林牧渔、化工原料及化工产品等。

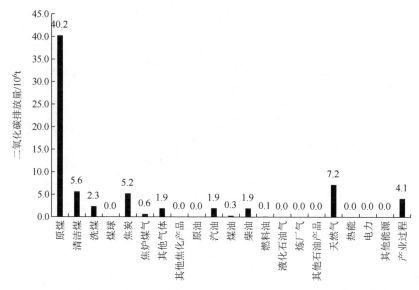

图4-11　2000年重庆市化石能源品种及产业过程二氧化碳排放量结构

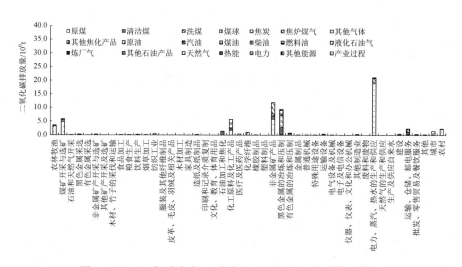

图4-12　2000年重庆市47个产业部门的二氧化碳排放清单

如图4-13所示，2003年原煤的二氧化碳排放量为 3.82×10^7 t，相较于2000年的排放量而言，有些许降低，但其依旧是能源品种中二氧化碳排放量贡献最大的品种，占总排放量的55.77%。而天然气的二氧化碳排放的贡献量排在第二，为 6.2×10^6 t，占二氧化碳总排放量的9.05%。2003年产业过程中的二氧化碳排放量为 5.9×10^6 t，与2000年相比有很大的增长。

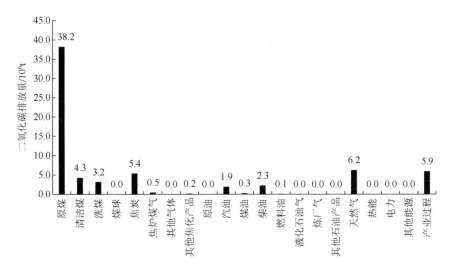

图 4-13　2003 年重庆市能源品种及产业过程二氧化碳排放量结构

如图 4-14 所示，2003 年重庆市的整体二氧化碳排放基本情况与 2000 年没有特别大的不同，相较于 2000 年有少许下降。2003 年，电力、蒸汽、热水的生产和供应部门保持着二氧化碳排放贡献最多的部门的地位，排放量达到了 $2.309 \times 10^7 t$，相比 2000 年有所上升。贡献量排在第二、第三的部门是非金属矿产品和黑色金属的冶炼和压制部门，二者的二氧化碳排放总值高达 $1.834 \times 10^7 t$，占 2003 年二氧化碳总排放量的 26.82%。

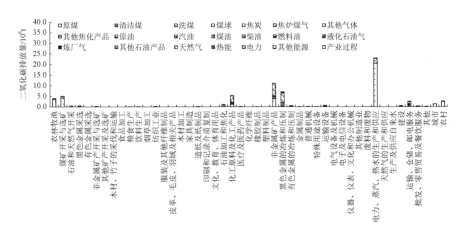

图 4-14　2003 年重庆市 47 个产业部门的二氧化碳排放清单

如图 4-15 所示，2007 年重庆市原煤排放的二氧化碳量高达 $5.51 \times 10^7 t$，相较于排放总量的占比超过了 50%；其次，焦炭排放了 $9.3×10^6t$ 二氧化碳，占排放总量 9.38%左右；再次是天然气，其贡献了 $9.2×10^6t$ 二氧化碳。相比 2003 年，2007 年重庆市的二氧化碳排放量有大幅增长。

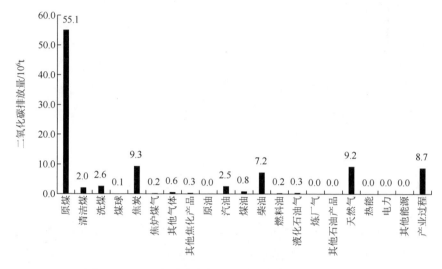

图 4-15　2007 年重庆市能源品种二氧化碳排放量结构

如图 4-16 所示，重庆市排放二氧化碳量最多的是电力、蒸汽、热水的生产和供应部门，排放了 $3.95×10^7t$ 二氧化碳，该部门中原煤的二氧化碳排放量为 $3.7×10^7t$，占比 93.67%；二氧化碳排放量居第二的是非金属矿产品部门，排放了 $1.32×10^7t$ 二氧化碳，其中，产业过程是最主要的二氧化

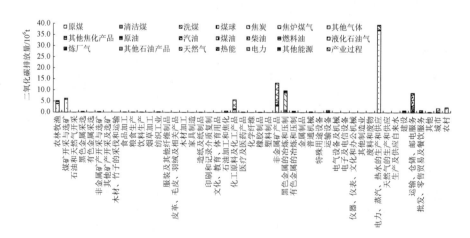

图 4-16　2007 年重庆市 47 个产业部门的二氧化碳排放清单

碳排放量的部门类型，占比 65.91%；二氧化碳排放量居第三的是黑色金属的冶炼和压制部门，排放了 9.76×10^6t 二氧化碳，其中，焦炭占 78.62%；此外，运输、仓储、邮电服务部门二氧化碳排放量也较多。不难看出，重庆市大部分的二氧化碳排放集中在电力、蒸汽、热水的生产和供应，非金属矿产品及黑色金属的冶炼和压制三个产业上。

如图 4-17 所示，2011 年重庆市原煤贡献的二氧化碳达到了 7.84×10^7t，占排放总量的 47.06%；其次是清洁煤，其贡献了 1.76×10^7t 二氧化碳，占排放总量的 10.56%；再次是产业过程，排放了 1.46×10^7t 二氧化碳，占比 8.76%。相比 2007 年，2011 年的二氧化碳排放量有所增长，但原煤占比和焦炭占比均呈下降趋势，清洁煤占比上升到了第二位。

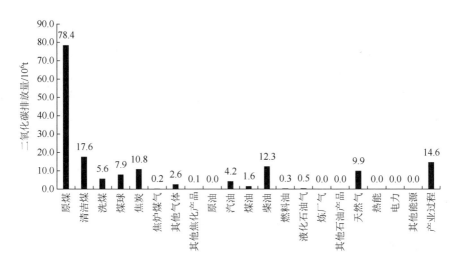

图 4-17　2011 年重庆市能源品种及产业过程二氧化碳排放量结构

如图 4-18 所示，重庆市排放二氧化碳量最多的是电力、蒸汽、热水的生产和供应部门，排放了 5.57×10^7t 二氧化碳，该部门中原煤的二氧化碳排放量高达 81.16%；二氧化碳排放量居第二的是非金属矿产品部门，排放了 2.58×10^7t 二氧化碳，其中，产业过程是最主要的二氧化碳排放量的部门类型，占比 56.55%；二氧化碳排放量居第三的是黑色金属冶炼和压制部门，其中焦炭占 52.88%。另外，二氧化碳排放量较多的部门依次是煤矿开采与选矿，运输、仓储、邮电服务，农林牧渔。

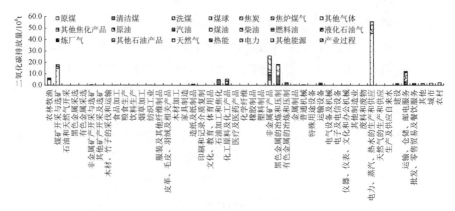

图 4-18　2011 年重庆市 47 个产业部门的二氧化碳排放清单

如图 4-19 所示，2015 年重庆市原煤的二氧化碳排放量为 6.29×10^7 t，相较于 2011 年，重庆市原煤的二氧化碳排放量极大程度地降低，但仍然位居能源品种中二氧化碳排放量贡献榜首，占总排放量的 38.31%，下降幅度相对较大。清洁煤的二氧化碳排放量为 2.19×10^7 t，占二氧化碳总排放量的 13.34%。其他焦化产品的二氧化碳排放量大幅上升，达到了 1.99×10^7 t，占二氧化碳总排放量的 5.46%。2015 年产业过程中的二氧化碳排放量为 1.99×10^7 t，占二氧化碳总排放量的 12.12%。

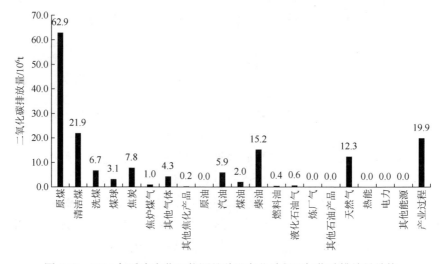

图 4-19　2015 年重庆市化石能源品种及产业过程二氧化碳排放量结构

由于中国的发电技术主要还是依赖火力，这就消耗了大量的煤炭。同时，重庆市又是中国的老工业区，工业的发展伴随的是能源的消耗和二氧化碳的排放。重庆市应该减少煤炭等高排放高能耗能源的使用，多开发清洁能源，开发新型的清洁的发电技术来逐步代替火力发电。

较之 2013 年，重庆市 2015 年的二氧化碳排放量有了些许上升，达到了 1.64×10^8t。由图 4-20 可以看出，电力、蒸汽、热水的生产和供应部门依旧是二氧化碳排放最大的部门，贡献值为 4.92×10^7t，其中，原煤是最大的二氧化碳排放贡献能源，贡献占比高达 80.64%；非金属矿产品贡献了 3.08×10^7t 二氧化碳，而产业过程作为主要的二氧化碳排放源，排放量高达 1.99×10^7t，占部门总排放量的 64.60%。黑色金属的冶炼和压制成为二氧化碳排放的第三贡献源，二氧化碳总排放达到了 1.91×10^7t，其中清洁煤对二氧化碳排放贡献量高达 9.35×10^6t，占部门总排放量的 48.89%。从能源角度来看，2015 年原煤贡献的二氧化碳最多，其次是清洁煤，二氧化碳排放量分别为 6.29×10^7t 和 2.19×10^7t，占比分别为 38.30% 和 13.36%。在整个大环境的影响下，2015 年重庆市二氧化碳排放主要集中在电力、蒸汽、热水的生产与供应，非金属矿产品，黑色金属的冶炼和压制三个部门，紧接着排放量较多的部门分别是运输、仓储、邮电服务、煤矿开采与选矿。

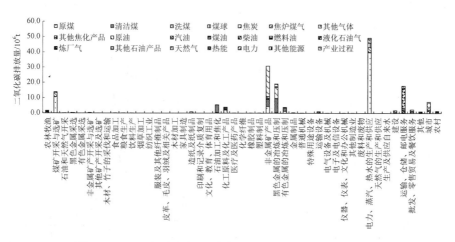

图 4-20　2015 年重庆市 47 个产业部门的二氧化碳排放清单

如图 4-21 所示，2019 年重庆市原煤的二氧化碳排放量上升至 6.83×10^7t，较 2015 年有些许反弹，且依旧是二氧化碳排放量贡献最大的能源品种。由于未统计清洁煤排放量，原煤的二氧化碳排放量占到了总排放量的 43.73%。2019 年，重庆市其他焦化产品的二氧化碳排放量为 3×10^5t。汽油的二氧化碳排放量为 1.17×10^7t。2019 年，重庆市产业过程中二氧化碳的排放量达到了 1.96×10^7t，占排放总量的 12.55%。

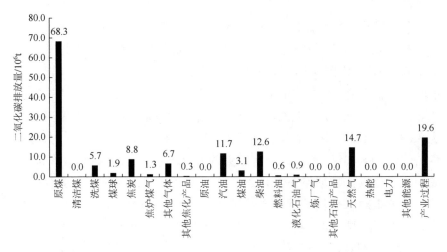

图 4-21　2019 年重庆市能源品种及产业过程二氧化碳排放量结构

如图 4-22 所示，相较于 2015 年，重庆市 2019 年的二氧化碳排放量有小幅下降，下降至 $1.56×10^8 t$。其中，电力、蒸汽、热水的生产和供应部门依旧是二氧化碳排放量最大的部门，贡献值为 $5.961×10^7 t$，其中原煤是最大的二氧化碳排放贡献能源，贡献占比高达 85.08%；非金属矿产品位居二氧化碳排放贡献量的第二位，总排放量为 $2.66×10^7 t$，其中，产业过程贡献的二氧化碳最多，占排放总量的 73.77%。紧接着的排放部门为运输、仓储、邮电服务，二氧化碳总排放量达到了 $1.848×10^7 t$，其中，柴油二氧化碳排放量最大，为 $8.18×10^6 t$，占比 44.25%。从能源角度来看，2019 年

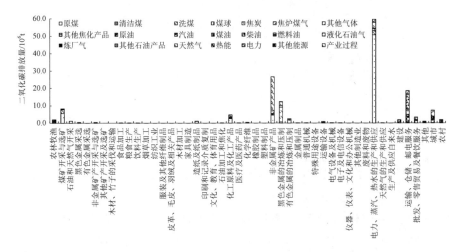

图 4-22　2019 年重庆市 47 个产业部门的二氧化碳排放清单

原煤产生的二氧化碳最多，其次是天然气，二氧化碳排放量分别为 6.83×10^7 t 和 1.471×10^7 t，占比分别为 43.71% 和 9.42%。在整个大环境的影响下，2019 年重庆市二氧化碳排放主要集中在电力、蒸汽、热水的生产和供应，运输、仓储、邮电服务，非金属矿产品三个产业上，它们合计占当年重庆市全部二氧化碳排放量的 67%。其次，二氧化碳排放量较多的部门依次是黑色金属的冶炼和压制、煤矿开采与选矿。

4.3.3　能源消费、碳排放与经济增长关系

"脱钩"分析已经在能源消费二氧化碳排放与经济增长关系中得到了广泛的运用，本书采用 Tapio 基于 47 个产业部门及 20 种能源消费与 GDP"脱钩"问题提出的不受统计量纲变化影响的弹性分析法，参考相关研究，提出三个"脱钩"弹性指数：碳排放与能源消费的"脱钩"弹性指数 $E(C, \text{TCE})$、碳排放与 GDP 的"脱钩弹性指数" $E(C, \text{GDP})$ 和能源消费与 GDP 的"脱钩"弹性指数 $E(\text{TCE}, \text{GDP})$，其具体表达式为

$$E(\text{TCE}, \text{GDP}) = \%\Delta\text{TCE}/\%\Delta\text{GDP} \qquad (4\text{-}3)$$

$$E(C, \text{TCE}) = \%\Delta C / \%\Delta\text{TCE} \qquad (4\text{-}4)$$

$$E(C, \text{GDP}) = \%\Delta C/\%\Delta\text{GDP} \qquad (4\text{-}5)$$

式中，$\%\Delta C$、$\%\Delta\text{TCE}$ 和 $\%\Delta\text{GDP}$ 分别为二氧化碳排放量、能源消费量和 GDP 变化的百分比；TCE 为能源消费总量；$E(\text{TCE}, \text{GDP})$ 为能源消费的 GDP 弹性，其与能源效率和结构变化有关；$E(C, \text{TCE})$ 为二氧化碳排放的能源消费弹性，与生态效率和减排技术有关；$E(C, \text{GDP})$ 为能源二氧化碳排放的 GDP 弹性。在时间尺度方面进行"脱钩"分析时，由于经济增长与能源消费变化之间存在滞后关系，应采用 5～10 年的时间段进行分析。

如表 4-4 所示，"脱钩"可以进一步划分为"弱脱钩""强脱钩""衰退性脱钩"；"负脱钩"划分为"扩张性负脱钩""强负脱钩""弱负脱钩"。"强脱钩"是实现经济低碳化发展最理想的状态。同理，"强负脱钩"为最不理想的状态。当经济总量保持持续增长（$\Delta\text{GDP} > 0$）时，能源二氧化碳排放的 GDP 弹性越小，"脱钩"越明显，即"脱钩"程度越大。

表 4-4　"脱钩"程度判断标准

脱钩程度	$\%\Delta C$ 或 $\%\Delta\text{TCE}$	$\%\Delta\text{GDP}$	$\%\Delta C/\%\Delta\text{GDP}$ 或 $\%\Delta\text{TCE}/\%\Delta\text{GDP}$
强脱钩	<0	>0	<0
弱脱钩 I	>0	>0	$0 \leqslant E < 0.25$

续表

脱钩程度	%ΔC 或%ΔTCE	%ΔGDP	%ΔC/%ΔGDP 或%ΔTCE/%ΔGDP
弱脱钩Ⅱ	>0	>0	$0.25 \leqslant E < 0.5$
弱脱钩Ⅲ	>0	>0	$0.5 \leqslant E < 0.75$
弱脱钩Ⅳ	>0	>0	$0.75 \leqslant E < 1$
扩张性负脱钩	>0	>0	$E \geqslant 1$

由图 4-23 可以看出，2000～2020 年重庆市 GDP 持续增长，能源消费量和二氧化碳排放在其中几年有轻微的波动，但是整体来看也是处于上升态势，并且可以看出，重庆市能源消费、生产总值以及二氧化碳排放量都是以阶段性在变化的。21 世纪初，三个量都处于相对稳定的阶段，以一种不是很明显的波动在上升。2007～2020 年，GDP 进入了快速增长阶段，而且能源消费也在增加，重庆市煤炭消费量一直处于增加的态势，所以2005～2012 年二氧化碳排放一直在增加；2012 年二氧化碳排放达到顶峰后出现了下滑，总量明显减少，这与重庆的城市转型以及服务业的兴起有密切的关系，同时也与五年计划节能减排政策在重庆大力实施有关。2014 年、2015 年又有小幅回升，重庆市作为直辖市将会持续发展，二氧化碳排放量不可避免地会上升。

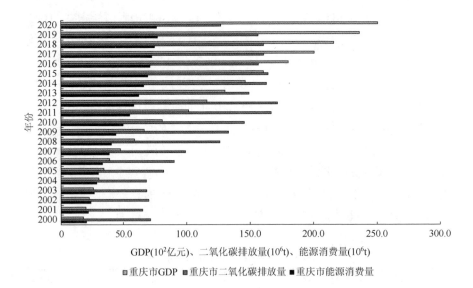

图 4-23 2000～2020 年重庆市能源消费量、GDP 及二氧化碳排放量

　　由表 4-5 可以看出，建立的"脱钩"弹性指数将重庆市能源消费、二氧化碳排放及经济增长关系联系在一起。2001 年能源消费、二氧化碳排放以及经济增长关系为扩张性负脱钩，说明重庆市以较大的能源消费与二氧化碳排放，实现了经济的增长。能源消费速度远远超过经济的发展，所以可以看出重庆市的经济发展模式不是很合理。其余年份都处于"弱脱钩"的状态。重庆处于飞速发展的阶段，"脱钩"的情况基本都不是很高，但是由于服务业的兴起，重庆市城市规划与政策支持，整个经济发展态势良好，二氧化碳排放的速度已经赶不上经济的发展速度。重庆市以煤炭为主要的能源消费结构，而煤炭消费为二氧化碳排放的主要贡献源，因此要想重庆市的"脱钩"情况有所改变，必须大力调整能源结构，把煤炭的主体地位进行拆分转移，减少煤炭的直接利用率。针对重庆的发展，面对以上的"脱钩"实际变化情况，主要需要改善产业结构，从而使得经济产生相对高质量的增长，鼓励具有战略性的新兴产业的成立与发展，针对自身特殊发展阶段，探索新的低碳发展模式，也要制定相应的政策进行宏观把控。对碳交易和碳金融等行业进行发展和完善。重视再生资源的发展，进而优化能源结构类型。针对重庆市以煤炭为主要能源消费的情况，要降低煤炭在能源消费结构中的占比，从根源上减少二氧化碳的排放量。重庆市在长江上游经济带中有着很重要的经济地位。因此，要注重长江上游经济带区域经济一体化，区域间要紧密联系，推进低碳减排的同时推动经济的发展，结合长江上游经济带所有省市的环境与经济的发展情况，实现其综合决策。

表 4-5　重庆市主要年份"脱钩"弹性指数

重庆	2001 年	2005 年	2010 年	2015 年	2020 年
$E(\text{TCE}, \text{GDP})$	2.33	0.21	0.63	0.48	0.23
$E(C, \text{TCE})$	−0.35	0.47	0.47	3.05	−0.36
$E(C, \text{GDP})$	−0.82	0.3	0.22	1.45	−0.09

4.4　云南省能源消费与碳排放的核算

　　云南省的物质资源丰富、气候条件优越，资源丰富程度位居全国各省区市的前列，将云南省的资源优势转向经济优势具有广阔的发展前景。云南省的人口规模由 2000 年的 4240.8 万人增长到 2020 年的 4722.0 万人；城镇人口由 2000 年的 990.6 万人增长到 2020 年的 2363.0 万人，城镇化率由 23.36%上升到了 50.04%，整体经济规模稳步增长，创新活力持续增强，对外开放成效明显。

如图 4-24 所示，云南省 GDP 和人均 GDP 与长江上游经济带地区生产总值都处于稳步上升的态势。云南省的人均 GDP 从 2000 年的 4787 元上升到 2020 年 52003 元，上升了 9.86 倍。2000～2020 年，云南省 GDP 由 2030.08 亿元上升到了 24555.72 亿元；云南省在长江上游经济带的生产总值占比一直都处于稳定的状态，平均值为 21.37%。其中，2020 年旅游业繁荣的云南省的三次产业结构为 14.7∶34.8∶51.5，第三产业贡献最大。

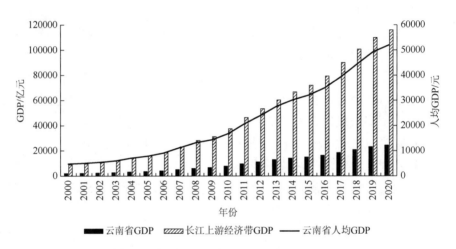

图 4-24 云南省及长江上游经济带历年 GDP 和云南省人均 GDP

4.4.1 云南省 2000～2020 年二氧化碳总排放

如图 4-25（a）所示，云南省的二氧化碳排放总量变化情况是先增加后减少的，其中 2012 年，云南省二氧化碳排放总量达到最高点，之后则开始下降。2015～2019 年有些许上升，2020 年下降较多。云南 2000～2020 年的二氧化碳排放量从 5310 万 t 增长到了 13738 万 t，2020 年的二氧化碳排放总量是 2000 年的 2.59 倍，年平均增速达到了 4.87%。云南省的能源消费量从 2000 年的 3468 万 t 增加到 2020 年的 12982 万 t。仅 2012～2013 年有轻微下降，之后一直处于上升的状态，2000～2020 年，能源消费年均增长率为 6.82%。

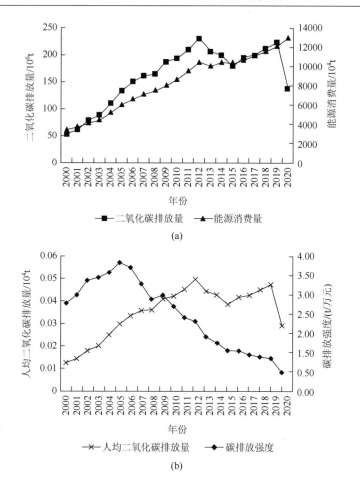

图 4-25　2000~2020 年云南省（a）二氧化碳排放量、能源消费量，以及（b）人均二
氧化碳排放量、碳排放强度

如图 4-25（b）所示，基于人均二氧化碳排放量，云南省的人均二氧化碳排放量总体上呈现出稳步增长的趋势，2012 年之后出现波动。二氧化碳排放强度呈现出先增加后减少的趋势，2000~2005 年是处于一个上升的状态，2005 年之后开始下降。这说明 2005 年之后，云南在经济不断增长的同时，每单位地区生产总值所带来的二氧化碳排放量在下降。

4.4.2　云南省主要年份二氧化碳排放清单

2000~2020 年，云南省二氧化碳排放总量的大概走势为：2000~2012 年都处于上升的态势，只有 2008 年排放上升幅度变缓，随后又开始稳步上升，直至 2012 年达到最大值 2.301×10^8t，然后开始下滑，2013 年以后二氧化碳排放总量在一个较为稳定的区间波动，其中 2015 年出现较大幅度的下降。由于总体走势，本书选择了 2012 年、2015 年、2018 年这三个年份进行详细的分析。

由图 4-26 可以看出，2012 年，二氧化碳排放量最多的是电力、蒸汽、热水的生产和供应部门，排放了 7.449×10^7t 二氧化碳，该部门原煤的二氧化碳排放量贡献最大，为 6.923×10^7t，占比 92.94%。其次是黑色金属的冶炼和压制部门，二氧化碳排放量达 3.962×10^7t，其中，焦炭是最主要的二氧化碳排放量的能源类型，占比高达 75.05%。接下来二氧化碳排放量较多的依次是非金属矿产品部门，运输、仓储、邮电服务部门，煤矿开采与选矿部门。

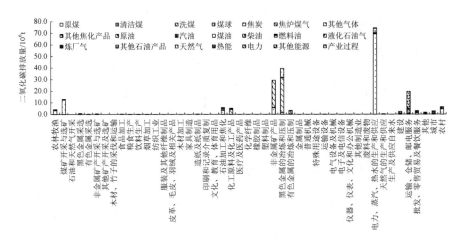

图 4-26   2012 年云南省 47 个产业部门的二氧化碳排放清单

由图 4-27 不难看出，2015 年，电力、蒸汽、热水的生产和供应部门仍然是二氧化碳排放贡献量最多的部门，排放量为 3.936×10^7t，其中原煤所产生的二氧化碳排放量高达 3.513×10^7t，占比为 89.25%；相较于 2012 年，非金属矿产品部门成了二氧化碳排放的第二贡献源，排放量达 3.455×10^7t，其中产业过程的二氧化碳排放量最大，为 2.742×10^7t，占比 79.36%。之后，二氧化碳量排放较大的为黑色金属的冶炼和压制部门及运输、仓储、邮电服务部门。整体上看，原煤产生的二氧化碳最多，其次是产业过程和焦炭，二氧化碳排放量分别为 7.857×10^7t、2.742×10^7t 和 2.406×10^7t，占比分别为 43.69%、15.25% 和 13.38%。

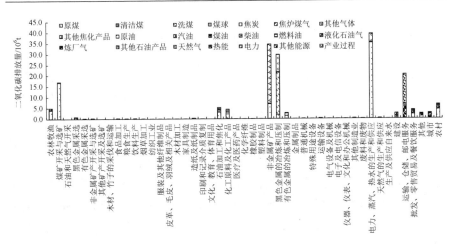

图 4-27　2015 年云南省 47 个产业部门的二氧化碳排放清单

2013～2020 年二氧化碳排放量变动幅度很小，电力、蒸汽、热水的生产和供应部门的二氧化碳排放量稳居第一，由图 4-28 可以看出，2018 年该部门二氧化碳排放量为 4.555×10^7t，占二氧化碳总量的 21.46%。电力、蒸汽、热水的生产和供应部门生产过程中主要消耗能源为原煤，2018 年该部门消耗原煤产生的二氧化碳排放量占排放总量的 86.90%；排放量位居第二的为非金属矿产品部门，排放了 4.306×10^7t 二氧化碳，其中，产业过程的二氧化碳排放量最多，为 3.522×10^7t，占排放总量的 81.79%。2018 年，云南省二氧化碳排放大部分集中在电力、蒸汽、热水的生产和供应，非金属矿产品，黑色金属的冶炼和压制这三个部门上。之后，二氧化碳排放量较多的依次是运输、仓储、邮电服务部门及煤矿开采与选矿部门。

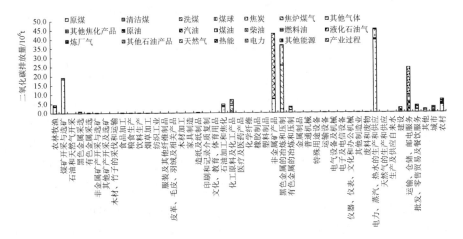

图 4-28　2018 年云南省 47 个产业部门的二氧化碳排放清单

4.4.3 能源消费、碳排放与经济增长关系

如图 4-29 所示，2000～2020 年，云南省的 GDP 均呈增长趋势，云南省 GDP 增长了 11.10 倍，二氧化碳排放总量也从 5310 万 t 增长到了 13738 万 t，能源消费总量增长速率也随之增加。2012 年以前，云南省 GDP 与二氧化碳排放走势几乎趋于一致，GDP 在 2000～2007 年平缓上升，虽然受到 2008 年金融危机的影响，GDP 并没有随之降低，2008 年后经济复苏，GDP 上升幅度加大，而能源消费量虽处于上升的态势，但是幅度并没有 GDP 和二氧化碳排放总量明显。2012 年以后，云南省 GDP 稳步上升，同时能源消费量上升幅度变缓，二氧化碳排放总量波动下降，例如，2012～2015 年，云南省 GDP 上升了 3862.61 亿元，二氧化碳排放总量却下降了 5030 万 t。从宏观环境分析，这是 2012 年云南省大力推进先进节能技术，淘汰技术落后、污染严重、效率低下的产能所致。

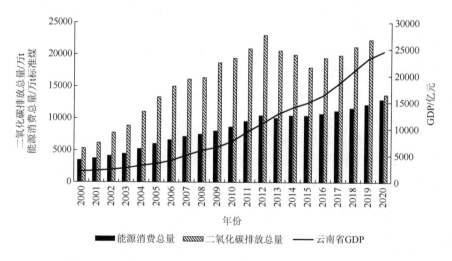

图 4-29　2000～2020 年云南省能源消费、GDP 和二氧化碳排放

从表 4-6 可以看出，2000～2005 年，云南省的二氧化碳排放总量与经济发展呈现出"扩张性负脱钩"。2000～2005 年，受到多方面因素影响，云南省的发展过程中大量高耗能、重复性的基建项目和工业建设项目层出不穷，这进一步加剧了能源消费和碳排放量的大幅增长，最终使云南省的经济发展与能源碳排放"扩张性负脱钩"（能源碳排放的 GDP 弹性指数为 2.09）。此后，随着我国经济的稳定发展，以及我国逐步推行节能减排的政策，云南省在 2005～2010 年重新回到了"弱脱钩"状态。

表 4-6　云南省"脱钩"弹性指数

云南	2000~2005 年	2005~2010 年	2010~2015 年	2015~2020 年
E（TCE, GDP）	2.17	0.39	−0.14	0.42
E（C, TCE）	0.96	1.09	0.50	0.15
E（C, GDP）	2.09	0.42	−0.07	0.06

从云南省二氧化碳排放与经济增长"脱钩"的角度来看，云南省除了 2000~2005 年出现了"扩张性负脱钩"现象，2010~2015 年出现了"强脱钩"外，其余年份均处于"弱脱钩"，可以证明云南省虽然在经济持续增长的过程中碳排放量也在不断增加，但是二氧化碳排放量的增长速度要比经济增长慢得多。例如，2005~2008 年，二氧化碳排放的年均增长率仅为 7.16%，远低于经济年均增长率的 19.82%。总体来说，影响脱钩状态波动的因素很多，可能是政策因素对产业结构的改善，又或是先进技术的发明与引进、宏观调控经济政策的发展等，这些都能使能源效率得到显著性的提高，从而使得云南省实现持续性"弱脱钩"，甚至出现高于稳定"强脱钩"的情况。云南省属于能源丰富但经济欠发达地区，随着西部大开发的推进，整个云南省的能源消费提高的速度无法与经济发展需求的能源相匹配，所以随着经济的发展，能源消费的总量依旧在增加。从云南省整体产业结构来看，虽然旅游业发达，但云南省二氧化碳排放源还是以工业为主，主要高能耗高排放的第二产业部门有黑色金属的冶炼和压制，电力、蒸汽、热力的生产和供应，煤矿开采与选矿，化工原料及化工产品。依据云南省近几年的发展态势，不难发现云南省在能源消费、二氧化碳排放量与经济发展之间存在"弱脱钩"现象，短期内很难达到云南省总体上的稳定、持久的"强脱钩"。

4.4.4　云南省主要城市二氧化碳排放清单

昆明市是云南省的省会城市，是我国西部重要的旅游和商贸城市，同时也是我国面向东南亚和南亚的重要门户城市。

由图 4-30 可以看出，昆明市 GDP 稳定上升，2021 年 GDP 达到了 7222.5 亿元，按可比价格来进行计算，其较上年增长 3.7%。第一、第二、第三产业增加值分别为 333.12 亿元、2287.71 亿元、4601.67 亿元，三次产业分别占 GDP 的 4.61%、31.68% 和 63.71%。从产业结构角度来看，2000~2021 年，第一产业占比一直较小，第三产业占比逐年增加。

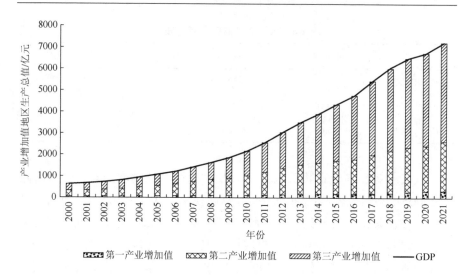

图 4-30　昆明市 GDP 及三次产业增加值

资料来源:《云南省统计年鉴》

如图 4-31 所示,昆明市二氧化碳排放量的总体趋势是先上升再下降,在 2010 年达到最大值,为 $6.656 \times 10^7 t$,其中,第二产业占比最大,其次是第三产业和第一产业。随着人民生活水平的提高,昆明市旅游业的兴起,2010 年后产业转移导致二氧化碳排放量开始下降,直至 2020 年二氧化碳总排放下降至 $3.98 \times 10^7 t$。$2000 \sim 2020$ 年昆明市的二氧化碳累计排放量达到了 $9.5166 \times 10^8 t$。

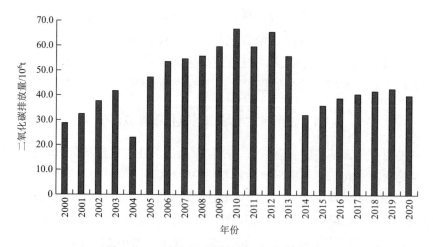

图 4-31　云南省昆明市历年二氧化碳排放量

2010 年,昆明市二氧化碳排放总量为 $6.656 \times 10^7 t$,能源产生的二氧化

碳排放量达到了 $4.921 \times 10^7 t$，占排放总量的 73.93%。而第二产业对昆明市二氧化碳排放总量的贡献最大，高达 $5.882 \times 10^7 t$，占比高达 88.38%，第三产业占比为 11%。从能源品种二氧化碳排放角度来看，原煤的投入最多，占总排放的 35.02%。从总体角度来看，昆明市二氧化碳排放量贡献最多的三个部门依次是黑色金属的冶炼和压制，电力、蒸汽、热水的生产和供应，化工原料及化工产品，这三个部门的二氧化碳总排放量占昆明市二氧化碳总排放量的 57.67%，占比分别为 26.58%、17.52% 和 13.57%。2014 年，昆明市的二氧化碳总排放量为 $3.179 \times 10^7 t$，其中，非金属矿产品部门的二氧化碳排放量最多，为 $8.26 \times 10^6 t$，占 47 个部门二氧化碳排放总量的 25.98%，其中，产生二氧化碳排放量最多的是原煤和产业过程。其次是运输、仓储、邮电服务，排放了 $6.05 \times 10^6 t$ 二氧化碳，占 47 个部门二氧化碳排放总量的 19.03%，其中柴油的消费量最大，贡献率达到 66.56%；二氧化碳排放量排第三的是化工原料及化工产品部门，排放了 $5.51 \times 10^6 t$ 二氧化碳，占总量的 17.33%，其中二氧化碳排放量最多的是原煤，占比 87.61%。

2000～2020 年，云南省昆明市二氧化碳排放总量的大致走势为 2000～2013 年除了少数年份有轻微的波动外，其他年份都处于上升状态，其中，2010 年达到了最高点，然后 2014 年开始大幅度下降，2015 年之后在 2014 年大幅度下滑的基础上开始稳步提升到 2019 年。本书选择 2004 年、2010 年和 2014 年这三年进行详细的分析。

由图 4-32 可以看出，2004 年云南省昆明市二氧化碳排放总量为 3136 万 t，其中，原煤贡献的二氧化碳量高达 2167 万 t，占二氧化碳排放总量的 69.08%；其次是产业过程，排放了 831 万 t，占二氧化碳排放总量的 26.5%，其他能源消费所产生的二氧化碳排放量都较少。

2004 年，昆明市二氧化碳排放量最多的部门是黑色金属的冶炼和压制，高达 1153 万 t，其中，原煤产生的二氧化碳排放量达到了 804 万 t，占排放总量的 69.73%，能源消费占比大于产业过程占比；二氧化碳排放量居第二的电力、蒸汽、热水的生产和供应部门，排放了 $5.96 \times 10^6 t$ 二氧化碳；排放的二氧化碳量居第三的部门是有色金属的冶炼和压制，排放了 368 万 t 二氧化碳，其中产业过程是最主要的二氧化碳排放量的能源类型，占比 92.89%。此外，二氧化碳排放量较多的部门还有非金属矿产品和化工原料及化工产品部门。2004 年，昆明市碳排放集中在黑色金属的冶炼和压制，电力、蒸汽、热水的生产和供应及有色金属的冶炼和压制三个部门，它们合计占当年昆明市全部二氧化碳排放的 67.52%。

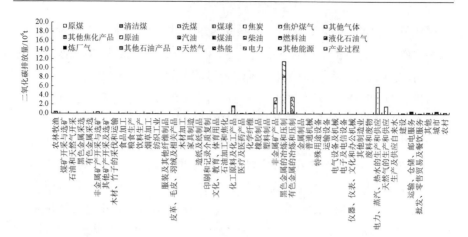

图 4-32　2004 年昆明市 47 个产业部门 20 个能源品种的二氧化碳排放占比

由图 4-33 可以看出，昆明市 2010 年产生二氧化碳的能源类型增多，但原煤仍然是能源消费产生二氧化碳的主力军。同年昆明市二氧化碳排放总量为 6655 万 t，原煤贡献了 2331 万 t 二氧化碳，占排放总量的 35.02%；其次产业过程贡献二氧化碳 1734 万 t，占排放总量的 26.05%；紧接着的是焦炭，排放了 897 万 t 二氧化碳，占比 13.48%。

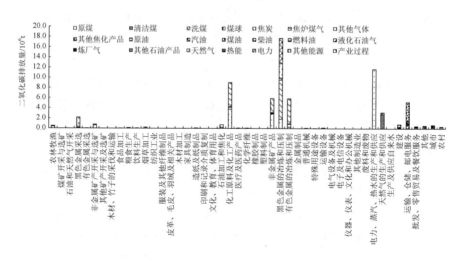

图 4-33　2010 年昆明市 47 个产业部门 20 个能源品种的二氧化碳排放占比

2010 年昆明市排放二氧化碳量最多的是黑色金属的冶炼和压制部门，二氧化碳排放量为 1.769×10^7t，在该部门中焦炭的二氧化碳排放量为 7.70×10^6t，占比高达 43.53%；二氧化碳排放量居第二的部门是电力、

蒸汽、热水的生产和供应，排放了 1.166×10^7 t 二氧化碳，其中原煤占
比 99.87%；二氧化碳排放量居第三的是化工原料及化工产品部门，排
放了 9.03×10^6 t 二氧化碳，其中产业过程和原煤占二氧化碳排放量的
94.38%。此外，二氧化碳排放量较多的部门还有非金属矿产品、有色
金属的冶炼和压制。

如图 4-34 所示，2014 年，昆明市原煤贡献了排放总量的 53.03%；其
次是柴油，占排放总量的 15.7%；再次是产业过程，排放占比约 14.5%，相
比 2012 年二氧化碳排放量下降很多，昆明市排放二氧化碳量最多的是非金
属矿产品部门，该部门中原煤的二氧化碳排放量达到了 44.75%，而产业过
程占比最大，达到了 53.44%；二氧化碳排放量居第二的是运输、仓储、邮
电服务，其中柴油占总二氧化碳排放量的 66.6%。排放的二氧化碳量居第三
的部门是化学原料及化学制品部门，其中原煤是最主要的二氧化碳排放量
的能源类型，占比达到 87.61%。

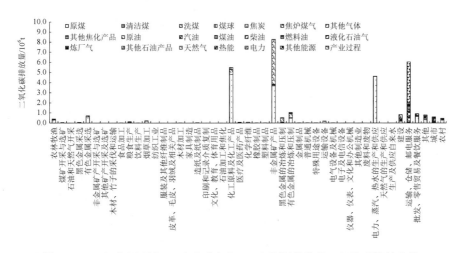

图 4-34　2014 年昆明市 47 个产业部门 20 个能源品种的二氧化碳排放占比

4.5　贵州省能源消费与碳排放的核算

2011～2020 年，贵州省发展十分迅速，在长江上游经济带做出了卓越
的贡献。目前，新经济在贵州省经济中所占的比例不断提高，新产业、新
业态、新模式活力逐步释放，助力全省经济由高速发展转为高质量发展。

由图 4-35 可以看出，随着中国经济的快速发展，贵州省的 GDP 处于
急剧上升的态势，与中国上升趋势大致相同。2000～2020 年，贵州省的

GDP 由 1029.92 亿元上升到了 17860.41 亿元。2012 年以前贵州省在长江上游经济带的 GDP 占比一直在稳定区间波动，随后开始以缓慢的速度上升，2020 年贵州省 GDP 占长江上游经济带 GDP 的 15.40%。从产业结构角度看，作为世界知名山地旅游目的地和山地旅游大省的贵州，在多年的发展中第三产业比例不断上升，以 2015 年为例，三次产业的经济贡献分别为 15.58%、38.20% 和 46.22%。

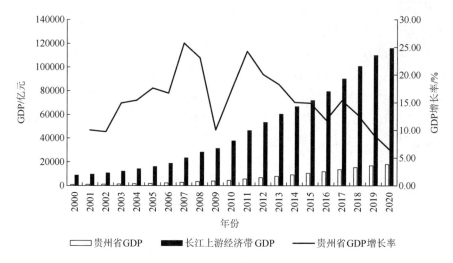

图 4-35　2000～2020 年贵州省和长江上游经济带 GDP 及贵州省 GDP 增长率
资料来源：《贵州省统计年鉴》

　　贵州省二氧化碳排放核算和评价也是针对 47 个产业部门在 20 种能源消费和 9 个产业过程中的排放量。其中，47 个产业部门包括农林牧渔、煤矿开采与选矿、石油和天然气开采、黑色金属采选、有色金属采选、非金属矿产开采与选矿等，20 种能源消费包括 17 种化石燃料消费和 3 种非化石能源消费，17 种化石燃料是原煤、清洁煤、洗煤、煤球、焦炭等，3 种非化石能源是非化石热能、非化石能源电力、其他能源。9 个产业过程包括黑色金属生产、有色金属生产等。综合上述排放的二氧化碳形成贵州省二氧化碳排放清单，并分行业、分能源对二氧化碳排放进行分析与评价。考虑到政治、经济、文化等方面的综合影响，进一步分析了贵阳市和遵义市两个主要城市的具体二氧化碳排放情况。

4.5.1　贵州省 2000～2020 年二氧化碳总排放

　　从图 4-36 可以看出，2000～2020 年，除 2008 年受金融危机的影响二氧化碳排放量有轻微的减少以外，贵州省的二氧化碳总量处于稳步上升的情形。随着对环境保护力度的加大和低碳政策的推进，2012 年以后，贵州省二氧化碳排放量增加幅度不大，2012～2015 年处于一个稳定排放的状态，2015 年之后出现了明显的上升。近几年有所下降。贵州省 2000～2020 年的二氧化碳排放总量从 $8.12 \times 10^7 t$ 增长到了 $1.96 \times 10^8 t$，2020 年的二氧化碳排放总量是 2000 年的 2.41 倍。

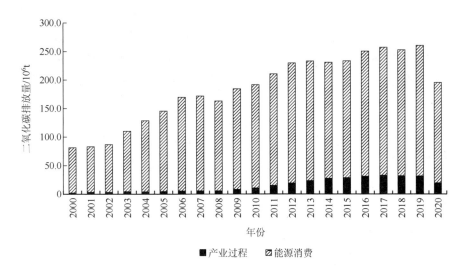

图 4-36 2000～2020 年贵州省的产业过程和能源消费二氧化碳排放量

产业过程产生的二氧化碳排放量与能源消费相比少很多，但其占比在稳步增长，2000～2020 年，从 2.83% 上升到了 10.14%，年均增长率为 6.59%。其中，2000～2008 年以较为缓慢的幅度在增长。2009～2020 年，贵州省产业过程产生的二氧化碳总计增长 $1.14 \times 10^7 t$。能源消费贡献的二氧化碳量则从 2000 年的 $7.89 \times 10^7 t$ 增长到了 2020 年的 $1.759 \times 10^8 t$，年均增长率为 4.09%。贵州省能源消费的二氧化碳排放量占二氧化碳排放总量的比例较大，每年占比均达到了 85% 以上。

4.5.2 贵州省主要年份二氧化碳排放清单

2000～2020 年，贵州省二氧化碳排放总量的大概走势为：从 2000 年起开始上升，2008 年明显下降。随着 2008 年金融危机之后的经济复苏，二氧化碳排放量从 2009 年明显上升，直至 2012 年开始趋于平缓，稳定状态持续到 2015 年，然后再开始增加。为了分析总体走势，本书选择了 2008 年、2012 年和 2018 年这三年进行详细的分析。

　　2007 年金融危机初现端倪到 2008 年金融危机爆发对中国的产业发展产生了重大的影响，使贵州省二氧化碳排放量在整体上升的态势中出现了明显的下降。由图 4-37 可以看出，贵州省排放二氧化碳量最多的部门是电力、蒸汽、热水的生产和供应部门，排放了 9.192×10^7 t 二氧化碳，该部门原煤的二氧化碳排放量贡献最大，为 9.106×10^7 t，占比 99.06%；黑色金属的冶炼和压制部门的二氧化碳排放贡献量也很大，达到了 1.162×10^7 t，该部门生产过程中主要消耗的能源是焦炭，占比高达 90.33%；二氧化碳排放量居第三的部门是其他部门，2008 年排放了 8.57×10^6 t 二氧化碳，消耗原煤所产生的二氧化碳排放量占其排放总量的 83.73%。其次，运输、仓储、邮电服务部门、煤矿开采与选矿也是 2008 年贵州省二氧化碳排放量的主要贡献部门。

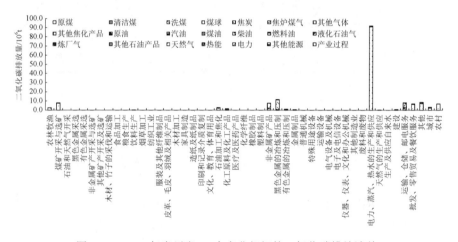

图 4-37　2008 年贵州省 47 个产业部门的二氧化碳排放清单

　　由图 4-38 可以看出，2012 年电力、蒸汽、热水的生产和供应部门依旧是二氧化碳排放贡献最多的部门，高达 1.1957×10^8 t，其中，原煤是最大的碳排放贡献能源，占比高达 83.15%；贵州省 47 个产业部门的二氧化碳排放清单中，2012 年相较于 2008 年的变化是非金属矿产品部门成为二氧化碳排放的第二大贡献源，总排放量达到了 2.26×10^7 t。黑色金属的冶炼和压制，煤炭开采与选矿，运输、仓储、邮电服务等依然是排放量较大的产业部门。从能源角度来看，原煤产生的二氧化碳最多，达到了 1.5358×10^8 t，其次是洗煤和柴油，二氧化碳排放量分别为 1.8×10^7 t 和 1.04×10^7 t。

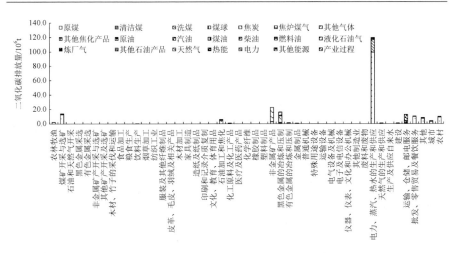

图 4-38　2012 年贵州省 47 个产业部门的二氧化碳排放清单

在整个大环境影响下，2012 年贵州省主要二氧化碳排放集中在电力、蒸汽、热水的生产和供应，非金属矿产品，黑色金属的冶炼和压制三个产业部门，这些部门合计约占当年贵州省全部二氧化碳排放量的 68.19%。

由图 4-39 可以看出，在经历了短暂的下滑之后，贵州省整体的二氧化碳排放量又开始上升，2018 年电力、蒸汽、热水的生产和供应部门的二氧化碳排放量稳居第一，其二氧化碳排放量为 1.2446×10^8t，生产过程中消耗的主要能源为原煤和洗煤，这两种能源排放的二氧化碳分别为 9.114×10^7t 和 2.957×10^7t，总占比达到 96.99%；二氧化碳排放量位居第二的部门是非金属矿产品，二氧化碳排放量为 3.375×10^7t，其中产业过程的碳排放量为 3.205×10^7t，在整个部门二氧化碳排放总量中占比 94.96%。

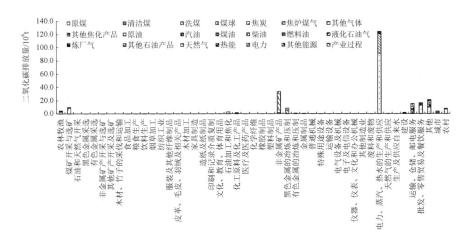

图 4-39　2018 年贵州省 47 个产业部门的二氧化碳排放清单

2018 年贵州省二氧化碳排放主要集中在电力、蒸汽、热水的生产和供应，非金属矿产品这两个部门上，它们合计占当年贵州省全部二氧化碳排放的 62.60%。

4.5.3　能源消费、碳排放与经济增长关系

如表 4-7 所示，贵州省二氧化碳排放测算结果显示，其总能源碳排放量在 2000 年、2005 年、2010 年、2015 年和 2020 年分别达到 8.12×10^7、1.455×10^8t、1.9170×10^8t、2.336×10^8t 和 1.9574×10^8t。2000～2020 年，贵州省的经济发展和能源的碳排放量总体上呈弱脱钩，其代表的是经济快速发展，而二氧化碳排放量的增长却一直比经济的增长缓慢。例如，2005～2010 年，贵州省二氧化碳排放总量年均增长率为 5.67%；2010～2015 年，贵州省二氧化碳排放总量年均增长率为 4.03%。从宏观环境来看，由于宏观经济和政策调整的影响，贵州省的能源消费和二氧化碳排放量持续增长，而二氧化碳排放量与能耗之间的关系日益恶化。贵州省在"五年打好基础"目标基本实现的同时，从 2006 年起，经济发展取得了显著的进步，整体经济水平也得到了进一步提高。在此期间，贵州省的二氧化碳排放的绝对量增长速度呈下降趋势，能源利用率的提高是这一时期内"弱脱钩"的重要影响因素。

表 4-7　2000～2020 年贵州省 GDP、能源消费总量及二氧化碳排放量

年份	GDP/亿元	能源消费总量/万 t 标准煤	二氧化碳排放量/10^6t
2000	1029.92	4278.58	81.20
2005	1939.94	5574.99	145.50
2010	4518.95	7373.10	191.70
2015	10541.00	9319.60	233.6
2020	17860.41	10111.12	195.74

从中间变量分析，2000～2020 年，二氧化碳排放量的能源消费弹性指数均值在 0.62 左右，表明贵州省碳减排技术水平较低，并且其减排技术对碳排放与经济脱钩的贡献并不明显，这与贵州省相对滞后的碳减排技术发展和能源消费结构密切相关。

总体来看，贵州省能源利用率提高的速度和我国经济发达地区或者长江上游经济发展较好的省市相比存在较大的距离，能源利用率的增加并不能抵消经济发展对能源的更多需求，同时伴随着工业化和城市化的极速发展，未来贵州省能源二氧化碳排放应该还会有一段时间处于"弱脱钩"状态。贵州省的"脱钩"情况如需改善，需要大力调整能源结构，把煤炭在能源结构中

的主体地位进行拆分转移，减少煤炭的直接利用率。针对贵州省自然资源禀赋，需要调整产业结构，鼓励创新型新兴产业的发展，从而使得经济产生相对高质量的增长。针对贵州省的主要情况，要探索新的低碳发展模式推动经济的发展，也要制定相应的政策进行宏观把控。

4.5.4　贵州省主要城市二氧化碳排放清单

1. 贵阳市

贵阳市是贵州省的省会城市，是贵州省的政治、经济、文化中心，是西南的重要交通枢纽。贵阳市是一座资源型城市，长期以来，煤炭成了贵阳市能源消费的主要来源，导致二氧化碳排放量逐年增加。2020 年，贵阳市 GDP 占贵州省的 24.16%，人均 GDP 从 2000 年的 8046 元上升到了 2020 年的 72050 元。贵阳市的第二产业占比逐年递减，从 2000 年的 48.10% 下降到 2020 年的 36.24%，第三产业对 GDP 的贡献逐年增加。

2000～2006 年，贵阳市二氧化碳排放量的波动较小，随后开始增加，从二氧化碳排放量 2006 年的 2.392×10^{7}t 增加到 2008 年的 4.154×10^{7}t 随后波动幅度开始变大，每年都有较大的起伏。2000～2020 年，非金属矿产品，电力、蒸汽、热水的生产和供应以及有色金属的冶炼与压制等部门对贵阳市二氧化碳排放量的贡献最多。能源消费是贵阳市二氧化碳排放贡献最大的，例如 2015 年，能源消费的贡献比例达到了 72.85%，其中，原煤作为最大的贡献者，二氧化碳排放贡献值为 9.54×10^{6}t，占整个能源消费二氧化碳排放的 60.95%。

由图 4-40 可以看出，贵阳市历年二氧化碳排放量波动较大，呈现先稳后升然后无规律变化的特点，其中，2015 年和 2019 年有所下降，而 2008 年和 2012 年上升的态势较为明显，2012 年达到了最大值。本书挑选了贵阳市 2008 年、2012 年、2015 年和 2019 年进行详细分析。

2008 年贵阳市的二氧化碳排放量极速增加，达到 4.154×10^{7}t。由图 4-41 可以看出，贵阳市能源消费的二氧化碳能源类型增加，原煤的排放为 1.665×10^{7}t，占排放总量的 40.08%；再者是清洁煤，为 2.59×10^{6}t，占比 6.24%；产业过程达到了 1.753×10^{7}t，占排放总量的 42.2%。贵阳市二氧化碳排放量最多的是非金属矿产品部门，二氧化碳排放量为 1.765×10^{7}t，该部门中产业过程二氧化碳的排放量为 1.612×10^{7}t，高达 91.33%；排放的二氧化碳量居第二的部门是电力、蒸汽、热水的生产和供应，排放了 5.6×10^{6}t，其中原煤占比为 99.72%；二氧化碳排放量居第三的是有色金属的冶炼和压制，排放了 3.07×10^{6}t 二氧化碳，其中，原煤占二氧化碳排放量的 66.75%。

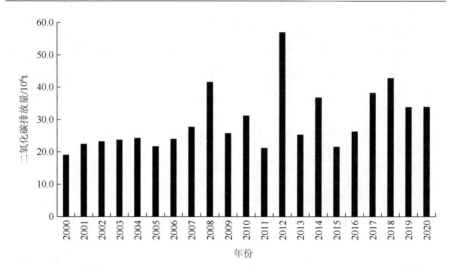

图 4-40　贵州省贵阳市历年二氧化碳排放量

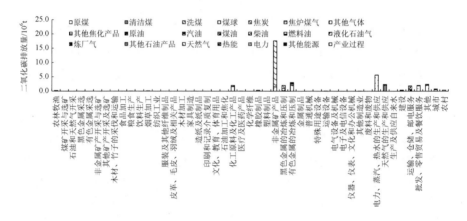

图 4-41　2008 年贵阳市 47 个产业部门 20 个能源品种的二氧化碳排放占比

贵阳市二氧化碳排放量在 2012 年达到了最大值,其中产业过程排放量占 52.56%;其次是原煤,占 31.07%;再次是柴油,占 3.59%。贵阳市二氧化碳排放量最多的是非金属矿产品,排放了 3.13×10^7t 二氧化碳,如图 4-42所示,该部门中产业过程的二氧化碳排放量达到了 92.65%;二氧化碳排放量居第二的部门是天然气的生产和供应,排放了 6.25×10^6t 二氧化碳,其中清洁煤占二氧化碳排放总量的 50%;排放的二氧化碳量居第三的部门是有色金属的冶炼与压制,排放了 3.03×10^6t 二氧化碳,其中原煤是最主要二氧化碳排放量的能源类型,占比 71.79%;之后二氧化碳排放量较多的部门是批发、零售贸易及餐饮服务。

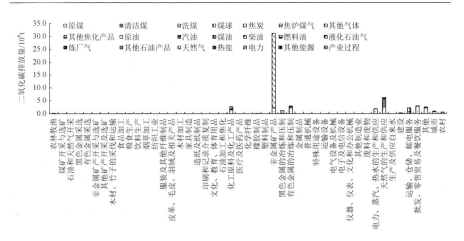

图 4-42　2012 年贵阳市 47 个产业部门 20 个能源品种的二氧化碳排放占比

2015 年贵阳市二氧化碳排放量相较于之前有所下降，其中原煤排放的二氧化碳量位居第一，占二氧化碳排放总量的 44.40%；产业过程占二氧化碳排放总量的 27.15%；柴油排放量占比为 12.19%。位居第二的部门是电力、蒸汽、热水的生产和供应，其中，如图 4-43 所示，原煤二氧化碳排放量贡献最大，占 99.4%；二氧化碳排放量居第三的部门则是化工原料及化工产品部门，其中，产业过程占二氧化碳排放量的 54.96%；之后二氧化碳排放量较多的部门是运输、仓储、邮电服务。

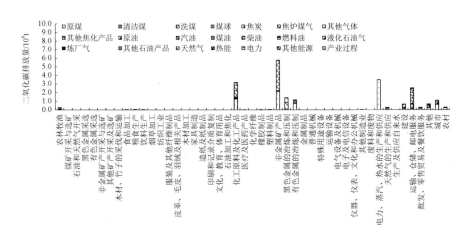

图 4-43　2015 年贵阳市 47 个产业部门 20 个能源品种的二氧化碳排放占比

2019 年贵州省贵阳市二氧化碳排放量达到了 $2.60 \times 10^7 t$，其中原煤的二氧化碳排放量为 $1.246 \times 10^7 t$，占 47.92%；汽油的二氧化碳排放量为

3.13×10^{6}t, 占 12.04%, 产业过程的二氧化碳排放量为 2.30×10^{6}t, 占 8.85%。
2019 年, 贵阳市二氧化碳排放量最多的产业部门是煤矿开采与选矿, 排放
了 6.61×10^{6}t 二氧化碳, 如图 4-44 所示, 该部门消耗原煤排放的二氧化
碳为 6.02×10^{6}t, 占该部门排放量的 91.07%。位居二氧化碳排放量第二的
部门是建设, 共计排放 4.94×10^{6}t 二氧化碳, 其中, 汽油占比最高, 为
51.40%; 位居二氧化碳排放量第三的部门是农村, 该部门贡献了 4.30×10^{6}t
二氧化碳, 其中, 原煤是该部门生产过程中消费最多的能源, 消耗原煤
产生的二氧化碳排放量占排放总量的 93.72%。2019 年贵阳市二氧化碳排
放主要由以上三个产业部门贡献, 它们合计占当年贵阳市全部二氧化碳
排放的 60.94%。

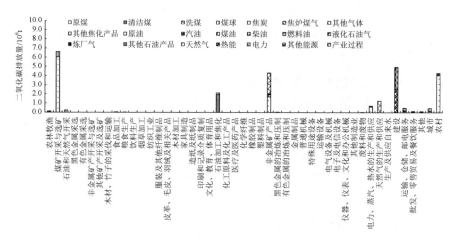

图 4-44　2019 年贵阳市 47 个产业部门 20 个能源品种的二氧化碳排放占比

2. 遵义市

遵义南临贵阳, 北倚重庆, 西接四川, 地处"成渝—黔中"经济区走
廊的主廊道和核心区, 是长江上游经济带上连接东西、承接南北的交通要
点, 是贵州省第二大工业城市, 矿产资源十分丰富, 具有很高的工业开采
价值。

表 4-8 提供了 2001~2019 年贵州省遵义市主要年份社会经济指标, 年
度 GDP、人口数量和人均 GDP 数据由该市的统计年鉴所得, 二氧化碳排
放量依据 IPCC 的方法计算得出, 二氧化碳排放强度是单位 GDP 的二氧化
碳排放量, 人均二氧化碳排放量是该市二氧化碳排放量与该市人口的比值。
2015 年, 遵义市的 GDP 为贵州省 GDP 的 20.52%; 其中, 第一产业和第

三产业的占比逐年递减。第二产业缓慢上升，从 2000 年的 36.44%上升到 2015 年的 46.16%。结果显示，遵义市已处于工业快速发展阶段。

表 4-8　贵州省遵义市 2001～2019 年主要年份社会经济和二氧化碳排放数据

年份	人口数量/万人	GDP/亿元	人均 GDP/元	二氧化碳排放量/万 t	二氧化碳排放强度（万 t/亿元）	人均二氧化碳排放量/t
2001	697.40	213.54	3061.944	1720.78	8.06	2.47
2005	725.50	372.28	5131.358	2164.2	5.81	2.98
2010	764.16	882.83	11552.95	2119.73	2.40	2.77
2015	793.35	2162.75	27260.98	3531.69	1.63	4.45
2019	819.00	3483.32	42531.38	4411.28	1.27	5.39

如图 4-45 所示，2000～2020 年，遵义市二氧化碳排放量基本呈上升趋势，在 2019 年达到了 4.411×10^7t。不难看出，遵义市二氧化碳排放总量和人均二氧化碳排放都在增加，但是由于国家对低碳环保的重视和经济迅速的发展，二氧化碳排放强度却在减少。2015 年，遵义市产业过程排放的二氧化碳量为 8.03×10^6t，能源消费二氧化碳排放贡献值为 2.728×10^7t，分别占该年排放总量的 22.74%和 77.24%；其中原煤依旧是主要的二氧化碳排放贡献的能源，二氧化碳排放量为 2.471×10^7t，占二氧化碳总排放的 69.97%。

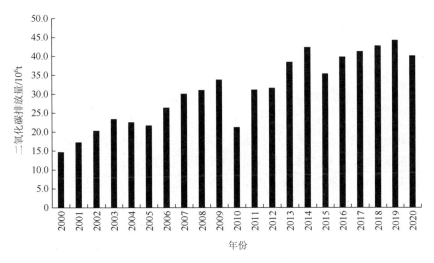

图 4-45　贵州省遵义市历年二氧化碳排放量

遵义市二氧化碳排放量在 2005 年、2010 年和 2015 年有显著的下滑，又在 2014 年突升，所以针对遵义市二氧化碳排放总量的总体变化情况，本书挑选遵义市 2010 年和 2014 年数据进行详细的分析。

2010 年，遵义市二氧化碳排放量为 $2.12 \times 10^7 t$，相较于 2009 年有所下降，其中原煤排放了 $1.57 \times 10^7 t$ 二氧化碳，占 74.06%；其次是产业过程，排放了 $2.33 \times 10^6 t$ 二氧化碳，占 10.99%；再次是柴油，排放了 $1.26 \times 10^6 t$ 二氧化碳，占 5.94%。2010 年遵义市排放二氧化碳量最多的是电力、蒸汽、热水的生产和供应部门，排放了 $8.34 \times 10^6 t$，如图 4-46 所示，其中，原煤的二氧化碳排放量最多，为 $8.32 \times 10^6 t$，占 99.76%；位居第二的部门是非金属矿产品，排放了 $3.06 \times 10^6 t$，其中产业过程的二氧化碳排放量最多，占 76.32%；位居第三的部门是批发、零售贸易及餐饮服务，排放了 $2.11 \times 10^6 t$，其中原煤占比 89%。

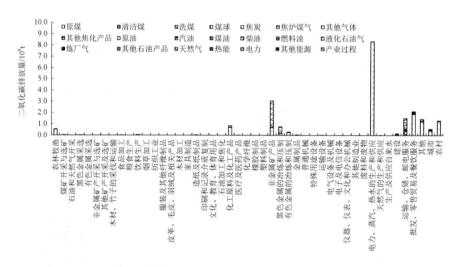

图 4-46　2010 年遵义市 47 个产业部门 20 个能源品种的二氧化碳排放占比

2014 年遵义市二氧化碳排放量达到了 $4.23 \times 10^7 t$，排放量最大是原煤，为 $2.95 \times 10^7 t$，占 69.74%；其次是产业过程，排放了 $7.63 \times 10^6 t$，占 18.04%；再次是汽油，排放了 $1.08 \times 10^6 t$，占 2.55%。2014 年遵义市排放二氧化碳最多的是非金属矿产品部门，排放了 $1.053 \times 10^7 t$ 二氧化碳，如图 4-47 所示，在这个部门中，原煤的二氧化碳排放量最多，为 $4.80 \times 10^6 t$，占比为 45.58%；位居第二的部门是电力、蒸汽、热水的生产和供应，排放了 $9.9 \times 10^6 t$，其中原煤占 92.3%；位居第三的部门是批发、零售贸易及餐饮服务部门，排放了 $3.86 \times 10^6 t$，其中原煤占 95.05%。2014 年遵义市二氧化碳排放主要集中在非金属矿产品，电力、蒸汽、热水的生产和供应，批发、零售贸易及餐饮服务三个部门上，它们合计占当年遵义市全部二氧化碳排放的 57.47%。

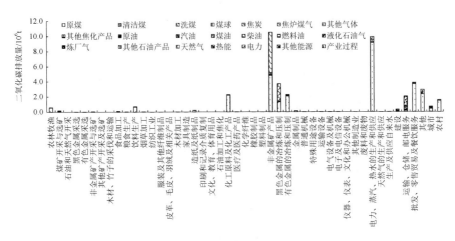

图 4-47 2014 年遵义市 47 个产业部门 20 个能源品种的二氧化碳排放占比

4.6 本 章 小 结

本章探讨了能源投入、社会发展与碳排放之间的关系，首先以区域碳排放清单方法为基础，明确了计算边界和范围，计算了 2000～2020 年云南省、贵州省、四川省、重庆市及主要城市的 20 个能源品种和 47 个产业部门的碳排放清单，并从排放结构、排放强度、能源结构以及产业部分等多角度进行了碳排放现状分析。其次，采用塔皮奥（Tapio）脱钩指数测度了碳排放与经济增长脱钩关系，分析了碳排放与脱钩指数的时空演变特征，以期为制定科学合理的经济低碳化发展相关政策提供数据参考，为长江上游经济带区域协调发展提供研究基础。本章所计算的云南省、贵州省、四川省、重庆市及其主要城市的碳排放值，为后续碳排放潜力及区域排放预测提供了数据基础。

第5章　长江上游经济带低碳发展路径分析

在气候变暖的现实情况下，低碳发展理念应运而生。在保证经济稳定增长的前提下，实现二氧化碳减排已成为社会各界日益关注的问题。运用不同的预测方法和思想，综合考虑经济、社会、能源与碳排放等低碳发展的核心要素，分析低碳发展潜力，寻找可操作的解决方案，针对低碳发展方案进行科学、有效的抉择，是低碳发展研究的一个新方向。基于第4章碳排放清单计算及碳排放与经济发展之间的关系探究，本章从区域总排放潜力探究的视角出发，首先选择灰色模型，设置不同的经济发展情景，探究时间序列发展下长江上游经济带的节能减排潜力。然后，从不同区域发展差异的视角出发，在环境压力模型的基础上，扩充了原有的人口、经济及城镇化率等影响因素，增添了产业结构、能源强度及能源结构等与碳排放有直接关系的主要因素，充分结合经济发展和政策部署，设置不同的发展情景，落实长江上游经济带不同区域的未来排放特征。通过调整政策参数，模拟不同政策背景，以此明确长江上游经济带低碳发展路径。

5.1　基于灰色模型的碳排放趋势分析

5.1.1　灰色 GM(1, 1)模型的建立

灰色模型是一种在处理少量数据、难以建立精确数学模型的情况下进行预测和分析的方法。在区域碳排放趋势分析中，灰色模型可以帮助我们理解和预测碳排放的变化。该模型基于少量已知数据，通过对序列数据进行分析和处理，利用其内部规律性和发展趋势，预测未来的碳排放情况。首先，灰色模型可以对区域碳排放的历史数据进行分析，找出其中的规律和趋势。其次，通过建立灰色模型，可以对未来碳排放的发展趋势进行预测和评估，有助于制定应对气候变化和环境保护的政策措施。这种方法可以在数据不充分或者受到限制的情况下，为决策者提供一个辅助分析手段，从而更好地规划未来的碳减排目标和措施。灰色预测模型需要数据符合单调性假设，对于中国现有发展情况来看，国内生产总值和碳排放均符合该假设。总的来说，灰色模型在区域碳排放趋势

分析中能够通过对历史数据的分析和未来趋势的预测，为相关决策提供科学依据，有助于制定有效的碳排放管理和减排政策。

设

$$X^{(0)} = \{x^{(0)}(1), x^{(0)}(2), \cdots, x^{(0)}(n)\}$$

$$X^{(1)} = \{x^{(1)}(1), x^{(1)}(2), \cdots, x^{(1)}(n)\}$$

$$Z(1)(k) = \frac{1}{2}[x(1)(k) + x(1)(k-1)]$$

称

$$x(0)(k) + az(1)(k) = b \tag{5-1}$$

为 GM(1, 1)模型的基本形式。

GM(1, 1)模型 $x^{(0)}(k) + az^{(1)}(k) = b$ 的最小二乘估计参数列满足：

$$\hat{a} = (\boldsymbol{B}^{\mathrm{T}}\boldsymbol{B})^{-1}\boldsymbol{B}^{\mathrm{T}}\boldsymbol{Y}$$

其中，

$$\boldsymbol{Y} = \begin{bmatrix} x^{(0)}(1) \\ \vdots \\ x^{(0)}(n) \end{bmatrix}, \quad \boldsymbol{B} = \begin{bmatrix} -z^{(1)}(1) & 1 \\ \vdots & \vdots \\ -z^{(1)}(n) & 1 \end{bmatrix}$$

设 $X^{(0)}$ 为非负系列，$X^{(1)}$ 为 $X^{(0)}$ 的 1-AGO 序列，$Z^{(1)}$ 为 $X^{(1)}$ 的紧邻均值生成序列，则称 $[a, b]^{\mathrm{T}} = (\boldsymbol{B}^{\mathrm{T}}\boldsymbol{B})^{-1}\boldsymbol{B}^{\mathrm{T}}\boldsymbol{Y}$，即

$$\frac{\mathrm{d}x^{(1)}}{\mathrm{d}t} + ax^{(1)} = b \tag{5-2}$$

式（5-2）为 GM(1, 1)模型 $x^{(0)}(k) + az^{(1)}(k) = b$ 的白化方程，也称为影子方程。

白化方程 $\dfrac{\mathrm{d}x^{(1)}}{\mathrm{d}t} + ax^{(1)} = b$ 的解也称时间响应函数，为

$$x^{(1)}t = \left[x^{(1)}(1) - \frac{b}{a}\right]\mathrm{e}^{(-at)} + \frac{b}{a} \tag{5-3}$$

GM(1, 1)模型 $x^{(0)}(k) + az^{(1)}(k) = b$ 的时间响应序列为

$$\hat{x}^{(1)}(k+1) = \left(x^{(0)}(1) - \frac{b}{a}\right)\mathrm{e}^{-ak} + \frac{b}{a} \quad k = 1, 2, \cdots, n \tag{5-4}$$

还原值：

$$\hat{x}^{(0)}(k+1) = a^{(1)}\hat{x}^{(1)}(k+1) = \hat{x}^{(1)}(k+1) - \hat{x}^{(1)}(k) \quad k = 1, 2, \cdots, n \tag{5-5}$$

称 GM(1, 1)模型中的参数 a 为发展系数；b 为灰色作用量。a 反映了 $\hat{x}^{(1)}$ 及 $\hat{x}^{(0)}$ 的发展态势；b 表示数据变化的关系。

5.1.2 灰色 GM(1, 1)模型的预测

如图 5-1 所示，本书以 2000～2020 年长江上游经济带的碳排放量为原始序列。建立 GM(1, 1)模型，对长江上游经济带 2021～2030 年二氧化碳排放量进行预测。预测数据是基于 2020 年及之前的信息进行的，但是受到政策变化、经济波动等未预料到的事件的影响可能与实际已发生年份的情况存在偏差。虽然预测值与实际值存在偏差，但结合以往数据与预测数据拟合情况来看，如图 5-2 所示，预测结果仍然可以反映出总体趋势和方向。

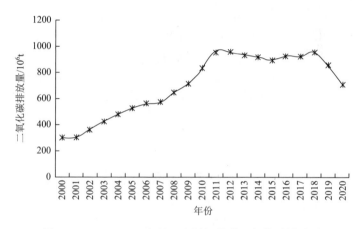

图 5-1 2000～2020 年长江上游经济带二氧化碳排放量

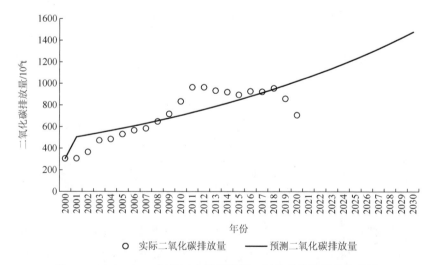

图 5-2 2000～2030 年长江上游经济带二氧化碳排放量的趋势图

$X^{(0)} = \{x^{(0)}(0), x^{(0)}(1), x^{(0)}(2), x^{(0)}(3), x^{(0)}(4), x^{(0)}(5), \cdots, x^{(0)}(18), x^{(0)}(19), x^{(0)}(20)\}$

$= \{304.25, 304.93, 364.37, 427.60, 484.61, 530.21, 566.26, 585.01, 648.27,$

717.18, 833.72, 963.88, 964.01, 932.76, 919.83, 894.12, 926.36, 921.85,

954.33, 857.81, 707.25\}

第 1 步：对 x 作 1-AGO 一次累加，得

$X^{(1)} = \{x^{(1)}(0), x^{(1)}(1), x^{(1)}(2), x^{(1)}(3), x^{(1)}(4), x^{(1)}(5), \cdots, x^{(1)}(17), x^{(1)}(18), x^{(1)}(19)\}$

$= \{609.18, 973.55, 1401.15, 1885.76, 2415.97, 2982.23, 3567.24, 4215.51,$

4932.69, 5766.41, 6730.29, 7694.30, 8627.06, 9546.89, 10441.01, 11367.37,

12289.22, 13243.55, 14101.36, 14808.61\}

第 2 步：对 $x(1)$ 的紧邻均值生成，令

$$Z^{(1)}(k) = \frac{1}{2}[x^{(1)}(k) + x^{(1)}(k-1)]$$

得

$Z^{(1)} = \{Z^{(1)}(1), Z^{(1)}(2), Z^{(1)}(3), Z^{(1)}(4), Z^{(1)}(5), \cdots, Z^{(1)}(18), Z^{(1)}(19), Z^{(1)}(20)\}$

$= \{456.72, 791.37, 1187.35, 1643.46, 2150.87, 2699.10, 3274.74, 3891.38,$

4574.10, 5349.55, 6248.35, 7212.30, 8160.68, 9086.98, 9993.95, 10904.19,

11828.30, 12766.39, 13672.46, 14454.99\}

于是

$$\boldsymbol{B} = \begin{bmatrix} -z^{(1)}(1) & 1 \\ \vdots & \vdots \\ -z^{(1)}(20) & 1 \end{bmatrix} = \begin{bmatrix} -456.72 & 1 \\ \vdots & \vdots \\ -14454.99 & 1 \end{bmatrix}$$

第 3 步：对参数列 $\hat{\boldsymbol{a}} = [a, b]^{\mathrm{T}}$ 进行最小二乘估计，得

$$\hat{\boldsymbol{a}} = (x\boldsymbol{B}^{\mathrm{T}}\boldsymbol{B})^{-1}\boldsymbol{B}^{\mathrm{T}}\boldsymbol{Y} = \begin{bmatrix} -0.0376 \\ 479.98 \end{bmatrix}$$

第 4 步：确定 GM(1, 1) 模型白化方程：

$$\frac{\mathrm{d}x^{(1)}}{\mathrm{d}t} - 0.0376 = 479.98$$

第 5 步：确定模拟值、残差和相对误差，进行预测，得

$\hat{x}^{(0)} = \{\hat{x}^{(0)}(21), \hat{x}^{(0)}(21), \hat{x}^{(0)}(22), \cdots, \hat{x}^{(0)}(28), \hat{x}^{(0)}(29), \hat{x}^{(0)}(30)\}$

$= \{1059, 1099, 1141, 1184, 1228, 1275, 1323, 1373, 1424, 1478\}$

第 6 步：得出预测值。

本书采用的计算模型是上述的灰色 GM(1, 1) 模型。计算得出的 2021～2030 年长江上游经济带二氧化碳排放量的预测数据如表 5-1 所示。

表 5-1　长江上游经济带二氧化碳排放量的预测数据　（单位：10^6t）

年份	2021	2022	2023	2024	2025	2026	2027	2028	2029	2030
排放量	1059	1099	1141	1184	1228	1275	1323	1373	1424	1478

2000～2030 年，长江上游经济带实际预测的二氧化碳排放量趋势如图 5-2 所示，整体呈现不断上升的趋势。

第 7 步：模型检验。

采用的是后验差检验。计算原始序列标准差和绝对误差序列的标准差，分别为

$$S_1 = \sqrt{\frac{\sum[X^{(0)}(t)-\overline{X}^{(0)}]^2}{n-1}}$$

$$S_2 = \sqrt{\frac{\sum[\Delta^{(0)}(t)-\overline{\Delta}^{(0)}]^2}{n-1}}$$

计算方差比

$$C = \frac{S_2}{S_1}$$

小误差概率

$$P = P\{|\Delta^{(0)}(t)-\overline{\Delta}^{(0)}| < 0.6745S_1\}$$

令 $e_t = |\Delta^{(0)}(t)-\overline{\Delta}^{(0)}|$，$S_0 = 0.6745S_1$，则 $P = P\{e_t < S_0\}$。

本书的检验值：方差比 C 检验，$C = 0.05653$。小误差概率 P 检验，$P = 0.8$。参考表 5-2，检验指标 P 处于良好状态，C 处于中状态，2021～2030 年长江上游经济带二氧化碳排放量的预测值是有效的，且精度良好。

表 5-2　检验指标值

检验指标	优	良	中	差
P	>0.9	>0.8	>0.7	≤0.7
C	<0.35	<0.5	<0.65	≥0.65

5.2　不同经济发展情景下的节能减排潜力分析

按三种情景来预测长江上游经济带的二氧化碳减排潜力。年均 GDP 增长率被视为 2024～2030 年长江上游经济带二氧化碳减排潜力预测的指标。长江上游经济带年度 GDP 分别在低增长、中增长和高增长情景中 2021～2030 年 GDP 预测数值，如表 5-3～表 5-5 所示。其中，为了保证

数据来源的一致性，现有的国家统计年鉴更新至 2022 年，因此 2021～2022 年的 GDP 为实际值。

表 5-3　三种情景的长江上游经济带的经济增长趋势（%）

情景	年均 GDP 增长率	
	2021～2025 年	2026～2030 年
低增长情景	5.5	5.0
中增长情景	6.0	5.5
高增长情景	6.5	6.0

表 5-4　三种情景的 2021～2025 年长江上游经济带的 GDP 预测值　（单位：亿元）

情景	2021 年	2022 年	2023 年	2024 年	2025 年
低增长情景	128785.50	133752.80	141109.20	148870.21	157058.07
中增长情景	128785.50	133752.80	141777.97	150284.65	159301.72
高增长情景	128785.50	133752.80	142446.73	151705.77	161566.64

表 5-5　三种情景的 2026～2030 年长江上游经济带的 GDP 预测值　（单位：亿元）

情景	2026 年	2027 年	2028 年	2029 年	2030 年
低增长情景	164910.98	173156.52	181814.35	190905.07	200450.32
中增长情景	168063.32	177306.80	187058.68	197346.90	208200.98
高增长情景	171260.64	181536.28	192428.46	203974.17	216212.62

本书基于以下假设估算二氧化碳减排的潜力：当该地区的二氧化碳排放量高于全国平均水平且满足国家要求时，二氧化碳排放量高出国家水平的这部分就是减少排放的潜力。二氧化碳减排潜力按照以下公式计算：

$$PE_n = GX_n(CI_n - D_n) \tag{5-6}$$

式中，PE_n 为长江上游经济带第 n 年的二氧化碳减排潜力；GX_n 为长江上游经济带第 n 年的 GDP；CI_n 为长江上游经济带第 n 年的碳排放强度；D_n 为中国第 n 年的碳排放强度。

$$CI_n = CE_n \frac{1}{GX_n} \tag{5-7}$$

$$D_n = CF_n \frac{1}{GY_n} \tag{5-8}$$

式（5-7）中，CE_n 为长江上游经济带第 n 年的二氧化碳排放量；GX_n 为长江上游经济带第 n 年的 GDP。式（5-8）中，CF_n 为中国第 n 年的二氧化碳排放量；GY_n 为中国第 n 年的 GDP。

　　2021～2030 年,中国 GDP 预测值如图 5-3 所示,保持每年递增的趋势,其中 2021～2023 年为实际数值。以中国 2000～2020 年的实际二氧化碳排放量为基准,运用 5.1 节中的灰色模型对中国二氧化碳排放量做预测,2000～2030 年中国二氧化碳排放总量的趋势如图 5-4 所示,整体保持上升趋势。

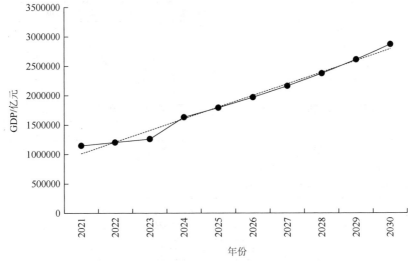

图 5-3　2021～2030 年中国 GDP 预测值

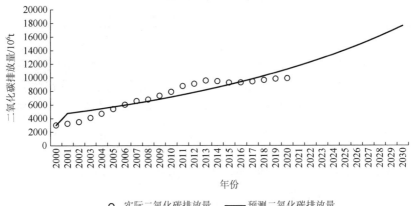

○　实际二氧化碳排放量　——　预测二氧化碳排放量

图 5-4　2000～2030 年中国二氧化碳排放总量的趋势

　　表 5-6 是在三种经济发展情景下的长江上游经济带二氧化碳减排潜力预测值。本书的三个情景代表着不同的发展路径。为了实现共同的经济社会发展目标,在发展过程中对能源消费量控制和能源结构优化程度不同,二氧化碳排放总量也会有所差别,不同情景之间在能源消费和二氧化碳排放量之间的差异形成了不同发展道路之间的节能减排潜力差异,其在不同

时间阶段、不同部门、不同路径等方面表现出不同的特征。从数据结果可以看出，减排潜力是低增长情景＞中增长情景＞高增长情景。高增长情景意味着经济发展迅速，全国各地的排放量都会增加。高增长情景下，大量基础设施和高碳产业快速建设，可能导致对化石能源的依赖程度加深，形成"碳锁定"效应。这使得未来减排的难度和成本加大，从而限制了减排潜力的发挥。经济发展较快地区的排放量基数较大，其增长速度可能更快，从而导致全国平均水平提高的速度也更快。因此，即使高增长情景下该地区的排放量有所减少，但由于全国平均水平提高更快，超过全国平均水平的部分（即减排潜力）可能反而减少。低增长情景下，经济发展压力较小，政府和企业有更多资源和精力投入到环保和减排工作中。例如，可以更积极地推动产业结构调整、能源结构优化、节能减排技术研发等措施，从而实现更大的减排量。低增长情景下，经济活动水平较低，能源需求增长较慢，从而导致碳排放增长也较慢。这使得即使该地区的排放量有所增加，但由于增速较慢，超过全国平均水平的部分（即减排潜力）仍可能较大。

表 5-6　三种经济发展情景下的长江上游经济带二氧化碳减排潜力预测值（单位：10^6t）

年份	低增长情景	中增长情景	高增长情景
2021	−255.27	−255.27	−255.27
2022	−263.17	−263.17	−263.17
2023	−296.27	−303.08	−309.89
2024	−42.43	−54.08	−65.78
2025	−3.32	−20.92	−38.68
2026	43.30	19.76	−4.11
2027	91.68	62.17	32.10
2028	141.87	106.36	70.01
2029	193.93	152.41	109.69
2030	247.95	200.38	151.21

5.3　基于环境压力模型的分区域碳排放趋势分析

5.3.1　环境压力模型的建立

IPAT[environmental impact（I）、population（P）、affluence（A）、technology（T）]模型于 20 世纪 70 年代（Ehrlichp et al.，1971）提出，用于研究人口、

经济和技术因素对环境压力的影响，应用广泛，其具体表达式为

$$I = P \times A \times T \tag{5-9}$$

式中，I 为环境压力，包含资源、能源等的消耗及温室气体排放等；P 为人口规模；A 为富裕程度，即经济发展水平；T 为技术水平。

然而，IPAT 模型具有一定的局限性，其默认不同因素对环境压力的贡献相同，为了克服该模型的局限性，Dietz 等（1994）在 IPAT 模型的基础上提出了可拓展的随机性的环境影响评估（STIRPAT）模型，其表达式为

$$I = aP^b A^c T^d e \tag{5-10}$$

式中，I 为环境压力（本书以二氧化碳排放量表征环境压力）；P 为人口规模；A 为富裕程度；T 为技术水平；a 为模型系数；b、c、d 分别为 P、A、T 的弹性系数；e 为随机误差项。在实证分析中，一般对表达式两边取对数，其具体表达式为

$$\ln I = \ln A + b\ln P + c\ln A + d\ln T + \ln e \tag{5-11}$$

该模型拒绝了单位弹性假设，增加了随机性，便于实证分析。同时，STIRPAT 模型还可以增加城镇化、产业结构和能源结构等多种对环境压力有影响的因素，在定量碳排放与各影响因素间的关系时应用最为广泛，该模型常用于研究碳排放相关问题。

本书选取社会发展变量和能源减排变量作为影响碳排放的因素，同时考虑到经济发展水平和碳排放之间的关系，将经济发展水平分解为一次方项来考察经济发展水平与碳排放之间的关系，变量说明详见表 5-7，构建如下扩展的 STIRPAT 模型，其表达式为（5-12）。

$$\ln I = \ln a + b\ln P + c\ln A + d(\ln A)^2 + f\ln U + g\ln \mathrm{IS} + h\ln \mathrm{EI} + j\ln \mathrm{ES} + \ln e \tag{5-12}$$

表 5-7　相关变量说明

变量	说明	单位/元
二氧化碳排放量（I）	能源相关二氧化碳排放量	10^6t
人口规模（P）	年末常住人口	万人
人均 GDP（A）	GDP/年末常住人口	元
城镇化率（U）	城镇常住人口占总人口比重	%
产业结构（IS）	第二产业占 GDP 比重	%
能源强度（EI）	单位 GDP 消耗的能源量	t 标准煤/万元
能源结构（ES）	煤炭消费量占能源消费总量的比重	%

5.3.2　预测结果分析

1. 主要省市碳排放预测结果分析

1）四川省

本书综合考虑经济逆全球化等形势对各因素的影响，设置人口规模、人均 GDP、城镇化率、产业结构、能源强度和能源结构这六个影响因素，其变化率设置了每三年一变化的情景值。根据《四川省国民经济和社会发展第十四个五年规划和二〇三五年远景目标纲要》中的发展指标和中国发展规划进行设定。2020 年以后影响因素变化率按照人口、能源、城镇化等相关政策及历史数据趋势进行设定。

从人口变化率来看，2020 年，四川省常住人口共 8371 万人，与 2010 年第六次全国人口普查相比，常住人口增加 326 万人，增长 4.05%，年平均增长率为 0.4%。未来受三孩政策和成渝地区双城经济圈的影响，年均增长率必定有所增加。Chen 等（2023）研究表明 2028 年四川省人口总数将会增至 8919.12 万人，与 2020 年相比年均增长率增加到 0.7%。因此规划情景下在人口达到 8900 万之前情景值定为 0.7%，之后逐步减少情景设置为下降 0.2%。低碳情景下，人口增长情况相比于基准情景减少 0.05%，人口峰值出现年份也会相对提前，详细变化率见表 5-8。

表 5-8　人口变化率（%）

人口	2021～2023 年	2024～2026 年	2027～2029 年	2030～2032 年	2033～2035 年
规划	0.7	0.7	0.7	0～-0.2	-0.2
基准	保持近 5 年的平均变化率（0.4）				
低碳	0.65	0.65～0	-0.2	-0.2～-0.15	-0.15

从人均 GDP 变化率来看，根据以往人均 GDP 变化可知，人均 GDP 一直处于增长状态，从 2010 年的 21230 元增加至 2020 年的 58009 元。要想达到"十四五"规划目标，人均 GDP 基准情景应为 8.5%。低碳情景下人均 GDP 会保持增长，但是增速变缓。白重恩和张琼（2017）的预测结果显示：中国未来各时期的潜在经济增长率分别为：2021～2025 年达到 5.57%，设定低碳情景的变化值为 7.5%。受预计我国 2035 年人均 GDP 达到中等发达国家发展水平的影响，在一定范围内设置其不同时间的变化率，详细变化率见表 5-9。

表 5-9　人均 GDP 变化率（%）

人均 GDP	2021～2023 年	2024～2026 年	2027～2029 年	2030～2032 年	2033～2035 年
规划	8.5	8.55	8.6	8.7	7
基准	保持近 5 年的平均变化率（9.4）				
低碳	7.5	7.55	7.7	6.2	5

　　从城镇化率来看，四川省历年城镇化水平稳步提高，2011～2015 年年均增长率为 3.5%。2016～2020 年约为 3.5%，2020 年城镇化率达到了 56.7%，《四川省国民经济和社会发展第十四个五年规划和二〇三五年远景目标纲要》提出，到 2025 年城镇化率预计达到 60%，由四川省发展和改革委员会提供的相关目标规划显示，2030 年、2035 年城镇化率目标规划值为 65%、70%。以此制定规划情景下相关变化率。规划情景下初始变化率为 1.2%，低碳情景初始变化率为 1%，详细变化率见表 5-10。

表 5-10　城镇化率变化率（%）

城镇化率	2021～2023 年	2024～2026 年	2027～2029 年	2030～2032 年	2033～2035 年
规划	1.2	1.3	1.5	1.5	1.49
基准	保持近 5 年的平均变化率（3）				
低碳	1	1.2	1.7	1.5	1.2

　　从产业结构来看（中间基准变化率），产业结构以第二产业对 GDP 贡献率的比值表示。2016～2019 年第二产业占比年均下降 5.89%，《2050 中国能源和碳排放报告》指出，中国第三产业占比将在 2050 年接近发达国家水平，达到 65%～70%。四川省的第一产业占比历年变化不明显，取均值 11%。中国贸促会发布了《2020 中国服务贸易行业发展研究报告》，预测到 2025 年，中国服务业增加值占 GDP 的比重将达到 60%。第三产业 2025 年目标占比达到 60%，所以，第二产业占比年均变化率约为–4%。受到疫情的影响，近几年产业结构变化放缓，所以设定规划情景下产业结构下降 2%。后期疫情影响逐步减小，四川省将加快产业转型。2035 年中国第三产业占比将达到中等发达国家发展水平，达到 75%～80%，以此制定相关变化率。低碳情景下，四川省应尽快调整产业结构，以实现低碳发展，所以变化率调整为–10%，详细变化率见表 5-11。

表 5-11 产业结构变化率（%）

产业结构	2021～2023 年	2024～2026 年	2027～2029 年	2030～2032 年	2033～2035 年
规划	−2	−3	−4	−10	−2
基准	保持近 5 年的平均变化率（−3.6）				
低碳	−10	−12	−8	−1	−0.5

从能源强度来看，本书中能源强度指的是单位 GDP 能源消费量。根据四川省发展和改革委员会提供的规划数据，"十四五"能源强度降幅为14.5%，因此，规划情景下定初始变化率为−2.5%。2030 年之前需要达到目前世界平均水平，2050 年达到世界先进水平，以此制定年份之间的不同变化率。低碳情景下，将目标提前 5 年，即 2025 年达到目前世界平均水平，中国能源强度是世界平均水平的 1.8 倍，以此明确低碳发展情景下的变化率为−4%，详细变化率见表 5-12。

表 5-12 能源强度变化率（%）

能源强度	2021～2023 年	2024～2026 年	2027～2029 年	2030～2032 年	2033～2035 年
规划	−2.5	−4	−4.5	−5.5	−3.5
基准	保持近 5 年的平均变化率（−1.84）				
低碳	−4	−5	−6	−5	−1

从能源结构来看，四川省煤炭消费比重低于全国水平，能源转型发展成效显著，煤炭不再占据主导地位。四川省煤炭占比已经处于较优水平。四川省发展和改革委员会资源节约和环境保护处预计 2025 年，四川省煤炭占比为 21.7%。以此制定规划情景下变化率为 11%，低碳情景下为 12.5%。《世界能源展望》报告中显示，中国能源结构煤炭占比将从 60%降至 35%，综合国家煤炭发展战略以及四川未来经济社会发展需求，对煤炭在四川能源消费结构中的比重制定相关变化率，详细变化率见表 5-13。

表 5-13 能源结构变化率（%）

能源结构	2021～2023 年	2024～2026 年	2027～2029 年	2030～2032 年	2033～2035 年
规划	−11	−12	−13	−12	−9
基准	保持近 5 年的平均变化率（−9）				
低碳	−12.5	−13	−13.5	−12	−9

根据四川省 2010～2020 年碳排放数量值及相关变量数据进行岭回归拟合得到环境压力模型具体参数值，其具体表达式（5-13）。

$$\ln I = 5.8360 \ln a + 0.0344 \ln P + 0.1030 \ln A + 0.0027 (\ln A)^2 \\ + 0.1879 \ln U + 0.1267 \ln \text{IS} + 0.1440 \ln \text{EI} + 0.0457 \ln \text{ES} \qquad (5-13)$$

为了确保模型能准确预测四川省碳排放量情况，需验证模型的有效性，将 2010～2020 年各自变量的值代入式（5-13）进行模型误差检验，得到的环境压力模型预测值与实际值对比结果如图 5-5 所示。结果显示，模型预测值与实际值的年平均误差为 3.4%，数据拟合度较好。

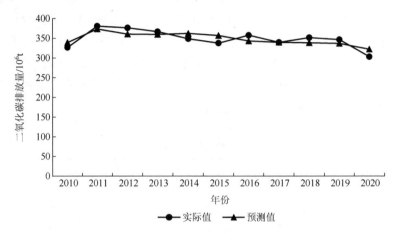

图 5-5　四川省 2010～2020 年二氧化碳碳排放模型预测值与实际值对比图

预测结果显示，规划情景下，二氧化碳排放预计在 2029 年左右出现排放最高点，为 3.63×10^8 t。分产业看：第一产业整体碳排放量数值较低，影响较小；在规划情景下，第二产业碳排放量在 2026 年左右达到排放最高点，为 2.6134×10^6 t；第三产业未出现明显排放最高点，主要由于第三产业比例逐年增加；居民生活碳排放量未出现排放最高点，上升速度较快，主要由于四川省城镇化率持续提高，城市基础设施建设力度增强，城市人口密度不断增大，对交通工具、住房和能源消费等需求的增长，未来城市碳排放总量会不断增加。到 2025 年、2030 年、2035 年，第一产业、第二产业、第三产业和居民生活二氧化碳排放比例分别为 1.6∶71.8∶17∶9.6、2.8∶63.5∶21.8∶11.9、4.2∶49.4∶27.3∶19.1。低碳情景下，则会在 2025 年左右达到排放最高点后逐渐下降。基准情景，在预测年份中一直下降，但是后期将会超过规划情景，因此规划情景更适合四川省未来发展（图 5-6）。

四川省仍处于产业结构调整升级和城市化进程中，在实现绿色低碳发展道路上面临一系列的挑战。相关决策部门面临如何系统性推动能源

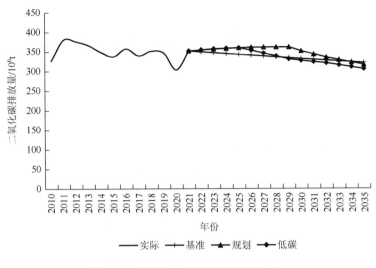

图 5-6　四川省二氧化碳排放预测结果

数据统计，如何在经济增速维稳的情况下，努力推动产能结构变化和人口结构转型的问题。在生产领域，第一产业需大力发展绿色低碳循环农业；第二产业需着力调整产业结构，推进能源绿色低碳转型，加强绿色低碳技术攻关；第三产业需建设绿色低碳交通运输体系，发展节能低碳建筑；居民生活领域要着力推行绿色低碳生活方式，助力高质量建设成渝地区双城经济圈，实现经济社会全面绿色转型。

2）重庆市

重庆市的情景设定中人口、人均 GDP、城镇化率、产业结构均按照重庆市未来发展规划制定，能源强度和能源结构则是按照完成国家下达约束性指标来制定。基准情景由近五年的变化率确定，规划情景则依据规划政策制定，低碳情景则是在规划情境下进行比例调整，具体变化率制定如表 5-14 所示。

表 5-14　重庆市二氧化碳排放预测情景设定值（%）

情景		2021～2023 年	2024～2026 年	2027～2029 年	2030～2032 年	2033～2035 年
人口	规划	1	1.1	1.2	1.1	1
	基准	保持近五年的变化率不变（0.89）				
	低碳	1.2	1	0.9	0.89	0.89
人均 GDP	规划	5	7	9	5	3
	基准	保持近五年的变化率不变（8.3）				
	低碳	7	9	5	5～3	3
城镇化率	规划	0.84	0.86	0.88	0.82	0.8
	基准	保持近五年的变化率不变（2.5）				
	低碳	1.2	1.4	0.88	0.86	0.84

续表

情景		2021～2023年	2024～2026年	2027～2029年	2030～2032年	2033～2035年
产业结构	规划	-2	-3	-4	-10	-2
	基准	保持近五年的变化率不变（-2.3）				
	低碳	-10	-12	-8	-1	-0.5
能源强度	规划	-2.5	-4	-4.5	-5.5	-3
	基准	保持近五年的变化率不变（-6.7）				
	低碳	-4	-5	-6	-5	-1
能源结构	规划	-2	-4	-6	-3	-2
	基准	保持近五年的变化率不变（-2.2）				
	低碳	-6	-4	-3	-1	-1

资料来源：《重庆市人口发展规划（2016—2030年）》《重庆市国民经济和社会发展第十四个五年规划和二〇三五年远景目标纲要》《重庆市新型城镇化规划（2021—2035年）》《世界能源展望》等。

预测结果显示，2027年之前基准二氧化碳排放值明显大于其他两种情景，随后几年的状态与规划情景相同。而低碳情景下，重庆市二氧化碳排放将一直处于低位，该情景中的变量变化都集中在了2025年之前，且变化率较大，实施难度比较高。规划情景之下，2030年碳排放值最大，达到 $157.28×10^6t$。要想促进社会绿色低碳转型，需要在2030年之前调整产业结构和能源结构（图5-7）。

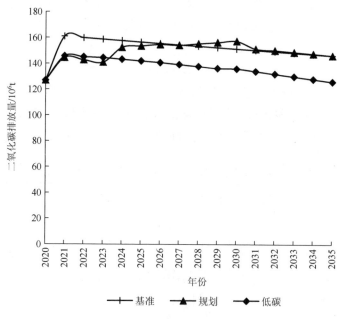

图5-7 重庆市二氧化碳排放预测结果

3）云南省

云南省的情景设定中人口、人均 GDP、城镇化率、产业结构均按照云南省未来发展规划制定，能源强度和能源结构则是按照约束性完成国家下达指标来制定。基准情景由近五年的变化率确定，规划情景则是依据规划政策制定，低碳情景则是在规划情景下进行比例调整，具体变化率制定如表 5-15 所示。

表 5-15　云南省碳排放预测情景设定值（%）

情景		2021～2023 年	2024～2026 年	2027～2029 年	2030～2032 年	2033～2035 年
	规划	0.46	0.48	0.49	0.3	0.2
人口	基准	保持近五年的变化率不变（0.25）				
	低碳	0.49	0.48	0.46	0.2	0.1
	规划	7	8	8.5	7	6.5
人均GDP	基准	保持近五年的变化率不变（10）				
	低碳	8	8.5	6	5.5	5
	规划	0.4	0.45	0.48	0.35	0.1
城镇化率	基准	保持近五年的变化率不变（3）				
	低碳	0.48	0.45	0.35	0.25	0.15
	规划	−1.6	−2.4	−2.5	−1.5	−1
产业结构	基准	保持近五年的变化率不变（−1.6）				
	低碳	−2.5	−2	−1.5	−1	−1
	规划	−2.5	−4	−4.5	−5.5	−3
能源强度	基准	保持近五年的变化率不变（−7）				
	低碳	−6	−5	−4	−3	−1
	规划	−2	−4	−6	−3	−2
能源结构	基准	保持近五年的变化率不变（−3）				
	低碳	−6	−4	−3	−1	−1

资料来源：《云南省国民经济和社会发展第十四个五年规划和二〇三五年远景目标纲要》《世界能源展望》等。

预测结果显示，三种情景下 2021 年的排放都有所上升。云南省在规划情景下，碳排放将在 2032 年达到最高点，约为 $2.1529 \times 10^8 t$，随后会有一个明显的下降，主要是因为人均 GDP 有明显的下降，且能源强度也明显降低。基准情景下，从 2021 年起，碳排放会处于一个一直下降的状态，如何保持现有碳排放程度不变，同时使得经济得以发展，是云南省亟待解决的问题。低碳情景则一直处于低位，在该情景中，产业结构和能源结构调整力度较大，因此云南省需发挥自身优势，提升第三产业的占比，带动经济发展的同时，稳定碳排放的输出（图 5-8）。

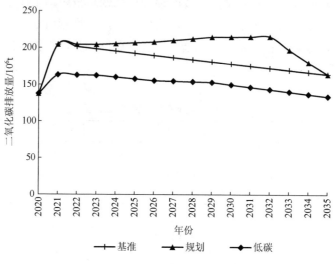

图 5-8　云南省二氧化碳排放预测结果

4）贵州省

贵州省的情景设定中人口、人均 GDP、城镇化率、产业结构均按照贵州省未来发展规划制定，能源强度和能源结构则是按照约束性完成国家下达指标来制定。基准情景由近五年的变化率确定，规划情景则是依据规划政策制定，低碳情景则是在规划情境下进行比例调整，具体变化率制定如表 5-16 所示。

表 5-16　贵州省碳排放预测情景设定值（%）

情景		2021～2023 年	2024～2026 年	2027～2029 年	2030～2032 年	2033～2035 年
人口	规划	0.75	0.8	0.85	0.55	0.5
	基准	保持近五年的变化率不变（0.8）				
	低碳	0.85	0.8	0.65	0.6	0.5
人均GDP	规划	9	12	13	8	7.5
	基准	保持近五年的变化率不变（10）				
	低碳	13	12	9	8.5	8
城镇化率	规划	3	3.5	4	2	1.5
	基准	保持近五年的变化率不变（4）				
	低碳	4	3.5	2	1	1

续表

情景		2021~2023 年	2024~2026 年	2027~2029 年	2030~2032 年	2033~2035 年
产业结构	规划	1.35	1.4	1	−1	−1.5
	基准	保持近五年的变化率不变（−1.8）				
	低碳	1	−2	−1.5	−1	−1
能源强度	规划	−2.5	−4	−4.5	−5.5	−3
	基准	保持近五年的变化率不变（−8）				
	低碳	−4	−3.5	−2.5	−2	−1.5
能源结构	规划	−5	−6	−7	−6.5	−5
	基准	保持近五年的变化率不变（−7）				
	低碳	−7	−6.5	−6	−5	−4.5

资料来源：《贵州省"十四五"新型城镇化发展规划》《贵州省国民经济和社会发展第十四个五年规划和 2035 年远景目标纲要》。

　　预测结果显示，贵州省三种情景的态势与重庆市相似，但是由于区域发展类型的不同，预测年限并不相同。在规划情景下，贵州省将于 2029 年达到预测年限中排放最高点 2.5335×10^8t。低碳情景和基准情景都处于一个逐年下降的状态，但基准情景变化幅度并不明显。按照现有的发展，贵州省的二氧化碳排放将一直处于现在的状态，并不利于长远社会可持续发展目标的实现。因此从变量角度来看，需要调整能源结构和城市化进程，保证社会经济发展的同时，实现贵州省的绿色低碳发展（图 5-9）。

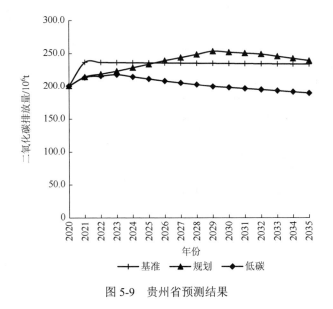

图 5-9　贵州省预测结果

2. 主要城市碳排放预测结果分析

本书研究区域涉及 18 个主要城市（自治州），范围跨度较广，因此设定情景变化为基准情况进行预测，即保持近五年的变化率不变。预测结果如表 5-17 所示。

表 5-17　主要城市（自治州）碳排放预测值

年份	乐山	自贡	泸州	宜宾	广元	德阳	攀枝花	绵阳	眉山
2021	23.27	9.42	23.79	27.49	15.92	14.45	47.14	14.84	20.83
2022	21.94	10.12	25.17	27.71	15.82	15.56	43.08	15.08	20.67
2023	20.68	10.88	26.64	27.95	15.72	16.77	39.36	15.32	20.51
2024	19.49	11.70	28.19	28.18	15.62	18.08	35.96	15.57	20.36
2025	18.37	12.58	29.85	28.43	15.53	19.49	32.85	15.82	20.20
2026	17.30	13.53	31.60	28.67	15.44	21.02	30.00	16.08	20.04
2027	16.30	14.55	33.47	28.92	15.34	22.68	27.40	16.35	19.89
2028	15.35	15.65	35.44	29.18	15.26	24.48	25.02	16.62	19.73
2029	14.45	16.83	37.55	29.44	15.17	26.42	22.85	16.90	19.57
2030	13.61	18.10	39.78	29.71	15.08	28.53	20.86	17.18	19.42
2031	12.81	19.47	42.15	29.98	15.00	30.82	19.05	17.47	19.26
2032	12.06	20.94	44.68	30.26	14.91	33.30	17.39	17.76	19.11
2033	11.35	22.53	47.36	30.54	14.83	36.00	15.87	18.06	18.95
2034	10.67	24.23	50.21	30.83	14.75	38.92	14.48	18.37	18.80
2035	10.04	26.07	53.24	31.12	14.68	42.09	13.22	18.69	18.65
年份	甘孜	遂宁	成都	内江	雅安	资阳	昆明	遵义	贵阳
2021	1.11	10.95	93.10	23.35	4.70	3.64	48.14	41.36	27.07
2022	1.09	11.50	87.61	21.27	4.90	3.42	48.40	41.68	27.89
2023	1.07	12.07	82.44	19.37	5.11	3.22	48.65	42.01	28.73
2024	1.05	12.66	77.58	17.64	5.32	3.03	48.91	42.34	29.59
2025	1.03	13.29	73.01	16.06	5.54	2.85	49.17	42.66	30.48
2026	1.01	13.95	68.70	14.63	5.77	2.68	49.42	43.00	31.39
2027	0.99	14.65	64.65	13.32	6.01	2.52	49.68	43.33	32.33
2028	0.97	15.37	60.83	12.13	6.26	2.37	49.94	43.67	33.30
2029	0.95	16.14	57.24	11.04	6.53	2.23	50.19	44.01	34.29
2030	0.94	16.94	53.86	10.05	6.80	2.10	50.45	44.35	35.31
2031	0.92	17.78	50.68	9.15	7.08	1.98	50.71	44.69	36.36
2032	0.91	18.67	47.69	8.33	7.37	1.86	50.96	45.17	37.44
2033	0.89	19.60	44.87	7.58	7.68	1.75	51.22	45.64	38.51
2034	0.88	20.57	42.22	6.90	8.00	1.64	51.48	46.11	39.62
2035	0.86	21.60	39.72	6.28	8.29	1.54	51.73	46.60	40.73

城市随着自身发展的不同，碳排放预测结果也有很大的差异。其中，未来排放变化不明显的城市（自治州）有广元、甘孜等。明显下降的城市多为转型城市和服务业城市，如乐山、攀枝花、成都、内江等。同时有一些城市，随着城市化和工业化进程的推进，将会出现明显的上升，如泸州、宜宾、遂宁、昆明、遵义、贵阳。长江上游经济带需因地制宜地提出不同城市类型的低碳发展政策，从而促进区域协调发展。

3. 长江上游经济带碳排放预测结果分析

由云南省、贵州省、四川省、重庆市的计算数据可以发现，长江上游经济带基准情景和低碳情景的排放情况相似度较高，一直处于下降的状态。但也能发现，2035 年之后基准情景的碳排放量将超过其他两种情景。该现象表明按照现有的发展模式，长江上游经济带的碳排放即使处于下降的状态，从长远来看也并不是最优的发展路径。长江上游经济带处于我国西部地区，亟须找到经济发展与低碳发展的平衡点。从规划情景可以看出，碳排放最高点将会出现在 2029 年，为 $9.86 \times 10^8 t$。随后的 3～4 年，排放量均处于高位，直至 2032 年才有明显下降的趋势。概言之，实现可持续发展目标，有序推进长江上游区域低碳发展，需切实有效解决长江上游区域在产业、能源和绿色技术创新方面存在的问题，探寻适合长江上游经济带的产业基础、资源禀赋的低碳发展路径。

5.4　低碳发展路径分析

由本书的区域碳排放计算结果可以看出，能源消费和二氧化碳排放会随着时间变化而呈现不同特征的变化；产业是碳排放的载体，能源是碳排放源。四川省低碳发展的根本出路在于建立有效基础设施，扩大能效投资，提高四川省全区域能源使用效率；重庆市低碳发展的消费总量、消费结构、能源投入产出效率、低碳利用效能、化石能源废弃物排放等存在的问题，需要从能源消费结构优化、新能源开发、化石能源清洁利用技术、政策管理创新等角度进行改善；云南省通过加大节能减排投入，加快淘汰落后产能步伐，充分发挥市场机制作用，突出抓好传统工业产业的节能减排，严格落实目标责任制，培育节能环保服务市场等措施，有力地促进了区域低碳经济的发展；贵州省经济在全国处于比较落后的水平，贵州要在较短的时期内赶超东部地区就必须在发展模式上进行一些探索。但要避免走东部地区的老路，在保护环境的前提下谋求跨越式发展。因此，实现长江上游经济带低碳发展的路径需要考虑区域异质性下的不同产业部门的发展。

要实现区域低碳发展路径，政府部门需要提前部署产业能源发展情景，努力深化改革，协同推进区域间产业发展，全面地推动重点领域，如建筑、交通、能源等的低碳发展。

5.4.1　2020年前低碳发展进程

2014～2020年长江上游经济带地区生产总值年均增长率为9.8%。三次产业结构发生巨大的改变，第三产业的比重逐步提升，高耗能产业比重显著降低。截至2020年常住人口城镇化率在45.41%左右。

工业部门在整个能源消费中占比最大。工业能源消费增长率落后于建筑和交通运输部门，建筑和交通运输部门成为新兴能源消费增长领域。工业部门，建筑和交通领域作为节能减排的主要潜力也不能被忽视。要在2020年之前达到节能减排的第一个目标就要优化发展模式，在节能减排中积极优化工业结构。同时，提高能源供给结构的清洁化、低碳化。

这一阶段，低碳发展的基本思想是：加速低碳发展方式的转变、抑制高碳产业的发展、减缓碳排放量的迅速增长，使经济发展的同时，二氧化碳排放强度明显下降。着重于产业结构优化，促使淘汰落后产能的脚步加快，推进发展新型战略性产业和服务业的进程，将工业化和信息化进一步融合；重视生产力空间布局的优化，避免长途能源运输，坚持新型城市化，抑制高碳发展带来的"锁定效应"；最后需要对能源结构进行优化，进一步增加非化石能源的比重，加大"控煤提气"的力度。在一些经济较好的区域和一些工业部门，要严格控制碳排放量。

1. 以转变工业发展方式为核心，优化产业结构

到2020年，工业部门仍保持高速发展，以2010年为基准的工业增加值翻了一番。受市场供求关系的影响，传统高耗能行业，如钢铁、水泥等产量逐步达到高峰，淘汰部分过剩产能，并对剩余产能进行改造，加快发展低能耗、高附加值战略性新兴产业，高耗能产业与其他工业产业能源与增加值比重倒挂的结构发生松动。工业化和城市化的协调发展，与信息化相结合，工业和服务业的发展相结合，工业部门由注重规模转向注重质优，到2020年，单位工业增加值能耗较2010年降低42.43%。在此期间，工业部门的节能减排工作主要有以下三个方面。

1）重点抓好高耗能产业节能低碳

21世纪以来，高耗能产业的快速发展，使得能源消费有所增加。对于

长江上游经济带来说，未来高耗能产业的发展将会成为工业能源消费的关键。要充分发挥市场调控功能，减少强制性政策约束，提升产业活力。完善政策标准体系，推进技术水平进步，逐步取消规模论，使得"落后"产业科学合理地被淘汰。

要推动能源密集型企业的节能改造，深化能源效率提升，降低主要产品的能耗。进一步完善节能标准体系，提升关键产品能源消费指标的及时性，进一步实施工业"领跑者"制度，强化企业节能技术的运用和"对标"的方法；进一步健全能源定价机制，充分利用政府"有形的手"、市场"无形的手"等优势，积极推动企业节能减排；环境成本的体系进一步完善，提高环保要求，降低环保的成本，从企业源头注重环保，运用节能技术使得能耗降低，实现节能的同时达到环保目的；转变投资方式和管理制度，改变以投资带动经济发展为主、盲目投资、重复建设为有效遏制、城乡建设模式发生变化。对"大拆大建"进行把控，使建筑物和基础设施的质量水平得到有效提高和使用寿命延长。转变消费模式，制止浪费行为，协同发展扩大消费需求和倡导合理适度、符合国情需求的低碳消费模式，对内需与绿色低碳发展之间的关系进行妥善处理。

2）着力发展战略性新兴产业和生产性服务业

在工业部门结构优化过程中重点发展非高耗能产业。综上所述，长江上游经济带已经进入工业化的中后期，在工业化完成后，产业格局有望发生较大的变化，工业的支柱产业主要以新兴产业和低能耗、高附加值产业为核心。2020 年之前，长江上游经济带仍处于工业化建设的加速时期，主要以长江上游经济带的具体情形和科技、产业为基础，发展信息技术、生物医药、新能源、新材料和新能源汽车等战略性新兴产业，加强科技创新的力度，进一步提升产业核心竞争力，提高培育市场的积极性，大力促进七大新兴产业发展。工业和服务业融合发展是我国产业结构优化的一个重要方面。加强面向工业生产的现代服务业发展，注重产业设计和研究开发，强化具有较强竞争力的专业研究服务机构，将科技成果向企业的实际应用转化。

3）优化产业空间布局

产业结构不合理是造成产能过剩、产业资源配置不合理、要素利用率低的主要原因。在尽量缩小长江上游各省市的经济发展差距前提下，充分发挥各地区的比较优势，注重重大生产力的合理布局，形成合理分工、优势互补、相互促进的发展新格局。

（1）推动创新型产业向长江上游的有序转移。随着长江经济带的产业从东部沿海地区转移到长江上游,长江上游地区的工业发展水平逐渐提高。注重长江上游经济带发展环境改善,引导长江经济带外大企业和创新型中小企业到长江上游经济带投资发展。

(2)以园区为载体,推动产业集聚发展。创建一批低碳工业园区(其主要特征是产业集聚),使其成为走在全国前列的产业示范基地。以产业升级、自主创新、节能减排、质量品牌建设等为主,提升工业园区整体质量和水平。

(3)注重重大生产力布局调整优化。在工业园区、产业集聚区的基础上,考虑长江上游经济带消费市场、运输半径、资源禀赋、环境容量等因素的综合性,合理地调整优化重大生产力布局。将有色金属、建材等产业向主要消费区和资源、能源供应地进行聚拢,适当地减少资源、产品跨区域大规模调动。

2. 推动新型城镇化,着力遏制建筑领域能源消费过快增长

加快城市化步伐,加快第三产业发展,保障全国建筑总面积稳定增长。2010~2020 年我国每年新增近 2000 万城市居民,致使能源需求随之增加。随着我国城镇居民生活水平逐步提高,额外能源服务需求也增大,导致城镇住宅能耗增长。目前,我国城市发展规模化加速,出现了众多城市群和城市带。商业、公共建筑面积和能源消费增长加速,在这个时间段内城镇建筑能源消费总量快速增长成为重大特征。实行集约、高效、绿色的新型城镇化模式,必须要重视建筑领域能源消费过快问题。在此情况下,建筑部门节能减排的重点包括以下四个方面。

1)合理控制新建建筑规模

要正确引导住房需求,控制城镇住宅用地的过度扩张。居民生活用能需求与建筑面积呈正相关关系,随着建筑面积的不断增长,生活能源需求也增大。长江上游地区人均土地资源较少,农业用地不足。随着工业化、城镇化进程的加快,长江上游地区的城市用地将更加紧缺,应对住宅需求进行合理引导,发展多元化住房供应体系,满足不同层次的住房需求,鼓励绿色建筑和节能住宅的发展,加大保障性住房建设力度,引导房地产市场健康发展。

现有建筑的使用效率对建筑面积的增长也有影响。当前的情况是:一方面,大量农民工进入城市,但他们的住房需求无法得到满足;另一方面,我国城镇住宅存在着大量闲置的现象,造成了严重的资源浪费。西南财经大学中国家庭金融调查与研究中心发布的报告显示:我国城市空置房屋数量在 2017 年达到 6500 万套，空置率达到了 21.4%。有空置住房的家庭未偿抵押贷款占抵押贷款总额的 47.1%；城市住宅需求不足，供应过剩成了各城市的普遍现象。

另外，我国较多建筑使用年限为 30～50 年，如果大拆大建可能造成资源浪费。应引导地方经济发展方式转型，从"土地"城镇化转变为"人"的城镇化，解决城镇化过程中的产业配套问题。合理地控制固定资产的投资规模和方向，并根据长江上游流域不同地区建筑的具体情况，进行报废制度研究。一方面，改善建筑材料的强度和性能，延长建筑物的使用寿命。另一方面，针对少数人持有多套住宅和豪华住宅的现象，制定增加住宅持有成本的政策，减少房屋空置率，以提高建筑的利用率。

2）推行更为严格的节能建筑标准

相对于延长建筑物的使用寿命，总体能耗水平主要是由其建设初期的节能标准决定的。随着建筑总面积的不断增长，建筑领域的能源消费也将增加。因此，在建筑节能方面，必须坚持执行严格的节能建筑规范，这对于推动建筑行业节能减排具有长期性和持久性的作用。

要使长江上游地区的建筑节能标准得到进一步的提升，就需要制定节能建筑标识制度、既有住宅建筑节能改造制度、建筑节能体系运行管理制度、新建建筑市场准入制度，推广节能技术、材料、产品，采取所得税优惠、按用热量计价收费机制等。

节能建筑设计标准必须严格执行，要加强对建筑节能标准执行的监督和处罚力度，并鼓励先进省区市实行更严格的节能标准。确保新建房屋的隔热性能得到改善，并对有条件的农村地区进行强制节能标准的探讨。

3）控制采暖能耗增长

采暖能耗在住宅总能耗中占有较高的比重，对采暖能耗的控制，可以减缓居民生活能源的增长速度。当前我国建筑面积位居世界第一，占据公共建筑物能耗 60% 的暖通空调或中央空调系统已经成为影响低碳发展的关键因素之一。虽然与其他用能方式相比，2020 年之前采暖能耗的增长速度较缓，但基数大，其增量在建筑部门能源消费量所占的比重依旧很高，因此可以作为节能潜力的主要贡献源。优化采暖技术构成、提高集中供热的比例、推广使用天然气供热、提升供热系统的调控能力等，可以降低单位采暖能耗。

4）引导公共建筑节能发展

随着第三产业比重的不断上升，公共建设发展的步伐也加快，大型公共建筑比重将进一步上升。因此，应对相关的节能、低碳技术进行指导，避免服务业和城市化的快速发展导致大规模公共建筑能源消费增加的发生。此外,须对大型公用建筑的数目和面积进行严格的控制,对于"面子工程"必须抵制,要注重建筑的实用性、合理性,不仅要注重第三产业发展的推进,也需要控制能耗的增长速度。

3. 完善基础设施建设,构建低碳高效的综合交通运输体系

相较于 2010 年,2020 年经济总量和人均收入实现翻番增长,随着经济的逐步提高,客、货运的需求以及机动车保有量也快速增长,城市人口增多,居民出行需求也越来越大,人口流动速度增长迅速,整个交通的能源消费需求也在不断增长。这一时期,交通运输部门节能减排的重点包括以下三个方面。

1)加快铁路和内河水运设施建设,优化货运结构

2019 年,交通运输领域不同运输方式的碳排放总量差异明显。公路运输(含社会车辆、营运车辆)是交通领域碳排放的重点方面,排放量占交通领域碳排放总量的 86.76%。水路运输排放占比为 6.47%,民航运输排放占比为 6.09%,铁路运输碳排放占比为 0.68%。对各种货运模式进行对比可以看出,铁路和内河货运在运力、成本、能耗、环保等方面都有诸多优点,但由于发展较为落后,成为货运体系的"短板",这使得诸如煤炭、矿石、粮食等大宗商品的中长距离运输不得不依靠公路运输,造成运输结构的缺陷,也降低了系统的效率。对铁路系统进行改革,鼓励地方和民营企业在新建项目上进行投资、经营。重点发展铁路货物重载网络,进一步强化发展规划和基础设施。在航运能力建设上,重点加强高等级航道的建设,建立高效率的水路运输系统。

2)控制客货运需求增长速度

随着产业结构的不断调整和优化,重工业的比重逐步降低,水泥、钢铁的产量也将达到峰值。过度运输带来的大量能耗产生的排放将随之减少。长江上游经济带需对钢铁产业布局进行改革优化,推动大型基地的构建,减少陆运频次。该区域货运品类主要有矿石、金属等,在区域长期发展规划中应加强工业基地的扩建,提升资源就地转化率,减少运量。

加强"紧凑城市"构建。推广信息化技术的应用,如提高感测与识别、信息传递、信息处理技术的普及率,从而降低出行需求。随着城镇化的发展,居民生活水平逐步提高,对交通服务提出了更高要求。从"生存型"到"发展型",居民的生活水平发生了变化,人均出行距离、出行次数增多,城市交通将从通勤向综合交通转变,其中包含的需求有通勤需求、旅游休闲运输需求、个性化出行需求、快速高效便捷需求等。近 10 年来,长江上

游经济带的城市正处于快速发展的时期，处于塑形阶段的城市交通结构和城市形态结构已经暴露出许多关于土地资源利用的问题，城市紧凑规划布局对城市交通的可持续性发展来讲是很有利的。构建"紧凑城市"，提高土地使用的合理性，减少居民的出行距离，使人们的出行方式向低碳、绿色、智能方向转变。

构建"紧凑城市"需要警惕潜在的交通拥堵问题。为避免城市过于紧凑导致拥堵加剧，应着力优化公共交通，发展高品质公交、快速公交和轨道交通，实现便捷换乘。同时，推广绿色出行，建设完善的自行车道网络，鼓励共享单车和步行。此外，还需运用智能交通技术，优化交通信号灯控制，提供实时交通信息和停车引导。错峰出行、交通需求管理、城市规划和土地利用管理等措施，也能有效缓解拥堵，如推广弹性工作制、调整学校作息时间、实行拥堵收费、优化城市功能布局等，最终实现"紧凑城市"的可持续发展。

3）建设、优化城市公共交通系统

进一步完善城市轨道交通。坚持公共交通优先发展，加大对公共交通的投资和建设，并对具体的公交线路进行优化，大力推动城市微循环公路的建设。政府应根据长江上游地区各大城市的具体情况，做好城乡一体化交通规划，加快发展大容量轨道交通、快速公交系统、智能交通系统。同时，应积极推动新能源汽车和混合动力汽车在公共交通领域的应用，如推广新能源公交车、出租车，以及发展共享新能源汽车等，助力绿色交通体系建设。提倡公共交通出行，降低私家车出行率。对于私家车，鼓励购买新能源汽车和混合动力汽车，给予相应的政策优惠，加快私家车领域的新能源替代。应鼓励使用小排量汽车，并加大城市停车规划与管理力度，错时上下班和实施交通拥堵收费等，或通过提高燃油税、征收碳排放附加税等政策合理限制私家车的消费和使用，或通过降低私家车的出行率等手段提高汽车使用成本，部分经济发达城市，应注重车辆总量控制政策的制定。

4. 以"控煤、提气"和发展非化石能源为主，推动煤炭消费量提早达峰

区域能源消费总量近年来增速较快，如何把控区域环境排放污染治理是长江上游经济带亟待解决的问题。相关部门需要严格把控区域能源结构，提升煤炭利用效率和天然气投入比率。逐步提高区域非化石能源投入量，努力完成整体区域15%非化石能源比重目标。此时期，能源消费和供给重点工作如下。

1）做好"控煤、提气"

化石能源消费的结构优化，重点工作为"控煤、提气"，控制能源消费密集省区市和空气污染重点区域煤炭消费总量，大幅度地降低煤炭消费量。2020 年长江上游经济带煤炭消费总量为 16160.94 万 t 标准煤，并未达到峰值。加大开采长江上游经济带常规天然气的力度，建设并完善天然气输送管网体系，注重长江上游经济带非常规油气资源开采和国外天然气资源进口，提高天然气在城市供热、分布式能源、电网调峰、热电联供等领域的占比。

2）努力实现 15%的非化石能源比重发展目标

推动清洁能源发展进程，加快大中型水电建设。充分利用现有的水力资源，将水电作为可再生能源的重点发展对象。注重核电安全、洁净、有序发展，提前做好选址和建设的规划，加快第四代技术的研发，使得非水再生能源技术进步和规模化应用更加普及。解决好大规模的"风电利用技术"问题，注重发展的规模化。

5.4.2　2020～2030 年的低碳发展路径

2020 年我国基本实现工业化，2030 年前后将全面实现工业化，城镇化也将继续快速发展。全社会能源消费总量中工业部门占比将会下降，由于工业内部产品结构和行业的调整，工业部门能源消费总量将达到最高值并逐步降低；在建筑和交通运输部门中，能源消费和节能减排的潜力显著增加，推动生产和消费领域的节能和减少排放。中国非化石能源利用也将在技术层面上取得突破，能源结构优化或将面临新机遇。要实现节能减碳的目标，相关部门首先应加强自主创新意识；同时，通过消费方式的指导和强化管理，有效地减少运输、建筑等行业的能耗增长，并在非化石能源技术上实现突破，深化能源结构的优化。这段时间内，低碳发展的主要方向是：建立健全二氧化碳排放总量管控制度，促进长江上游经济带向分区域、分行业低碳发展。我国东部经济发达地区将力争在 2025 年前实现绿色低碳转型，为全国低碳发展起到示范和带动作用。同时，长江上游经济带需大力控制交通运输业和建筑业的碳排放。2030 年该区域城镇化率基本达到75%，逐步实现城乡一体化，完善公共服务设施，以促进区域内各省市、城乡协调发展，稳步推动区域城市化发展。

1. 加强自主创新，构建低碳发展产业体系

2020～2030 年，工业绿色低碳发展离不开科技创新的推动。区域产业结

构的不断调整,不断刺激着材料和节能设备的需求,为高新技术的发展提供了极大的发展平台。此阶段,工业部门节能减排的重点包括以下三个方面。

1) 增强自主创新能力

长期以来,相较于发达地区,长江上游经济带自主创新能力相对较弱,这就造成了长江上游经济带在工业化过程中,缺少能够引导产业发展的关键技术和产品,从而使其在产业发展过程中始终处于较低水平,无法有效地提高产品的附加值。当前长江上游经济带制造业增加值占比仅约26.6%,与长江下游地区差距较大。自主创新能力是保障区域工业发展的基石,应以需求为导向、政策为抓手、产业及产品为对象,秉承开放发展的原则,提升自主创新能力,打破技术壁垒,实现区域产业规模化和科技化发展。相关部门应强化企业的自主创新能力,鼓励企业加大研发投资力度,强化产业共性技术创新平台的建设,引导企业开放利用国际创新要素。通过自主知识产权和战略制定,区域治理相关部门能够在产业发展中掌握话语权,并最终成为产业国际分工的主导者。

2) 优化产业组织结构

企业需要推进并购、整合,加快资源重组,成为具有国际竞争力的大型企业和集团。同时,扶持发展壮大的中小企业,走"专、特、精、新"的发展道路,发展一批特色化、专业化的经营企业。要大力培育各类中小企业综合服务机构,建立不同层次服务机构横向联系、不同层次服务机构纵向衔接的服务网络,不断完善中小微企业服务体系。

3) 全面提升长江上游经济带产业体系的低碳国际竞争力

工业部门通过调整长江上游经济带的国际贸易与投资策略,加强该区域对全球资源的配置能力,使其在全球产业分工中的地位得到显著提高,形成具有全球竞争优势的产业系统,将低端制造业的生产转移到其他国家,扶持拥有自主知识产权、高附加值、高质量的产品生产,使其占领国际市场,促进长江上游经济带地区从"世界工厂"到"世界科技园区"的角色转变。加强品牌策略,健全制度,培养一批国际知名、有国际竞争力的国际品牌。

2. 以强化技术和管理、转变消费方式为重点,控制建筑领域碳排放增长

2020~2030 年,长江上游经济带建筑总面积预计仍将保持较快增长,带动建筑领域能源消费总量持续增长。建筑面积和能源消费的主要来源将由民用住宅向公用建筑转变,尤其是占比不断上升的大型公共建筑,其在能耗增加中的作用越来越明显。随着生活水平的不断提高,人们对建筑能

源服务的需求不断提升，家电普及率大幅提升，制冷、电器、照明、炊事、热水等用能需求比重快速上升，节能工作重点转向相关节能技术和设备推广应用以及消费方式引导上。城乡居民的收入差距逐渐缩小，农村人均生活用能也将达到城镇人均水平。因此，农村现代化建设开始引起人们的重视，成为减排的又一关注点。在加强节能的前提下，要在能源结构中增加天然气、电力等清洁、低碳能源的比例，推动建筑部门碳排放近零增长。这一阶段，建筑行业的节能减排工作重点包括以下三个方面。

1）科学规划、加强管理，控制大型公共建筑能耗增长

建筑行业应对公共建筑，特别是大型建筑进行科学的建设规划，按照实际使用需求，控制其建设规模。随着我国经济水平和城市建设的快速发展，大型公共建筑建设增长迅速，个别地区出现"贪大求高"的滥建现象。监管部门应在城市发展规划中明确大规模公共建筑比例的上限，严格控制豪华办公楼、地标和形象工程的建设，加强对大型公共建筑的监管和监督，并对公共建筑的改造方案执行情况进行监督。

建筑行业应加大对大型公共建筑的节能改造、运行管理，减少能耗。由于其自身的性质，大型公共建筑在制冷、照明和通风等方面对能源需求较多，同时又具备持续运转的特点，所以其单位面积能耗通常要比一般住宅高出数倍，甚至数十倍。利用信息化技术，对大型公共建筑进行节能、智能化的管理，降低能耗，实现大型公共建筑单位能源强度近零增长。

2）引导绿色低碳消费方式

相较于技术的相对滞后，能源服务需求增长是建筑业能耗增加的主要原因。对建筑部门而言，最大的能源节约来自绿色、低碳的消费模式。随着人们的生活水平不断提高，各种能源服务的需求也在不断增加，因此，加强消费者对绿色、低碳的消费方式的指导就显得尤为重要。2030年长江上游经济带建筑业节能减排潜力较大，坚持倡导节能减排，引导消费者理性消费，不盲目效仿国外模式，提倡"亲近自然"的中国传统生活方式，不要过度追求"恒温恒湿恒氧"的居住环境，养成良好的节电习惯，把建筑行业能源需求的增长控制在合理的区间。不断完善居民生活节能减排政策措施，推动实现节能减排的文化价值。同时，建筑行业应注重控制电器能源消费增长；需要进一步引导居民减少使用烘干机等大功率电器，缩短电器待机时间，严格执行能效标识制度，推动节能技术应用。

3）以较低的资源环境代价提升农村居民能源服务水平

农村居民能源需求的快速增长也是阻碍低碳发展的一个重要因素。随着能源商品化的普及，农村居民将从大量使用生物能源转变为煤、天然气

和电力等能源。因此，有关部门应着重对农村用能加以引导和控制。

农村居民的绿色消费模式改变。不能盲目向城市看齐，把传统的薪柴等能源大规模转化为煤炭等化石能源。在新农村建设中，要充分发挥生物能的作用，提高生物秸秆、沼气等生物能源在农村的推广和利用。在农村地区建立适合农村特色的、可居住的新型农村住宅，既能满足农村居民对居住舒适的要求，又能减少对资源和环境的消耗。在降低资源和环境成本的前提下，促进农村居民的生活用能结构合理发展。

3. 以优化运输方式、提升运输效率、改进运营管理为重点，全面提高交通运输效能

2020～2030 年，我国铁路旅客、货物运输的周转量持续高速增长，而交通业的能源消费也迅速增加，占整个社会能源消费的比例也逐步上升。运输业在总能耗和节约能源方面占有很大比重，客运的节能潜力也在不断提高。混合动力汽车、纯电动汽车等新能源汽车技术日趋成熟，市场份额不断增加，公交分摊比例稳步上升，使城市交通能源消费水平得到了明显的降低。随着私家车的迅速增加，绿色交通变得更加重要。因此，运输行业要健全交通运输系统，加强城市公交系统的低碳经营和管理，大力推广新能源汽车，促进绿色出行。当前，运输行业的节能减排工作主要包括以下四个方面。

1）建设覆盖城镇地区的低碳高效综合交通运输体系

在城市交通上，运输行业应将重点放在优化城市交通的运行结构上，建设基本覆盖所有城镇的低碳、高效的综合货运和客运体系，形成铁路、航空、公路、水运等交通运输方式优化的基础设施格局。在城市交通上，建设以公交基础设施为核心的低碳交通模式，同时在中小城市建设以公交基础设施为核心的低碳交通系统。

运输行业应积极探索推进城乡一体化的低碳高效新型综合交通运输系统。加大对公共交通的投资，加快公交线路的优化，加快微循环公路的建设。运输行业要根据具体情况，制定、完善城市综合交通规划，大力发展快速公交系统、大容量轨道、智能化交通管理体系，并以轨道交通为重点，改善公共交通的服务，为市民提供便捷的公共交通出行方式。

2）强化交通运输体系的低碳化运营管理

在城际交通领域，要建立与工业化、城市化发展过程中旅客、货物运输需求结构的变化趋势相适应的综合交通运输低碳化运营管理体系，科学优化铁路、航空、公路、水运等交通运输的运营，构建起智能化的现代物流管理体系和客运管理体系，科学解决由高速收费导致的交通拥堵和效率降低问题，充分发挥各种交通运输方式优势，通过低碳化运营管理进一步提高综合交通运输低碳化管理体系的运输效率。

在城市交通方面，强化城市交通优化调度和智能管理，提高城市交通工具和交通设施的运营效率；通过采取燃油税、交通拥堵收费等经济手段，合理控制私家车出行，鼓励公共交通出行方式，减少交通拥堵导致的通行效率低下的问题。

3) 大力普及新能源交通工具

长江上游经济带要想解决新能源汽车的关键技术，需要普及混合动力汽车，推动新能源汽车的推广和应用。大力发展天然气、生物柴油、乙醇等清洁能源运输方式，大力发展氢能等新能源车辆，在道路运输、航空等领域积极推广生物质替代燃料的研发及应用。财政部门要进一步加强对新能源汽车的财政补助，并对其进行全方位的、可持续的激励。到 2030 年，混合动力车的占比应达到 60%左右。在道路运输、航空等领域，大力发展生物能源。

4) 减少私人交通出行量，鼓励绿色出行

相关政府部门应正确引导机动车的使用，减少私家车的出行率。汽车的过量使用是造成城市环境污染和交通堵塞的重要因素之一，同时也是运输能耗和二氧化碳排放量快速增加的重要因素。加大推广小排量汽车、错时上下班、城市停车规划和管理以减缓交通拥堵等措施，提高汽车的使用费用，如提高停车收费标准、提高燃油税、征收碳排放税等，从而减少汽车的使用率。

4. 突破非化石能源和非常规能源开发利用关键技术瓶颈，推动实现化石能源绿色低碳转型

随着经济结构的持续调整和能源效率的不断提升，长江上游经济带的能源消费在 2020～2030 年会出现明显的下滑，而在非化石和非传统能源方面，有望取得突破性进展，储能技术、页岩气、智能电网、可燃冰开采技术逐渐成熟和商业化的应用，使得能源结构得到了极大改善。目前，能源供应部门的工作重点在以下两个方面。

（1）继续提高非化石能源比重。能源供应部门要重点突破非水可再生能源，如太阳能、风能等技术瓶颈，风电已步入成熟、稳定的发展轨道，太阳能发电已进入大规模应用的加速发展阶段，并逐渐在市场和技术上形成可再生能源与化石能源相结合的模式，进一步加快非化石能源发展。国家电网实现储能技术的商品化应用，极大地提高了电网对间断供电的接受能力，以此解决向电网引入大量不连续供电的难题；完成智能电网的建设，使其能够适应中央和分散的洁净能源接入，并使电力系统与电力用户的互联互通，在技术和设备方面处于世界领先地位。到 2030 年，长江上游地区的水电资源需要得到更充分的利用；核能、太阳能、风能等都实现翻番的增长，届时非化石能源成为长江上游经济带的主要能源来源。

（2）长江上游地区全面实行煤炭消费总量控制。到 2030 年，煤炭消费量下降到 50%以下；能源供应部门应强化煤炭的清洁利用，推动煤化工、高温超临界燃煤发电、燃煤电厂碳捕集、利用与封存（carbon capture，utilization and storage，CCUS）等技术的发展，并逐步在相关行业推广。长江上游地区天然气的消耗量和供给量得到极大提高，非常规天然气，如页岩气、煤层气、可燃冰等关键利用技术得到突破，持续拓展天然气的开采规模，逐步改善天然气的供给与输送能力，并不断提高天然气生产能力，加大非常规天然气技术的研究力度和投资力度，加快建设资金的多元化，争取早日建成覆盖所有省区市、绝大多数地级市的"一张网"，以及相应的液化天然气（liquefied natural gas，LNG）接收站、地下储气库等相关基础设施。

5.5　本 章 小 结

本章在长江上游经济带各个区域碳排放核算的基础上，进行了区域碳排放潜力预测。首先，采用灰色关联预测方法对长江上游经济带的碳排放进行预测，并根据发展规划设置不同情景确定该区域未来区域地区生产总值的发展走势，基于此计算碳排放强度，以此明确该区域的碳排放潜力。其次，根据不同区域的"十四五"规划，按照人口、人均 GDP、城镇化率、产业结构、能源强度和能源结构进行了三种情景设置，利用环境压力模型对碳排放进行了预测，为区域减排提出最优路径。

第6章　长江上游经济带低碳发展的政策建议

长期以来，区域协同发展的重点在于打破区域发展的不平衡，缩短区域发展的差距，尽快实现区域一体化。因此，长江上游经济带区域协同低碳发展，应立足于长江上游经济带区域特征，在满足国家能源安全、区域经济转型、产业合理布局和后期运行经济的前提下，在战略层面把握长江上游经济带协同低碳发展的重点，推进区域统筹布局。在统筹考虑长江上游经济带资源禀赋差异、战略目标、发展机遇、保障策略、典型区域协同减排的基础上，通过全面实施行政、经济、社会等多类型低碳政策手段，推动长江上游经济带能源结构清洁化和产业结构生态化，实现区域低碳发展的宏观政策落地，为区域高质量发展提供保障。

6.1　制定实施绿色低碳发展战略

6.1.1　提高绿色低碳发展的战略地位

本书从长江流域经济和社会发展的角度出发，提出了以"绿色、低碳"为核心的发展模式。要以超越传统的生态环境策略，解决当前长江上游经济带面临的压缩式、复合型资源环境问题，统筹推进经济社会发展、生态环境建设、能源安全等多个目标，并根据长江上游经济带的发展阶段和要素禀赋变化，不断提高发展质量，着力提升以人为本的可持续发展能力。能源可持续发展的关键，在于以下方面实施能源革命和绿色低碳发展战略的协调衔接：控制和引导能源消费总量、调整能源生产和消费结构、推动能源技术创新、改革能源体制机制，以及加强能源国际合作。

6.1.2　将绿色低碳发展全面融入生态文明建设进程

抓住党的十八大以来国家把生态文明建设纳入中国特色社会主义事业"五位一体"总体布局、满足人民群众对美好生活需要的全方位建设的有利时机，把绿色低碳发展与长江上游经济带的生态文明建设结合起来，摆脱片面追求物质财富增长的发展理念，树立尊重自然、顺应自然、保护自然的生态文明理念，更加注重人与自然的和谐，加强长江上游经济带区域间的协调发展。根据《中共中央 国务院关于加快推进生态文明建设的意见》的工作部署，坚持"经济社会发展必须建立在资源得到高效循环利用、生态环境受到严格保护的基础上"和"在环境保护与发展中，把保护放在优先位置，在发展中保护、在保护中发展"的基本原则。在探索长江上游经济带生态文明建设的道路时，要把绿色低碳作为发展转型的战略指导和路径依据，引导加大绿色低碳发展的创新步伐。

6.1.3　明确提出长江上游经济带绿色低碳发展的战略目标和路线图

以能源发展战略为核心，以我国经济和社会发展的根本国情为基础，顺应世界新一轮的能源革命浪潮，根据"三步走"战略和"美丽中国"的总要求，确立长江上游经济带能源转型发展的战略目标和路线图，将绿色低碳发展与转变发展方式紧密结合，以严格的绿色低碳发展目标"倒逼经济区域结构"调整和产业发展转型，积极参与并引导全球能源转型进程，加快发展关系能源生产和消费革命的关键技术，加强自主创新，实现跨越式发展。目前，我国已初步形成了可支持大规模可再生能源发展的能源基础设施，全面推动了化石能源的电力替代，能源的洁净化和低碳化水平明显提高。经过多年的不懈努力，我国能源生产和消费结构不断优化，煤炭占我国能源消费总量比重总体呈下降趋势。数据显示，2019 年我国煤炭消费占能源消费总量比重为 57.7%，比 2012 年降低 10.8 个百分点；天然气、水电、核电、风电等清洁能源消费量占能源消费总量比重为 23.4%，比 2012 年提高 8.9 个百分点。能源绿色发展对碳排放强度下降起到重要作用，2019 年碳排放强度比 2005 年下降 48.1%。能源绿色低碳发展是关键，重点就是做好增加清洁能源供应能力的"加法"和减少能源产业链碳排放的"减法"，推动形成绿色低碳的能源消费模式，到 2025 年，将非化石能源消费比重提高到 20%左右（人民日报海外版，2022；新华社，2021）。

6.1.4　把握成渝地区双城经济圈的发展战略机遇

对处于从生态环保的角度出发，推动高质量发展具有巨大的潜力。成渝地区双城经济圈的建设是一项长期的系统工程，重要目的是在长江上游经济带形成一个重要的经济增长极，并以此为中心，对周边地区和经济带进行辐射带动。成渝地区双城经济圈只有坚持生态优先、绿色发展，共建联防联控机制等，才能更好地促进长江流域的绿色发展和生态保护，也才会真正带动长江上游经济带低碳发展。

6.2　构建区域低碳发展协同治理机制

6.2.1　发挥政府的服务和管理功能

1）发挥政府的服务功能，促进区域转型发展

为大力推进长江上游经济带低碳发展，应当发挥好政府在节能降耗过程中的服务功能。地方政府要增加节能方面的财政支出，严控布局低水平产业，有序淘汰落后产业，利用财政这双"协助之手"完善落后产能的退出机制，使大量落后产能得以有效退出。仅依靠财政支出推进绿色低碳发展，往往存在有效保障不足的问题。这就需要政府在其中积极作为，利用优惠政策及发展规划推动绿色低碳获得更好发展，壮大清洁环保、清洁能源产业，保障低碳清洁能源的供应与利用，为低碳科技创造良好的创新环境。

2）发挥政府的管理功能，落实低碳发展理念

地方政府的领导也对区域低碳发展起着至关重要的作用。长江上游各地区政府要充分认识到，低碳发展理念在促进经济发展、促进经济转型方面起着举足轻重的作用，应积极把低碳发展与区域经济、社会发展结合起来，使其成为经济新增长点的重要抓手。充分发挥政府的管理功能，主动将低碳发展的思想纳入地方相关专项规划和城市规划之中，以此作为加强生态文明建设的重要途径。与此同时，地方政府要正确把握区域发展的特点及发展的基本规律，主动借鉴其他地区的实践经验和成功做法。例如，广元市成立"低碳发展局"作为专门办事机构、以立法形式设立"广元低碳日"、创建广元市低碳经济发展研究会等，以政策解读和实际行动为载体，积极宣扬低碳生活的优势，大力倡导广大市民低碳旅游、低碳出行、低碳装修、低碳消费。

3）强化责任使命，大胆探索创新

科技成果的转化过程中，市场起着决定性的作用，而政府的服务更是必不可少的。在创新驱动发展的大环境下，政府不仅要立足于自身变革，主动转型，还要以服务为中心，努力搭建创新平台。为此，长江上游经济带各地方政府应抓住战略机遇，准确把握低碳发展内涵，在低碳发展模式、路径、制度和技术上积极创新。首先，地方政府应强化低碳

发展目标，使之成为推动发展的原动力。其次，应推行可持续发展目标倒逼下的碳排放总量控制制度模式，充分发挥低碳发展目标对区域社会经济活动及重大生产力布局的约束作用，强化低碳发展目标对产业结构和能源结构调整的影响。与此同时，地方政府应积极探索总量控制目标约束下的碳排放许可制度模式以及集约、智能、绿色、低碳的新型城镇化模式，推动区域碳排放总量和强度控制两个控制指标的责任评估与差异化考核。最后，要加强各部门之间的协调与合作，创新低碳管理体制和目标责任评价考核体系等。

6.2.2　积极支持企业参与协同治理

1）积极履行社会责任，推动区域低碳发展

企业既是经济组织，又是社会实体，不能仅追求经济效益而忽略了环境效益和社会效益。在长江上游经济带低碳发展路径引领下，企业应当充分认识到自身在区域低碳发展中的重要作用，积极参与低碳发展的协同治理。首先，企业须端正自身发展理念，主动将低碳发展理念纳入管理决策之中。其次，企业应综合考虑地方政策、行业趋势，科学设置碳排放目标与实施路径。未来能源交通、工业制造行业也应积极采取行动。减少碳排放、减少对化石能源的消耗短期来说可能会加重企业的经济负担，但是长期来看节能、减碳能让企业提高能源和资源利用效率，降低成本，最终能带来巨大的经济收益。因此，企业还应积极探索经济利益与实践节能减排的有机结合，让经济效益与环境效益双赢成为日后推行减排工作的新思路。

2）加强综合能效管理，助力区域低碳发展

近年来，长江上游经济带各省市重点企业开展了很多节能措施，取得了一定的成效，如四川省眉山市洪雅县最大的煤炭消耗企业洪雅青衣江元明粉厂通过煤改电来解决煤炭导致的碳排放问题，重庆机场使用"油改电"的工作车辆，以及广泛推广加速处理器（accelerated processing units，APU）替代设备以降低二氧化碳排放量等。但这些措施中有一些是孤立的，缺乏统筹性和系统性，真正的节能应该贯穿于整个动态工艺生产流程。挖掘生产全过程的节能潜力，才能实现各企业的节能降耗目标。企业应积极建立综合能效管理部门，探索适用于本企业的综合性节能方案，并落实到每个生产环节。企业应从整体的角度进行节能低碳规划管理，集成业务流程的信息，对各个生产过程进行不间断的能耗数据收集，进一步实现碳排放的实时监控。对集成数据和工业工程的节能潜力进行深度剖析，综合能效管理部门可以形成直观、可行的相关能耗报告,进而根据能耗报告实施节能项目,促使企业的能源消费完全符合生产流程和生产节奏,助力该地区低碳发展。

3)强化技术创新,助推低碳技术创新应用

西部大开发战略实施以来,长江上游经济带的发展取得了历史性的成就,表现在地区生产总值从2000年的8810.26亿元上涨到2020年115950.01亿元,在经济高速发展的同时,能源技术水平不高导致消耗了大量宝贵的不可再生资源。因此,长江上游经济带要侧重于提高能源的利用效率,把节约能源、降低能源强度作为未来主攻方向。提高能源利用效率的关键在于地方企业的自主创新与技术进步,包括降碳先进工艺技术装备的研发、生产工艺的低碳改进、碳捕捉等工艺技术的采用、发展循环经济等。例如,长江上游经济带二氧化碳排放量最高的产业部门,电力、蒸汽、热水的生产和供应部门的相关企业应当逐步推进生产流程碳排放的实时监控,及时掌握排放强度,同时按周期开展碳排放核算工作,对每次核算结果进行分析,与历史数据进行对比,吸取经验,发现问题及时整改;生产过程中消耗大量原煤导致较高排放量的电力企业,可以通过加装低温节煤器、光伏发电等节能改造、空压机变频改造等,实现持续降低碳排放强度。除了加强前沿技术开发应用外,企业还要积极推广节能降碳的关键共性技术成果,努力成为行业内的标杆示范企业。

6.2.3　提高社会成员的意识和能力

1)培养低碳消费意识

在区域低碳发展的背景下,长江上游经济带各地区通过倡导低碳或无碳的出行方式、开发低碳旅游产品和引进节能减排技术等一系列措施,培养人民群众的低碳理念,因为低碳消费意识还没有真正深入人心。目前,长江上游经济带共有2亿多人,在低碳发展过程中,没有民众积极参与,就很难实现宏大的低碳发展目标。为此,地方政府部门设立了公众热线,允许公众投诉、监督节能减排方面的问题,鼓励民众提出节能减排措施的建议。大众应该意识到投身低碳建设是不可推卸的义务和责任,要主动培养低碳消费意识,并充分借用这些渠道履行自身社会义务,向地方政府提出自己的建议,为区域节能减排方案建言献策。在必要的情况下,公众也可以有组织地联合一些有影响力的企业、组织,向政府反映情况,监督、报告、评估低碳发展的进程。只有人们从思想上意识到自身在区域低碳发展过程中的重要作用,自觉为节约能源做贡献时,才能实现政府、企业、公众的良性循环，协同推进长江上游经济带的低碳发展。

2）实践低碳消费行为

公众消费产生的碳排放主要来源于两个方面：一是直接消耗能源造成的二氧化碳排放量，如驾驶燃料汽车等；二是消费品和服务产生的间接二氧化碳排放量，如生活用电、用水、生活产生的废弃品等。由于经济迅猛发展、百姓收入增加、物质极大丰富，"消费主义""过度包装"等问题已在各个城市悄然蔓延，浪费了大量资源。2020 年，长江上游地区城市居民的生活能源消费量为 7249.03 万 t 标准煤，这一切都源于人们的日常生活活动和满足这些活动的需要生产。在这种情况下，公众应避免奢侈和浪费，消除以高能耗为代价的"便利消费"观念，自觉抵制一次性商品的消费，将低碳行为贯穿至城市生活的衣、食、住、行等各方面，推动人民生活的低耗能、低碳化。除了尽量减少不合理消费和非理性消费外，公众还应在生活中践行低碳行为，如购买节能节水产品、节能环保型汽车和节能省地型住宅等，同时积极参加低碳消费的宣传和教育，主动了解有关低碳消费的最新政策。在以自身为本的前提下，积极地在周边群众中进行宣传和推广，为推动地区的低碳发展尽一份力。

3）发挥公众的监督作用

低碳发展离不开政府部门的规划推动、地方企业的贯彻落实，也离不开公众的广泛参与。区域低碳发展的各个环节都与人民群众的利益息息相关，社会公众应当主动地参与区域低碳发展治理，实现自身权益诉求，同时从消费者的角度出发，对企业低碳生产进行监督。作为企业最重要的利益相关方，消费者的意见与要求是对企业最直接的反馈，也是企业进行产品调整与研发的重要资讯。因此，公众可以通过了解企业的社会责任，如是否在生产运营中减少了对环境的污染、是否对产品进行了持续改进、是否助力了区域低碳发展等，来判定该企业的社会责任是否缺失。若企业社会责任缺失，公众应当降低对该企业产品的支付意愿和购买意愿，并不推荐他人购买该公司的产品，这样才能推动企业的科学发展，防止公司受利益的驱使而陷入恶性循环。

6.3　构建区域低碳发展的保障体系

6.3.1　构建完善绿色低碳发展综合政策体系

1）加快建立绿色低碳发展的法律法规和标准体系

要基于战略高度推动绿色低碳发展的法律进程，建设具有约束力的、完善的法规制度，建立明确、可行的绿色、低碳标准，以立法的方式确立和加强绿色、低碳发展战略地位，健全包括绿色低碳发展各个领域的法律制度。建立一套涵盖范围广、适用性强、分类明确的绿色、低碳发展的标准体系，为中国绿色、低碳发展及相关技术创新提供强有力的法律保障。加速推进气候变化法的制定工作，完善与低碳发展有关的法规、运行机制、监管流程。制定、修改和完善有关节能、可再生能源、农业等与低碳发展有关的法律、法规，使其与气候变化基本法相互协调。制定并颁布有关行业、技术和产品的强制性温室气体排放标准，并在此基础上逐步建立适用范围广泛、与国际先进水平相当的技术与产品评估标准。

2）制定实施市场和经济政策协同的绿色低碳发展新模式

从目前的发展趋势来看，今后中国的能源消费和二氧化碳排放量将会从生产部门转向消费部门，由集约型向分散型转变。中小微企业、分散个体将成为节能减排的潜在主力。当前的"抓大放小"的思想已不适用于未来的低碳发展变化，因此应充分利用市场力量，通过价格机制和经济激励政策来促进节能减排。推进资源性商品价格、矿产资源产权体制的改革，传达正确的价格信息，充分发挥市场资源配置的基础功能。通过对中国能源资源价格结构的研究，从根本上改变我国能源的供求关系，从而实现能源的最终定价，以体现资源的稀缺性，体现市场的供求关系，反映生态和环境的代价与成本。要建立健全资源有偿使用和生态环境补偿制度，包含对资源税制的改革、对资源产品的配套改革，以及能源定价、税费等方面的改革。要充分利用市场机制，在能源价格机制、价格比价关系、能源价格监管等领域，完善能源定价机制，建立一种能够灵活反映能源供需关系、资源稀缺程度，充分体现生态价值、代际补偿的能源定价机制。强化对能源价格的管制。提高市场主体的能力，充分发挥社会舆论的力量，建立健全多层次的价格监测机制。建立大型能源安全战略储备、预警和应急处置系统；建设长江上游地区的能源期货系统；加强对能源价格的风险管理，加强对能源价格风险的预警与预防。为解决资源产品价格上涨给下游相关产业和居民带来的影响，应建立起保障普遍服务的价格救援机制。建立健全促进节能、促进能源高效利用、抑制浪费型需求扩大的市场化定价机制。健全中国的能源资源税制度，提高资源税的征收标准，从"量计征"向"价计征"转变。建立环境、土地、水资源和生态补偿机制，在能源定价中引入社会外部因素；健全成品油的定价机制，取消不必要的能源补贴，提高燃料税的征税率。

3）加强政策协调，发挥政策合力

加强节能、新能源、能源安全、生态环境、气候变化等相关工作部门的沟通与协调，强化政策的制定与执行。加强各有关部门、各部委之间的交流与协调，简化工作流程。把绿色、低碳的核心指标作为宏观调控的重点，强化政策的协调与综合评价，形成整体的合力。转变经济增速为主导的政绩评价体制，将绿色、低碳发展的指标纳入地方政府评价指标体系中，建立科学、合理的评价方法。加强对指标执行情况的责任评估和督导，并实行奖惩与行政问责制相结合的考评体系。

6.3.2　加快推进新型工业化和新型城镇化

1）切实走新型工业化道路，建立低碳高效现代产业体系

加速工业发展模式的调整转变，优化产业结构。当前工业发展方式存在规模外延、外向市场和技术外生的主要特点，要坚持创新驱动、进退调整，促进产业结构调整。要转变投资方式和管理方式，转变以投资为导向的发展方式，有效地抑制盲目投资和重复建设；改变消费方式，提倡适度合理、符合国情的低碳消费方式，扩大消费者的需求。要改变我国的出口方式，加强对"两高一资"（高耗能、高污染、资源性）的出口控制，努力优化出口结构。大力发展智慧物流、信息服务、金融等生产性服务业。为满足我国城市化进程的需要，大力发展商业贸易、旅游、体育等生活服务业。要大力支持现代服务业的发展，根据主功能区战略要求，加快工业、人口的集聚，形成"生产原料-加工-产品市场"相互协调的产业发展模式，强化能源供给体系和产业集群的匹配和优化。建立以技术创新为先导的工业发展模式；坚持产学研用、技术创新为主导的思想，加强对全球资源的调配，强化品牌战略，大力扶持高科技、高质量、高附加值、拥有自主知识产权的高科技产品占领世界市场，推动中国制造和中国创造的协同发展，争取在行业价值链上占据制高点。在当前新技术革命、产业革命的推动下，长江上游经济带工业的绿色、低碳发展水平不断提升，实现经济发展与二氧化碳排放"脱钩"。

2）转变城乡建设模式，合理控制新增建设规模

在城市规划、建设和运营管理中，应坚持绿色低碳发展的思想，探索智能、绿色、低碳的新型城市化发展方式。贯彻实施"两横三纵"城市主功能区战略的城市空间布局。强化长江上游经济带的土地空间规划，优化城市空间和功能结构，严格控制超大城市建设用地，抑制与人口规模、工业发展相分离的"造城"，促进"产城融合"，减少非合理的建筑能源消费

和二氧化碳排放量。加强对"大拆大建"的控制,大力推进工业化住宅建设,改善建材的强度、品质和使用寿命。在长江上游地区,根据气候、生态、环境、资源、经济、社会等因素,因地制宜建设低碳城镇,促进长江上游地区城市低碳化、多样化。综合运用长江上游主体功能区规划,构建区域协调发展的新体制和新格局。

在城市规划和发展中,要将绿色、低碳的指标纳入城市规划的指标体系,重视全面实施和全过程控制,实现绿色、低碳和经济发展的有机统一。充分利用已有的建筑用地,增加城市的密度;划定"城市发展的界线",以遏制城市空间的过分膨胀,防止城市的无序扩张。构建以交通为中心的城市发展模式和土地利用方式,通过交通与土地的相互影响来指导城市用地的规划。以生态承载能力为基准,在城市规划中,以发展规模、总量和强度为限,并以人的发展为根本,利用资源和环境的优势,调整城镇建设方式,吸引人口和产业,增加就业,防止在某一地区人口过度集中,注重生态基础设施、自然生态系统的保护和空间的绿化。大力推进绿色、低碳城市的试点建设,逐步完善城市交通、建筑等多维系统的构建,探索城市多元化发展的绿色低碳新模式,为长江流域创新型城镇化建设提供发展新思路。

6.3.3 加强能源领域技术创新应用

1)做好重大关键能源技术发展战略布局

今后能源革命仍然建立在能源技术革命之上,尤其是在能源结构优化、智能电网、分布式能源等方面。目前,中国超导电力技术的发展已经取得了诸多成果,但仍处于发展初级阶段。2021 年,世界首条 35 千伏公里级超导电缆示范工程在我国投运,标志着这一国内新型电力系统建设领域关键技术取得了重大突破,有效解决窄通道大容量输电难题,有助于消除负荷热点地区的供电"卡脖子"现象。超导电力技术将会在电网中得到广泛的应用。"微网"的智能化与商品化,促进了分布式智能配电网理论系统的形成,该技术还进行了局部示范。同时,储能技术将会得到更多的应用,如用于灵活的电网和电网的调峰。随着技术的不断突破,电力设备的安全、电网的安全技术正在逐步替代传统的电力系统。中国电力设备安全技术和新技术应用比例将会持续增长,智能电网建设也将不断推进,有助于降低线损,提高能源利用率。

2)加强 CCS/CCUS 技术研发和示范

研制和开发中国特有的碳捕集与封存(carbon capture and storage, CCS)/碳捕集、利用与封存(carbon capture, utilization and storage, CCUS)

技术，在世界范围内占领 CCS/CCUS 项目示范制高点。目前，CCUS/CCUS
技术还处在研究与示范的阶段，主要集中在开发低能耗、低成本、规模化的
CCUS 技术上。提高和创新 CCS/CCUS 的关键技术，减少能源消费建立百
万吨级 CCS/CCUS 的全过程示范工程，强化 CO_2-EOR 等技术的推广与应用，
将使其整体技术水平达到国际先进水平。到 2030 年，大多数 CCS/CCUS 技
术经过工业化示范和推广趋于成熟，能源消费和费用大幅下降，整体达到国
际领先水平。

3）注重能源终端利用领域节能技术的研发和应用

在工业领域，重点开发低品位能源回收再生技术，通过技术革新，提
高可再生能源品位，关键共性技术有中低温热泵技术、低沸点工质循环发
电等。开发工艺余能综合利用与循环一体化技术，在原有流程中充分发挥
各技术单元的能量释放与吸收的互补作用，有效降低外界能源的消耗，尤
其是钢铁厂、炼油厂、水泥厂、热电（冷热）联合生产等方面的能耗；开
发多联产系统的综合优化技术，使原来各自独立生产某一产品的两个或多
个生产工艺相互结合，在满足相同功能的前提下降低能源使用和原材料的
消耗，其主要应用领域为石油化工、炼油、煤化工、电力工业等。在低碳
建筑方面，加强节能型建筑的研发与实践，节能型建筑主要包括新型保温
材料、具有光热选择性的玻璃、节能陶瓷等；提高建筑功能设备的性能，
可通过采购并使用先进的采暖技术、清洁燃料与吸收热泵技术、小型分布
式能源系统技术等实现；完善低能耗建筑设计技术和标准，包括各类节能
建筑设计技术和标准，分区设计符合我国国情的乡村建筑技术与规范。重
点推广适于北方采暖的维修结构和低能耗的采暖技术，通过实验，找出适
于本区域的低能耗应用技术，并在不同地域推广应用。在交通运输方面，
主要从节能、开发非油代用燃料等方面进行技术创新，重点以节能高效为
主，采用多种技术革新，逐步实现节能 30%～50%。目前，主流的汽车电
动化技术，有混合动力、纯电动汽车、电池、燃料电池等技术。

4）利用融合信息技术实现用能的智能化管理

逐步发展物联网技术，实现交通运输业中无线射频识别、智能标签、
智能分拣、数据挖掘等技术普及化和智能化。加强公共交通信息服务，推
动客运市场电子化、网络化、信息共享，提高交通效率。在工业用能信息
化上，要积极推进能源控制中心等信息化平台的建设，以推动工业企业的
节能减排。

5）建立完善鼓励绿色低碳发展相关科技创新的政策环境和体制机制

站在国家战略的高度，统筹、协调各方力量，制定国家能源技术与工业

发展的中长期战略，明确统一扶持重点和方向，加大针对性的扶持力度，促进科技和产业的健康发展。明确我国能源技术的优先发展方向，争取在关键领域取得突破。加强对能源关键技术的长期扶持，引导其不断创新，促进工业发展。加强科技创新研究机构的建设，提升科技创新的能力和效果。加强对能源行业的科技资源整合，构建核心共性技术平台，促进产学研深度融合；推动行业关键共性技术的开发，为行业技术创新提供基础支撑。建立通用技术平台，促进产业技术的传播与发展。支持并指导企业建立创新联盟，建立创新链条。促进示范和推广能源技术。实施自主依托工程，设立重大项目国产化指标，提升新能源设备的国产化水平；首批国产设备应当建立风险补偿机制，并鼓励保险公司在国内率先进行重大技术装备的投保；健全并实施激励科技创新的税收优惠政策；各级政府要加速推进能源技术示范项目的建设，并大力推进基础设施的大规模应用。

6.3.4　持续引导绿色低碳消费方式

1）树立绿色低碳消费理念

综合利用多种经济调控措施，促进消费方式的转变。鼓励税收、信贷等方面的合理支出。要充分利用市场机制，注重价格、财税、金融等方面的支持，促进形成合理的消费方式。加大科普宣传力度，提高全社会节能的意识。引导消费者理性消费，多手段提升高效节能产品的认可度，提升认可度的主要途径有能效标识和认证标准等，进一步强化引导人们理性消费，推动高效节能产品市场稳步发展。

2）强调政府公共服务在改变居民生活方式的重要作用

在城市总体规划、住宅小区建设、基础设施建设等规划中，要注意能源的高效利用。以公共汽车为优先发展项目，强化城市与城际运输的基础设施，实现可持续发展，满足广大群众的基本需求，确保居民出行便利。针对不同地区的主体职能定位，建立差异化的评估体系。

3）从需求侧进行引导、鼓励和管理

引导舆论，使社会形成倡导节俭、合理用能的消费观念，确定合理的用能目标，并对目标进行有效调控。提高低能耗产品和服务供给。在衣食住行游等方面坚决反对铺张浪费，提倡简约高效、绿色低碳、健康的生活方式。引导消费者选择低碳节能产品，逐步减少一次性、高污染产品的使用，逐步形成崇尚节约、绿色低碳的社会新风尚。

4）强化绿色低碳意识和能力建设

充分发挥市场在低碳技术研发、生产路线选择、价格选择、创新资源

配置、科技创新、温室气体排放统计、人才培养等方面的引导作用，为
实现低碳发展奠定坚实的基础。加大基础科研、技术创新力度，促进产
业由引进到自主研发，实现科技与低碳发展深度结合，逐步建成世界一
流的科研机构和技术中心，形成完整的自主技术创新和应用体系。逐步
建立覆盖全面、与国际标准相衔接的温室气体排放量统计系统。建立健
全温室气体排放量数据收集体系，并强化国际通行的温室气体排放量计
算准则的编制与制订。建立适应气候变化与低碳发展的学科和社会训练
系统。坚持自主创新之路，强化温室气体排放量核算基础制度的建设，
拓宽和改进分类，把温室气体排放量作为基础统计指标列入政府统计指
标体系，加速确定重点行业和机构的温室气体排放量核算方法和技术指
标，逐步形成覆盖范围广、核算方法科学的温室气体排放统计核算体系。
建立低碳发展的人才培养和引进机制，加强建设人才基地，完善制度标
准，培养一大批高层次的复合型技术人才，在现行的高等教育体系中，
加强与低碳发展有关的学科建设。

6.3.5　加强绿色低碳发展国际合作

1）积极开展能源国际合作

要逐步改变以国内为主的传统能源发展思路，加快与世界能源系统接
轨，实施更加主动的"走出去"战略，建立符合世界能源系统的能源供应
保障机制。保持全球能源的商品性质，积极参与世界能源市场的治理，建
立一个自由开放、有序竞争、有效监管的世界能源市场，维护市场的稳定，
通过市场竞争来重新配置世界能源资源，在国际市场贸易体系中实现能源
的安全。以开放包容的心态，充分利用好国内外两大市场、两种资源的优
势，积极推动长江上游地区的能源科技发展，强化国际能源技术交流和合
作，完善科技、论坛等技术交流平台，促进多边合作和交流，积极组织和
参与重大国际科技合作项目，积极参加国际技术和标准的制订，促进长江
上游经济地区"走出去"战略的实施。

2）积极参与应对气候变化和全球低碳发展的体制机制和制度建设

构建长期、稳定、双赢的国际合作机制，加强在低碳发展的关键领
域的对话和交流。在全球气候管理中发挥积极作用，坚持《联合国气候
变化框架公约》的基本原则，维护我国及其他发展中国家的根本利益，
积极参加气候变化的国际协商，发挥主导和引领作用，建立一个公正、
合理的全球发展机制，为长江上游地区的低碳发展创造更多的空间。加
强国际合作，促进技术研发、示范和推广。构建国际金融秩序，推动低

碳发展，使其在世界范围内发挥更大的作用；促进长江经济带各大公司积极参与世界范围内的低碳发展。以全球低碳发展为长江上游地区企业实现全面国际化的机遇，借助"一带一路"等合作机制，充分发挥长江上游经济带企业在低碳技术、产品方面的竞争优势，积极参与到世界范围内的低碳发展中来。

3）积极参与全球能源和气候治理

根据全球应对气候变化的新形势，以开放促改革，加速长江上游经济带的参与和引导，逐步提升长江上游流域在全球气候治理中的作用，增强应对气候变化和促进低碳发展的能力，加强国际合作，从而推动长江流域的可持续发展。

6.4　成渝地区双城经济圈低碳发展典型模式

成渝地区双城经济圈地处于长江经济带的上游区域，位于"一带一路"和长江经济带联结点，是西部陆海新通道的起点，具有连接西南西北，沟通东亚与东南亚、南亚的独特优势。区域内生态禀赋优良、能源矿产丰富、城镇密布，是我国西部人口最密集、产业基础最雄厚、创新能力最强、市场空间最广阔、开放程度最高的区域，在国家发展大局中具有独特而重要的战略地位。

成渝地区双城经济圈建设有利于在西部形成高质量发展的重要增长极，增强人口和经济承载力；有助于打造内陆开放战略高地和参与国际竞争的新基地，助推形成陆海内外联动、东西双向互济的对外开放新格局；有利于吸收生态功能区人口向城市群集中,使西部形成优势区域重点发展、生态功能区重点保护的新格局，保护长江上游和西部地区生态环境，增强空间治理和保护能力。

该区域贯彻落实习近平总书记提出的"共抓大保护、不搞大开发"的重要指示精神，把修复长江生态环境摆在压倒性位置，深入践行"绿水青山就是金山银山"的理念，坚持山水林田湖草沙是一个生命共同体，深入实施主体功能区战略，全面加快生态文明建设，建立健全国土空间规划体系，形成人与自然和谐共生的格局。

推进成渝地区双城经济圈建设是一项重大国家战略。面对这一重大战略，对成渝双城而言，不仅是协同发展经济，推动特色产业高质量发展，还要立足实际，探索绿色转型发展新路径，协同推进低碳发展。长江上游经济带将在"双城经济圈"建设中，通过成渝双城协同低碳发展的示范性探索，捧出"干货"来联动发展，争创成渝地区双城经济圈低碳协同发展和高质量发展的示范区，带动整个长江上游经济带的低碳发展。

6.4.1　成渝地区双城经济圈低碳发展的模式

1）成渝地区双城经济圈低碳发展现状

成渝地区具有雄厚的工业基础、广阔的市场空间，是长江上游经济带最具创新能力地区。2020 年，成渝地区双城经济圈的地区生产总值占长江上游经济带的 63.47%，达到了 7.26 万亿元。能源方面，成渝地区拥有丰富的能源和矿产资源，能源结构清洁化、低碳化。工业方面，成渝地区的工业结构得到了进一步优化，现代工业体系得到进一步发展，电子信息、装备制造、能源化工等方面的比重也在逐年增长。交通领域，成渝地区利用土地、电力资源的集约化优势，积极推进新能源、清洁能源，如电力、氢能、天然气、先进生物液体燃料等的使用。2020 年，成渝地区双城经济圈的新能源汽车保有量为 24.4 万辆，而传统燃料车在新车生产中所占比重逐年下降。重庆和成都的经济发展具有优势，能源消费结构合理，工业结构良好。当前，重庆和成都跨部门、多领域协同发展，在自然资源、水利、林业、农业等领域的低碳治理中已初见成效，是促进长江流域高质量发展的一个重要动力。

2）成渝地区双城经济圈的辐射功能

成渝地区作为基础设施条件、科技创新能力和人才聚集的一个区域，对其他地方的发展也具有辐射作用。在一些政策举措上，赋予成渝地区先行先试的权力，对长江上游地区低碳发展有积极的示范作用。

能源方面，四川充分发挥水电和天然气等清洁能源优势，统筹调配构建成渝地区"能源互联网"，创建清洁能源高质量发展示范区，提高清洁能源消费比例。产业方面，重庆、成都发挥"双核引领"作用，推进成渝地区绿色制造，对标国际领先水平，全面开展清洁生产审核和评价认证，大力推进食品、轻工、纺织、机械、化工等传统产业清洁生产改造，促进传统产业绿色升级，科学降低传统产业能源消费量和二氧化碳排放量。技术方面，成渝双城率先开展绿色发展试验，如万州及其他渝东北区县在生态产品价值实现、生态保护和补偿、绿色金融等领域的先行试验；重庆缙云山、金佛山和四川邛崃、大邑等地在生态产品价值实现机制上的探索；四川天府新区在公园城市可持续发展建设方面的创新示范等，为成渝地区双城经济圈实现低碳发展奠定了坚实基础，也为上游其他地区做了良好示范。

3）成渝地区低碳发展优良实践案例

成都是四川省省会，是国家超大城市和中心城市，是国家的高科技产业基地。成都自改革开放以来，一直保持着很强的发展势头。根据第七次全国人口普查公报，2020 年成都全市常住人口为 20937757 人，与 2010 年第六次全国人口普查相比，增加 5818917 人，增长 38.49%，年平均增长 3.31%。2020 年，成都实现地区生产总值（GDP）17716.7 亿元，按可比价格计算，比上年增长 4.0%。

自国家批准成都市为低碳城市试点以来，成都市先后召开了多次专题会议，强化新发展理念，坚持以低碳发展理念为牵引，在布局低碳产业、开展降碳行动等方面创新探索，取得了突出成效。政策上，成都市政府推出绿色、低碳发展的多项新举措，表明绿色低碳已成为成都市经济发展的一大特色和优势。在城市发展模式上，成都市全市大力推进绿色建筑，绿色建筑全面覆盖全市新建项目，绿色建筑总面积累计突破 2 亿 m^2，并形成了天府国际机场绿色片区、新川绿色生态城区等规模化应用成果，245 个项目获得绿色建筑标识。"环+射"中心城区快速路网体系基本构建。全市累计打通"断头路" 275 条，完成街巷加密约 1200km，重点区域"断头路"基本打通，小街区路网基本按规划形成，城市微循环系统基本构建。全市建成道路约 8000km，实施完成率达 71%。在产业布局上，成都市确定了"产业生态圈引领产业功能区高质量发展"的主题，明晰了产业生态系统的优化和调整举措。这一优化调整，解决了传统园区建设管理中存在的"集中式""规模不经济""产城分离""职住不均衡"等突出问题，实现了"高质量、高效率、高可持续发展"。成都市率先启动了"碳惠天府"公益活动，目前已有超过 60 万人参加。

成渝双城经济圈的重庆作为直辖市、国家中心城市、超大城市，是西南地区集水、陆、空于一体的综合交通枢纽，在经济建设中取得了长足成效。近年来，重庆市立足新发展阶段，在低碳创新试点、优化产业结构、倡导低碳生活等方面取得显著成效。

重庆市以探索资源节约型和环境友好型城市建设为理念，因地制宜实施各项低碳发展行动，从需求侧减源、供给侧低碳、增加碳汇三种途径不断实现近零碳排放。例如，国家首批绿色生态示范城区之一——悦来生态城从能源低碳利用和供给、绿色建筑、绿色交通、绿地碳汇、海绵城市建设等方面采取措施，实现近零碳排放。同时，重庆利用两江水资源优势，替代传统用能模式，将两江水用于建筑物的集中供冷供热，提高了建筑物的能耗水平，降低了传统能源消费，有效减少了温室气体排放，促进了低碳循环发展。下一步，重庆将聚焦新能源及智能网联汽车、智能制造、清洁能源、新材料等重点领域，加速打造西部绿色低碳产业集群，既紧跟新项目招引，也助力存量企业转型升级，引领整个长江上游地区乃至全国绿色低碳产业的发展。

6.4.2　成渝地区双城经济圈协同低碳发展的路径

1）成渝地区双城经济圈产业结构绿色转型

当前成渝地区传统的资源型（如重化工、火电、钢铁、化工、建材等）产业比重较大，工业结构格局偏重工业，传统产业的转型升级面临严峻的挑战。要实现区域产业结构的优化，必须严格控制高排放、高污染产能，大力发展节能环保产能，提升清洁能源产业和绿色产业占比。成渝地区双城经济圈要严格实施产能等量或减量置换，对石化化工、钢铁、建材、煤炭、有色金属等行业的产能进行控制；加快淘汰 30 万千瓦以下的燃煤电厂，与此同时建立一个绿色、低碳的工业系统。大力发展节能环保、清洁生产和清洁能源产业，并将重庆经济技术开发区、自贡高新技术产业开发区等打造成全国绿色产业示范园区。成渝双城要充分发挥"双核引领"的功能，共同建设"绿色技术创新中心""绿色工程""绿色科技""绿色技术示范""绿色能源高质量发展"等示范区，提升清洁能源消费比重。政府优先采购和推广绿色产品，建立重庆绿色金融改革和创新实验区。通过建立绿色城市标准化技术支撑平台，健全绿色建筑标准化和标准化体系，推动传统工业、轻工业、纺织、机械、化工等的清洁生产改造，促进物流、餐饮、交通运输等行业绿色转型。

2）成渝地区双城经济圈能源结构绿色优化

成渝地区能源结构调整在节能降耗中起着重要作用，可通过加大清洁能源比例、优化煤炭消费结构、促进能源资源的节能性和高效利用达到降耗目的。在加大清洁能源比例方面，可利用清洁能源，如水力、天然气等，统筹安排建设成渝地区的"能源网络"，建设清洁能源高质量发展示范区；还可扩大清洁能源替代行业的规模，优化利用天然气，优先满足居民生活和生产的需要。在优化煤炭消费结构方面，成渝地区要对钢铁、化工、水泥等主要用煤企业的煤炭消费进行严格控制，扩大清洁能源的使用范围；加强煤炭行业新增产能的管理，淘汰煤炭行业的落后产能，推进煤炭行业的优化、绿色、低碳的转型。同时，要抓好煤炭的清洁、高效利用，对劣质煤进行流通和使用，力争在县级及以上城市建成区内完成散煤的清零。在促进能源资源的节能性和高效利用方面，成渝地区要严格贯彻落实能源消费强度和总量的双控制度，坚决遏制"两

高"（高耗能、高排放）项目盲目发展。加强重点用能单位、重点领域节
能管理，着力提升工业、建筑、交通等产业部门能源利用效率；加大节
能技术研究力度，鼓励先进节能技术和产品推广应用，加速能耗在线监
测系统建立，开展重点行业和重点产品资源效率对标提升行动。

3）成渝地区双城经济圈低碳发展改革

2021年以来，国家层面印发了《成渝地区双城经济圈建设规划纲要》
文件，要求成渝地区融合区域重大战略、区域协调发展战略和主体功能区
战略，从实际出发贯彻落实目标部署。有序开展相关工作，确立成渝地区
低碳发展路径和实施方案，率先实施重点领域低碳实现行动。促使重点行
业、企业提出低碳转型规划，鼓励大型企业和重点工业园区制定低碳发展
行动方案。实现区域低碳转型，依赖于健全的气候变化应对体系。实施温室
气体监测、核算和统计工作，健全省级温室气体排放清单，探索编制市、
县级温室气体清单，推动重点行业温室气体排放管理相关试点研究；完善
低碳产品政府采购、绿色金融、企业碳排放信息披露等相关制度。与此同
时，构建温室气体减排激励机制，实现地方自愿减排，扩大户用沼气、风
电、林业等减排项目应用领域，将自愿减排交易制度体系与乡村振兴相结
合，鼓励企业参与国家核证自愿减排交易。推动实现成渝地区"碳惠
通""碳惠天府"等碳普惠互认和对接，制定出台"碳标签"涉及的各项
标准与规范，探索开展出口产品低碳认证。

6.4.3 成渝地区双城经济圈协同低碳发展的保障体系

1）建成低碳发展的评估模式

健全成渝两地可再生能源的标准，进行碳排放量的总量调查，制定生
态碳汇、碳捕集和封存的标准，两地联合组织有关部门，跟踪分析、监督
检查、统筹协调，并对计划的执行进度进行定期调度，总结成功的经验和
做法。完善区域内的绿色的低碳发展评价机制，动态评估区域绿低碳发展
进程，实时接受社会各方的监督。

2）成渝地区双城经济圈低碳发展的资金投入

要加大对成渝地区双城经济圈的投资，增强对"绿色发展"的支持。
推进地方财政协调投资，强化地方财政支持，增加地方经济发展的资金支
持，把生态环境保护作为主要的财政支出。创新投融资方式，开发绿色债
券、绿色保险等金融产品，探索绿色项目（公司）的统一标准，推广以四
川"天府信用通""绿蓉融"，重庆"长江绿融通"等大型数据集成服务体
系，为绿色金融提供服务。通过综合运用土地、规划、金融、价格等多种

方式，扩大资金来源，鼓励和引导社会资金投入成渝区域的绿色、低碳发展，为重庆两江新区和四川天府新区建设项目提供资金支持。

3）成渝地区双城经济圈低碳发展的宣传引导

利用低碳日、地球日、世界环境日、节能宣传周等重要时间节点，积极开展区域低碳发展的宣讲活动。要加强对低碳城市、绿色发展等方面的扶持，打造具有成渝特色的低碳城市。在成渝地区，大力提倡绿色、低碳的消费方式。加大"光盘"行动力度，严格控制过度包装，推动快递包装的绿色转变，逐步减少不可降解塑料袋、宾馆饭店一次性塑料餐具、快递塑料包装等塑料产品的使用，大力推广可降解的环保塑料袋使用。推动绿色、低碳产品的销售，扩大社会各界绿色采购的需求，推进"绿色"产品的买卖。促进成渝地区的绿色、低碳发展。倡导绿色、低碳出行，提倡多种公共交通运输方式，倡议日常出行使用小排量汽车、新能源汽车等节能车。

4）成渝地区双城经济圈协同低碳发展保障措施

要促进成渝地区区域协调发展，必须建立健全协调机制。明确川渝两地政府各自的职责，对绿色发展的具体目标和任务进行细化，并制定区域总体实施方案或区域、领域的实施方案，协调实施和政策落地。要切实落实两省市生态环境保护相关部门在协调推进绿色低碳转型工作中的统筹和协调，在政策制定、项目安排、改革创新等方面给予积极支持，建立高效运行的工作机制。围绕两地协同绿色低碳发展等方面的目标，探讨更多的创新措施。要实现两省市的低碳发展必须有强有力的智力和技术支持。两省市的生态、能源、环境等领域的相关组织成立了绿色低碳转型等专题工作小组，并联合召开了专题讨论会。基于长江生态文明干部学院和长江生态环境联合研究生院的建设，将两省市的优质高等教育资源逐渐整合起来，并在此基础上设置绿色与低碳发展相关的专业课程。同时，要抓紧"十四五"碳减排的关键时期，积极争取国家的支持，共同开展一批协同减排、零碳负碳技术的研发与示范，争取国家有关的财政支持和试点示范。最后，对推进区域绿色低碳转型工作取得的成绩进行总结，并开展经验交流，共同推广成功的经验和做法。

6.5　本章小结

本章从制定发展策略、协同治理机制的确定、保障体系的构建和典型区域的模式分析提出相关政策建议。政府部门应该统揽全局、统筹兼顾，依据长江上游经济带的综合情况制定宏观方向。地方政府在响应上级政府的基础上，根据辖区内的资源禀赋与实际需求进行自主调整。本章结合工业碳生产率的差异研究结论，通过区域微观差异反思宏观决策，根据因地制宜原则、先重后轻原则、宏观调控与微观管理相结合原则，差异性地提出区域碳生产率提升建议。本章以成渝地区双城经济圈为典型区域，探究城市碳排放模式及其影响机制，提出区域应根据自身的发展阶段性特征，实现差别化和包容式低碳转型的意见，这有助于为各级政府提供理论参考。

参 考 文 献

白志礼:《流域经济与长江上游经济区空间范围界定探讨》,《重庆工商大学学报(西部论坛)》2009 年第 5 期.

白重恩,张琼:《中国经济增长潜力预测:兼顾跨国生产率收敛与中国劳动力特征的供给侧分析》,《经济学报》2017 年第 4 期.

陈栋生:《长江上游经济带发展的几个问题》,《开发研究》1996 年第 4 期.

陈广生,田汉勤:《土地利用/覆盖变化对陆地生态系统碳循环的影响》,《植物生态学报》2007 年第 2 期.

陈探,刘淼,胡远满,等:《沈阳经济区土地利用和净初级生产力变化》,《生态学报》2015 年第 24 期.

陈兴述,田代贵:《长江上游经济带发展目标及空间发展战略》,《上海经济研究》2007 年第 1 期.

陈怡君,刘小波,于晓凤,等:《基于库兹涅茨曲线的建设用地扩张与碳排放相关性研究——以重庆市城市发展新区为例》,《江苏农业科学》2017 年第 9 期.

成都日报:《成都市常住人口突破 2000 万》,http://cddrc.chengdu.gov.cn/cdfgw/fzggdt/2021-05/27/content_f8036d47f32d43b1942f7a351d1dcdb0.shtml[2021-05-02]

成都市住房和城乡建设局:《成都市"十四五"城市建设规划》,http://cddrc.chengdu.gov.cn/cdfgw/c147315/2022-07/01/612e19134e9f4b7d97eba622496c18af/files/b6c855894d8a4e399be4b9c06488b513.pdf[2022-06-29].

成远,乔观民,梅思雨,等:《基于 SBM—DEA 浙江省碳排放效率时空演变研究》,《资源开发与市场》2022 年第 3 期.

重庆市规划与自然资源局:《2017 年重庆市林业资源公报》,http://ghzrzyj.cq.gov.cn/newweb/[2018-03-17].

重庆市规划与自然资源局:《重庆市土地利用总体规划(2006—2020 年)》,https://www.cq.gov.cn/zwgk/zfxxgkzl/fdzdgknr/ghxx/gtkjgh/[2021-08-11].

重庆市人民政府:《2017 年重庆市国民经济和社会发展统计公报》,http://tjj.cq.gov.cn/zwgk_233/fdzdgknr/tjxx/sjzl_55471/tjgb_55472/202002/t20200219_5274429.html/[2018-03-17].

重庆市人民政府:《重庆市人民政府办公厅关于印发重庆市矿产资源总体规划(2021—2025 年)的通知(渝府办发〔2022〕113 号)》,http://cq.gov.cn/zwgk/zfxxgkml/szfwj/qtgw/202212/t20221202_11402695.html[2022-12-02].

重庆市水利局:《2020 年重庆市水资源公报》,http://www.cqwater.gov.cn/slsj/szygb/pages/2018/11/20181129113422.aspx[2021-09-08].

戴尔阜,黄宇,吴卓,等:《内蒙古草地生态系统碳源/汇时空格局及其与气候因子的关系》,《地理学报》2016 年第 1 期.

戴靓，彭慧，吴绍华，等：《苏南地区净第一性生产力对土地利用变化的响应》，《土壤》2013 年第 3 期.

邓玲：《长江上游经济带》，北京，中央广播电视大学出版社，2011.

邓玲：《长江上游经济带建设与推进西部大开发》，《社会科学研究》2002 年第 6 期.

杜政清：《长江三角洲及沿江地区中心城市发展趋势与决策探析》，《上海经济研究》1996 年第 8 期.

方精云，郭兆迪，朴世龙，等：《1981～2000 年中国陆地植被碳汇的估算》，《中国科学：地球科学》2007 年第 6 期.

顾朝林，谭纵波，刘宛，等：《气候变化，碳排放与低碳城市规划研究进展》，《城市规划学刊》2009 年第 3 期.

贵州省第三次全国国土调查领导小组办公室，贵州省自然资源厅，贵州省统计局：《贵州省第三次全国国土调查主要数据公报》，https://www.guizhou.gov.cn/zwgk/zdlygk/jjgzlfz/zrzy/zrzydcjcgl/202201/t20220121_72378280.html[2021-12-28].

贵州省工业和信息化厅：《2017 贵州省十大千亿级工业产业振兴行动方案》，http://gxt.guizhou.gov.cn/[2018-12-11].

贵州省林业局：《贵州省森林资源现状（截止至 2022 年底）》，http://lyj.guizhou.gov.cn/zfxxgk/fdzdgknr/tjxx_5620838/202303/t20230327_78777035.html [2023-03-27].

贵州省人民政府：《贵州省第三次全国国土调查主要数据公报》，http://www.guizhou.gov.cn/zwgk/zdlygk/jjgzlfz/zrzy/zrzydcjcgl/202201/t20220121_72378280.html[2021-12-28].

贵州省水利厅：《2000-2020 年贵州省水资源公报》，http://mwr.guizhou.gov.cn/sjfb/slsj/202211/t20221117_77132741.html[2022-11-17].

贵州省统计局：《2017 年贵州省财政收入》，http://stjj.guizhou. gov.cn/tjsj_35719/tjfx_35729/20Vol.1703/t20Vol.170328_2047459.html[2018-01-15].

贵州省统计局：《贵州省 2020 年国民经济和社会发展统计公报》，https://www.guizhou.gov.cn/zwgk/zfsj/tjgb/202109/t20210913_70088474.html/[2021-03-31].

贵州省自然资源公报：《矿产资源》，https://zrzy.guizhou.gov.cn/wzgb/zwgk/zdlyxxgk/tjsj/202203/P020220217568554284177.pdf[2021-12-28].

贵州省自然资源厅：《2017 年贵州省国土资源公报》，http://zrzy.guizhou. gov.cn/[2018-07-20].

贵州省自然资源厅：《2018 年度贵州省生态环境状况》，http://news.gog.cn/cms_udf/2019/sthjzk/index.shtml/[2019-05-31].

贵州省自然资源厅：《2019 年贵州省生态环境状况公报》，https://gznw.guizhou.gov.cn/gznjw/kzx/njzx/xwfbh/716723/index.html/[2020-06-03].

国家发展改革委办公厅：《国家发展改革委办公厅关于开展碳排放权交易试点工作的通知》（发改办气候〔2011〕2601 号），2011.

国家林业局：《全国第九次森林资源清查》，http://www.forestry. gov.cn/portal/kmy/s/Vol.1712/content-1064730.html[2018-08-10].

国家林业局：《中国林业统计年鉴 2007》，北京，中国林业出版社，2007.

国家统计局：《2008 年中国城市统计年鉴》，北京，中国统计出版社，2008.

国家统计局：《中国统计年鉴 2004》，北京，中国统计出版社，2004.

韩艳飞，柯长青，李晶：《近 30 年关天经济区植被净初级生产力对土地利用变化的动态响应》，《干旱区资源与环境》2014 年第 6 期.

黄金碧，黄贤金：《江苏省城市碳排放核算及减排潜力分析》，《生态经济》2012 年第 1 期.

黄勤，何晴：《长江经济带碳排放驱动因素及其空间特征——基于 LMDI 模型》，《财经科学》2017 年第 5 期.

江洪，汪小钦，孙为静：《福建省森林生态系统 NPP 的遥感模拟与分析》，《地球信息科学学报》2010 年第 4 期.

蒋金荷：《中国碳排放量测算及影响因素分析》，《资源科学》2011 年第 4 期.

焦高乐，严明义：《中国城镇化进程对碳强度的影响研究——基于脱钩指数与关联规则分析》，《当代经济科学》2017 年第 4 期.

雷享顺：《重庆经济协作区与长江上游经济带》，《长江论坛》1995 年第 3 期.

李妹妍：《首颗中国碳卫星"碳"秘之旅：监测全球二氧化碳浓度变化》，《创新时代》2017 年第 2 期.

李晓易，谭晓雨，吴睿，等：《交通运输领域碳达峰、碳中和路径研究》，《中国工程科学》2021 年 第 23 卷 第 6 期.

刘爱琳，匡文慧，闫慧敏，等：《2000—2015 年城市和工矿用地扩张对净初级生产力的影响》，《干旱区地理》2017 年第 4 期.

刘清春，张莹莹，肖燕，等：《济南市主城区私家车日常出行碳排放特征及影响因素》，《资源科学》2018 年第 2 期.

刘学荣，杨琳，王颖，等：《基于土地利用变化的东北地区碳排放效应研究》，《水土保持通报》2017 年第 2 期.

刘志斌，刘茂松，徐驰，等：《江阴市植被净初级生产力及碳汇价值分析》，《南京林业大学学报（自然科学版）》2007 年第 3 期.

卢娜，冯淑怡，孙华平：《江苏省不同产业碳排放脱钩及影响因素研究》，《生态经济》2017 年第 3 期.

陆大道：《建设经济带是经济发展布局的最佳选择——长江经济带经济发展的巨大潜力》，《地理科学》2014 年第 7 期.

孟凡鑫，李芬，刘晓曼，等：《中国"一带一路"节点城市 CO_2 排放特征分析》，《中国人口·资源与环境》2019 年第 1 期.

宁吉喆：《西部开发的重点区域和政策》，《中国投资》2001 年第 9 期.

祁神军，张云波．《基于 ICCF-IC 的中国产业发展及减排策略研究》，《资源科学》，2013 年第 9 期.

齐亚伟：《中国区域经济增长，碳排放的脱钩效应与重心转移轨迹分析》，《现代财经（天津财经大学学报）》2018 年第 5 期.

邱强，方鑫，左翔：《城市化对碳排放非线性脱钩效应的研究——基于 Tapio 脱钩模型的估计》，《现代经济探讨》2017 年第 5 期.

人民日报海外版：《到 2025 年，非化石能源消费比重提高到 20% 左右——"现代能源体系"看点多》，https://www.gov.cn/xinwen/2022-03/26/content_5681588.htm [2022-03-26].

尚旭东：《云南林业产业发展研究》，昆明，西南林业大学，2010.

施红霞，王澄海：《世纪北半球中高纬度净初级生产力（NPP）变化及其与气候因子之间的关系》，《冰川冻土》2015 年第 2 期.

世界自然基金会（WWF）：《中国生态足迹报告2012》，http://www. wwfchina.org/[2012-12-05].

四川省国土资源厅：《四川省土地利用规划（2016—2030年）》，https://www.sc.gov.cn/10462/10464/10684/13652/2010/2/23/10369644.shtml/[2017-02-23].

四川省林业和草原局：《四川省林业草原发展"十四五"规划解读》，http://lcj.sc.gov.cn/scslyt/fzgh/2022/4/12/ccd11705e9874c96adc4feed4812588f.shtml[2022-04-12].

四川省人民政府：《关于新时代推进西部大开发形成新格局的实施意见》，https:// www.sc.gov.cn/10462/10464/10797/2020/10/25/f5133411e8dd4787933d8ea0067b91e2.shtml[2020-10-25].

四川省人民政府：《矿产资源》，https://www.sc.gov.cn/10462/10778/10876/2021/1/4/0c01684f17ec4852bf70ed232c6f549c.shtml[2021a-01-04].

四川省人民政府：《水资源》，http://www.sc.gov.cn/10462/10464/ 10757/10868/2018/4/17/10449Vol.171.shtml[2018b-12-20].

四川省人民政府：《水资源》，https://www.sc.gov.cn/10462/10778/10876/2020/5/9/ddd78fc494fb44709eb24fbf158937a3.shtml[2020-05-09].

四川省人民政府：《四川16种矿产资源储量全国第一》，http://www. sc.gov.cn/10462/10464/10797/2016/6/23/10385310.shtml[2017-12-18].

四川省人民政府：《四川获批创建国家清洁能源示范省　将纳入国家能源发展"十三五"规划》，https://www.sc.gov.cn/10462/10464/10797/2016/9/2/10394513.shtml[2016-09-12].

四川省人民政府：《四川省"十四五"水安全保障规划》，https://www.sc.gov.cn/10462/zfwjts/2021/8/30/0911fa49605b478db851e5bb2b1829a7.shtml/[2021b-08-30].

四川省人民政府：《四川省人民政府办公厅关于优化区域产业布局的指导意见》，http://www.sc.gov.cn/10462/10464/13298/13301/2018/12/15/10464905.shtml[2018a-12-18].

四川省人民政府：《四川已成为全国最大的清洁能源基地"绿色动力"重构产业发展引擎》，https://www.sc.gov.cn/10462/10464/10797/2015/5/12/10335333.shtml[2015-05-12].

四川省统计局：《四川统计年鉴》，北京，中国统计出版社，1986.

四川省统计局：《四川统计年鉴》，北京，中国统计出版社，1987.

四川省统计局：《四川统计年鉴》，北京，中国统计出版社，1988.

四川省统计局：《四川统计年鉴》，北京，中国统计出版社，1989.

四川省统计局：《四川统计年鉴》，北京，中国统计出版社，1990.

四川省统计局：《四川统计年鉴》，北京，中国统计出版社，1991.

四川省统计局：《四川统计年鉴》，北京，中国统计出版社，1993．

四川省统计局：《四川统计年鉴》，北京，中国统计出版社，1994.

四川省统计局：《四川统计年鉴》，北京，中国统计出版社，1995.

四川省统计局：《四川统计年鉴》，北京，中国统计出版社，1996.

四川省统计局：《四川统计年鉴》，北京，中国统计出版社，1997.

四川省统计局：《四川统计年鉴》，北京，中国统计出版社，1998.

四川省统计局：《四川统计年鉴》，北京，中国统计出版社，1999.

四川省统计局：《四川统计年鉴》，北京，中国统计出版社，2000.

四川省统计局：《四川统计年鉴》，北京，中国统计出版社，2001.

四川省统计局：《四川统计年鉴》，北京，中国统计出版社，2002.

四川省统计局：《四川统计年鉴》，北京，中国统计出版社，2017.

四川省统计局：《四川统计年鉴》，北京，中国统计出版社，2019.

宋旭，贾俊松，陈春谛，等：《欠发达江西能耗碳排放时空特征，脱钩关系及其驱动因素分析》，《生态学报》2020 年第 20 期.

苏王新，孙然好：《中国典型城市群城镇化碳排放驱动因子》，《生态学报》2018 年第 6 期.

孙华中：《深圳城市发展背景下居民出行及其碳排放模拟研究》，哈尔滨，哈尔滨工业大学，2017.

孙政国，杨齐，李建龙：《土地利用与土地覆盖变化对中小城市净初级生产力的影响》，《中国农学通报》2012 年第 15 期.

唐洪松，马惠兰，苏洋，等：《新疆不同土地利用类型的碳排放与碳吸收》，《干旱区研究》2016 年第 3 期.

田代贵：《长江上游经济带协调发展研究》，重庆，重庆出版社，2006.

万文玉，赵雪雁，王伟军，等：《我国农村居民生活能源碳排放的时空特征分析》，《生态学报》2017 年第 19 期.

王桂新，武俊奎：《城市规模与空间结构对碳排放的影响》，《城市发展研究》2012 年第 3 期.

王倩：《基于 LMDI 的广东省碳排放驱动因子研究》，广州，广东省社会科学院，2014.

王胜蓝，周宝同：《重庆市土地利用碳排放空间关联分析》，《西南师范大学学报（自然科学版）》2017 年第 4 期.

王效科，逯非，徐卫华，等：《中国陆地生态系统碳减排增汇优先区研究》，《第四纪研究》2014 年第 4 期.

王新：《浅析人类二氧化碳与温室效应的关系》，《现代教育科学：教学研究》2011 年第 3 期.

王璇，廖和平，雷燚，等：《重庆市土地资源安全与经济社会可持续发展研究》，《安徽农业科学》2006 年第 13 期.

王义祥，翁伯琦，黄毅斌：《土地利用和覆被变化对土壤碳库和碳循环的影响》，《亚热带农业研究》2005 年第 3 期.

王志远，廖建军，陈祖展，等：《城市用地空间扩张与碳排放的相关效应研究——以长沙市为例》，《南华大学学报（自然科学版）》2013 年第 2 期.

温景光：《江苏省碳排放的因素分解模型及实证分析》，《华东经济管理》2010 年第 2 期.

郗凤明，梁文涓，牛明芬，等：《辽宁中部城镇密集区土地利用变化的碳排放及低碳调控对策》，《应用生态学报》2016 年第 2 期.

肖宏伟，易丹辉：《基于时空地理加权回归模型的中国碳排放驱动因素实证研究》，《统计与信息论坛》2014 年第 2 期.

新华社：《迈向清洁低碳——我国能源发展成就综述》，www.nea.gov.cn/2021-06/18/c_1310015819.htm [2021-06-18].

徐国弟：《21 世纪长江经济带综合开发》，北京，中国计划出版社，1999.

徐昔保，杨桂山，李恒鹏：《太湖流域土地利用变化对净初级生产力的影响》，《资源科学》2011 年第 10 期.

闫慧敏，刘纪远，黄河清，等：《城市化和退耕还林草对中国耕地生产力的影响》，《地理学报》2012 年第 5 期.

闫庆友，尹洁婷：《基于广义迪氏指数分解法的京津冀地区碳排放因素分解》，《科技管理研究》2017 年第 19 期.

杨庆媛：《土地利用变化与碳循环》，《中国土地科学》2010 年第 10 期.

杨文越，曹小曙：《居住自选视角下的广州出行碳排放影响机理》，《地理学报》2018 年第 2 期.

余海清，李春华，李万平，等：《四川林业资源现状与分析》，《安徽农业科学》2014 年第 9 期.

云南省林业和草原局：《云南省"十四五"林业和草原保护发展规划》，http://lcj.yn.gov. cn/html/2021/fazhanguihua_1029/64401.html[2021-10-29].

云南省林业和草原局：《云南已知高等植物 19333 种占全国 50.1%》，http://lcj.yn.gov.cn/ html/2022/meitikanlincao_0606/66085.html[2023-03-27].

云南省人民政府：《关于着力推进重点产业发展的若干意见》，http://www.yn.gov.cn/ zwgk/[2016-04-20].

云南省水利厅：《2020 年云南省水资源公报》，http://www.wcb.yn. gov.cn/arti?id = 1[2021-11-19].

云南省自然资源厅：《2017 云南省环境状况公报》，https://xndc.mee.gov.cn/xnfc/yns/201809/ t20180907_549762.shtml/[2018b-09-07].

云南省自然资源厅：《2017 年云南国土资源公报》，http://dnr.yn. gov.cn/[2018c-09-11].

云南省自然资源厅：《2017 年云南林业资源公报》，http://dnr.yn. gov.cn/[2018a-08-10].

云南省自然资源厅：《云南省第三次全国国土调查主要数据公报》，https://www.yn.gov.cn/ zwgk/gsgg/202112/t20211221_231929.html [2021-12-22].

张乐勤，陈素平，王文琴，等：《安徽省近 15 年建设用地变化对碳排放效应测度及趋势预测——基于 STIRPAT 模型》，《环境科学学报》2013 年第 3 期.

张润森，濮励杰，文继群，等：《建设用地扩张与碳排放效应的库兹涅茨曲线假说及验证》，《自然资源学报》2012 年第 5 期.

张艳芳，朱妮：基于 CASA 模型的榆林碳源/汇平衡与生态盈余研究》，《中国农业科学》2013 年第 24 期.

张禹舜，贾文雄，刘亚荣，等：《近 11 年来祁连山净初级生产力对气候因子的响应》，《干旱区地理》2016 年第 1 期.

赵荣钦，刘英：《基于碳收支核算的河南省县域空间横向碳补偿研究》，《自然资源学报》2016 年第 10 期.

赵荣钦，刘英：《区域碳收支核算的理论与实证研究》，北京，科学出版社，2015.

赵先超，朱翔，周跃云：《湖南省不同土地利用方式的碳排放效应及时空格局分析》，《环境科学学报》2013 年第 3 期.

左大杰，戴文涛，熊巧，等：《基于 EKC 视角的四川省交通碳排放与行业增长关系的实证研究》，《公路交通科技》2018 年第 4 期.

Abadie, L .M, 2018: "Sea level damage risk with probabilistic weighting of IPCC scenarios: An application to major coastal cities", *Journal of Cleaner Production*, Vol.175.

Abebe, Y.et al, 2018: "Assessing urban areas vulnerability to pluvial flooding using GIS applications and Bayesian Belief Network model", *Journal of Cleaner Production*, Vol.171.

Alavipanah, S. et al, 2018: "The effect of multi-dimensional indicators on urban thermal conditions", *Journal of Cleaner Production*, Vol.177.

Alvarez Fernandez, R, 2018: "A more realistic approach to electric vehicle contribution to greenhouse gas emissions in the city", *Journal of Cleaner Production*, Vol.172.

Andrade, J .C. S. et al, 2018: "Implementing city-level carbon accounting: A comparison between Madrid and London", *Journal of Cleaner Production*, Vol.172.

Anu, R. et al, 2011: "Two approaches to greenhouse gas emissions foot-printing at the city scale", *Environmental Science & Technology*, Vol.45, No.10.

Axon, S. et al, 2018: "The human factor: Classification of European community-based behavior change initiatives", *Journal of Cleaner Production*, Vol.182.

Becherif, M. et al, 2018: "Determination of the health state of fuel cell vehicle for a clean transportation", *Journal of Cleaner Production*, Vol.171.

Beheshtian, A.et al, 2018: "Impacts and implications of climatic extremes for resilience planning of transportation energy: A case study of New York city", *Journal of Cleaner Production*, Vol.171.

Bertone, E. et al, 2018: "Guidelines, barriers and strategies for energy and water retrofits of public buildings", *Journal of Cleaner Production*, Vol.171.

Bonn, B.et al, 2018: "Impact of vegetative emissions on urban ozone and biogenic secondary organic aerosol: Box model study for Berlin Germany", *Journal of Cleaner Production*, Vol.176.

Bounoua, L.et al, 2006: "Urban land transformation and net primary productivity in the United States", August Spring Meeting.

Bresesti, P.et al, 2008: "Impact of greenhouse gas emission constraints on the electrical system of continental Europe", 2005 IEEE Russia Power Tech.

Brondfield, M .N.et al, 2012: "Modeling and validation of on-road CO_2 emissions inventories at the urban regional scale", *Environmental Pollution*, Vol.170.

Cai, B. et al, 2018: "Local strategies for China's carbon mitigation: An investigation of Chinese city-level CO_2 emissions", *Journal of Cleaner Production*, Vol.178.

Chan, F. K. S. et al, 2018: "Towards resilient flood risk management for Asian coastal cities: Lessons learned from Hong Kong and Singapore", *Journal of Cleaner Production*, Vol.187.

Chen, D.et al, 2018: "Industrial agglomeration and CO_2 emissions: Evidence from Vol.187 Chinese prefecture-level cities over 2005—2013", *Journal of Cleaner Production*, Vol.172.

Chen, G. et al, 2018: "Global warming impact of suburbanization: The case of Sydney", *Journal of Cleaner Production*, Vol.172.

Chen, L., et al., 2023. "Decoupling analysis and peak prediction of carbon emission in less developed provinces: A case study of Sichuan province", China. *Greenhouse Gases-Science and Technology*, Vol. 17.

Chen, S.et al, 2015: "Nonzero-: "um: "elationships in: "itigating: "rban: "arbon: "missions: A: "ynamic: "etwork: "imulation", *Environmental Science & Technology*, Vol. 49, No.19.

Chen, Y. N.et al, 2015: "Study on factors affecting energy-related per capita carbon dioxide emission by multi-sectoral of cities: A case study of Tianjin", *Natural Hazards*, Vol.77, No.2.

Choi, S .W. et al, 2020: "Analysis of the national air pollutant emission inventory (CAPSS 2016) and the major cause of change in republic of Korea Asian", *Journal of Atmospheric Environment*, Vol.14, No.4.

Coelho, S. et al, 2018: "Sustainable energy action plans at city level: A Portuguese experience and perception", *Journal of Cleaner Production*, Vol.176.

Cong, R.G.et al, 2009: "Is it beneficial to use biogas in the Danish transport sector?—An environmental -economic analysis" *Journal of Cleaner Production*, Vol.165.

Cui, Q.et al, 2018: "Effects of sea level rise on economic development and regional disparity in China", *Journal of Cleaner Production*, Vol.176.

Cw, A.et al, 2020: "Environmental and climate policy integration: Targeted strategies for overcoming barriers to *Nature*-based solutions and climate change adaptation", *Journal of Cleaner Production*, Vol.247.

Damsø, T.et al, 2017: "Implementation of local climate action plans: Copenhagen e towards a carbon-neutral capital", *Journal of Cleaner Production*, Vol.167.

de Jong, M. et al, 2018: "Explaining city branding practices in China's three mega-city regions: The role of ecological modernization", *Journal of Cleaner Production*, Vol.179.

den Hartog, H. et al, 2018: "Low-carbon promises and realities: Lessons from three socio-technical experiments in Shanghai", *Journal of Cleaner Production*, Vol.181.

Dhakal, S, 2009: "Urban energy use and carbon emissions from cities in China and policy implications", *Energy Policy*, Vol.37.

Dietz, T. et al, 1994: "Rethinking the environmental impacts of population, affluence and technology", *Human Ecology Review*, Vol.1, No.2.

Domar, E. D, 1946: "Capital expansion, rate of growth, and employment", *Econometrica*, Vol.14, No.2.

Dou, Y. et al, 2018: "Feasibility of developing heat exchange network between incineration facilities and industries in cities: Case of Tokyo Metropolitan Area", *Journal of Cleaner Production*, Vol.170.

Du, L. et al, 2018: "System dynamic modeling of urban carbon emissions based on the regional National Economy and Social Development Plan: A case study of Shanghai city", *Journal of Cleaner Production*, Vol.172.

Ehrlichp, R. et al, 1971. "Impact of population growth", *Science*, Vol.171.

EPD, 2017: "The 13th Five-Year Plan for Sichuan Electric Power Development (Chinese document)".

Essl, I.et al, 2018: "Opportunities for Mutual Implementation of *Nature* Conservation and

Climate Change policies: A multilevel case study based on local stakeholder perceptions", *Journal of Cleaner Production*, Vol.183.

European Commission, 2014: "Emission Database for Global Atmospheric Research", http://edgar. jrc.ec.europa.eu/overview.php.

Fan, J. L. et al, 2017: "Energy demand and greenhouse gas emissions of urban passenger transport in the Internet era: A case study of 587 Beijing", *Journal of Cleaner Production*, Vol.165.

Fastenrath, S.et al, 2018: "Ambivalent urban sustainability transitions: Insights from Brisbane's building sector", *Journal of Cleaner Production*, Vol.176.

Felix, C. et al, 2019: "The mutual dependence of negative emission technologies and energy systems", Energy & *Environmental Science*, Vol.12, No.6.

Fry, J. et al, 2018: "Assessing carbon footprints of cities under limited information", *Journal of Cleaner Production*, Vol.176.

Fujii, H.et al, 2017: "How do urban characteristics affect climate change mitigation policies?", *Journal of Cleaner Production*, Vol.168.

Gan, Y. et al, 2021: "Taking into account greenhouse gas emissions of electric vehicles for transportation de-carbonization.", *Energy Policy*, Vol. 155.

Gao, C. C. et al, 2016: "Driving forces in energy-related carbon dioxide emissions in east and south coastal China: commonality and variations", *Journal of Cleaner Production*, Vol.135.

Gao, X, 2018: "China's evolving image in international climate negotiation: From copenhagen to paris", *China Quarterly of International Strategic Studies*, Vol.4, No.2.

Geng, Y.Z.et al, 2013: "Exploring driving factors of energy-related CO_2 emissions in Chinese provinces: A case of Liaoning", *Energy*, Vol.60.

Gonzalez-Garcia, S. et al, 2018: "Assessing the sustainability of Spanish cities considering environmental and socio-economic indicators", *Journal of Cleaner Production*, Vol.178.

Gouldson, A. et al, 2015: "Exploring the economic case for climate action in cities", *Global Environmental Change*, Vol.35.

Guan, D. et al, 2009: "Journey to world top emitter: An analysis of the driving forces of China's recent CO_2 emissions surge", *Geophysical Research Letters*, Vol.36, No.4.

Guan, D.et al, 2017: "Cities: The core of climate change mitigation", *Journal of Cleaner Production*", *Journal of Cleaner Production*, Vol.207.

Guo, J.et al, 2018: "The key sectors for energy conservation and carbon emissions reduction in China: Evidence from the input-output method", *Journal of Cleaner Production*, Vol.179.

Guo, M. et al, 2012: "Assessment of global carbon dioxide concentration using MODIS and GOSAT Data, *Sensors*, Vol.12, No.12.

Gupta, R.et al, 2018: "Targeting and modelling urban energy retrofits using a city-scale energy mapping approach", *Journal of Cleaner Production*, Vol.171.

Han, F. et al, 2018: "The effects of urban agglomeration economies on carbon emissions:

evidence from Chinese cities", *Journal of Cleaner Production*, Vol.172.

Hao, Y. et al, 2018: "How harmful is air pollution to economic development? New evidence from $PM_{2.5}$ concentrations of Chinese cities", *Journal of Cleaner Production*, Vol.172.

Harrod, R. F, 1939: "An essay in dynamic theory", *Economic Journal*, Vol.49, No.193.

Hasegawa, T.et al, 2009: "A study on emission accounting system of global agricultural activities", IOP Conference Series: Earth and Environmental Science.

Heidarinejad, M. et al, 2018: "Personalized cooling as an energy efficiency technology for city energy footprint reduction", *Journal of Cleaner Production*, Vol.171.

Hofer, C.J. et al, 2018: "Large scale simulation of CO_2 emissions caused by urban car traffic: An agent-based network approach", *Journal of Cleaner Production*, Vol.183.

Holtz, G. et al, 2018: "Competences of local and regional urban governance actors to support low-carbon transitions: Development of a framework and its application to a case-study", *Journal of Cleaner Production*, Vol.177.

Hoornweg, D. et al, 2015: "An urban approach to planetary boundaries", *Ambio a Journal of the Human Environment*, Vol.45, No.5.

Hossain, M. A.et al, 2022: "Decomposition study of energy-related CO_2 emissions from Bangladesh's transport sector development", *Environmental Science and Pollution Research*. Vol.28, No.4.

Hou, D. et al, 2018: "Climate change mitigation potential of contaminated land redevelopment: A city-level assessment method", *Journal of Cleaner Production*, Vol.171.

Hu, Y. J.et al, 2017: "Assessing the operational performance and maturity of the carbon trading pilot program: The case study of Beijing's carbon market", *Journal of Cleaner Production*, Vol.161.

Hutyra, L. R. et al, 2011: "Carbon consequences of land cover change and expansion of urban lands: A case study in the Seattle metropolitan region", *Landscape and Urban Planning*, Vol.103, No.1.

Ibrahim, M. M, 2021: "Electricity production and comparative analysis for wind availability power potential assessment at four sites in Egypt", *Wind Engineering*, 0309524X2110445.

IEA, 2008: "World energy outlook 2008", France, International Energy Agency.

IEA, 2010: "Energy Policies of IEA Countries: Turkey 2009 Review", IEA, Paris.

IEA, 2013: "Redrawing the Energy-climate Map", *World Energy Outlook Special Report*.

IEA, 2016: "Energy technology perspectives 2016 towards sustainable urban energy systems", *International Energy Agency*.

IEA, 2018: "Global Energy & CO_2 Status Report 2017", *International Energy Agency*.

Illankoon, I. M. C. S. et al, 2018: "Life cycle costing for obtaining concrete credits in green star rating system in Australia", *Journal of Cleaner Production*, Vol.172.

IPCC, 2006: "IPCC Guidelines for National Greenhouse Gas Inventories", Hayama, Japan, Institute for Global Environmental Strategies (IGES).

IPCC, 2014: "Climate Change 2014-IPCC Fifth Assessment Report", Cambridge

University Press，Cambridge，UK.

Isman，M. et al，2018： "Ecological Footprint assessment for targeting climate change mitigation in cities: A case study of 15 Canadian cities according to census metropolitan areas"，*Journal of Cleaner Production*，Vol.171.

Jia，J.et al，2018： "Analysis of drivers and policy implications of carbon dioxide emissions of industrial energy consumption in an underdeveloped city: The case of Nanchang，China"，*Journal of Cleaner Production*，Vol.183.

Jia，R. et al，2021： "High-speed rail and CO_2 emissions in urban China: A spatial difference-in-differences approach"，*Energy Economics*，Vol.99.

Jin，M.et al，2015： "Call for papers for a special volume on advanced manufacturing for sustainability and low fossil carbon emissions"，*Journal of Cleaner Production*，Vol.87.

Kennedy，C. A.et al，2014： "Low-carbon infrastructure strategies for cities"，*Nature Climate Change*，Vol.4，No.5.

Kennedy，C. S. J.et al，2010： "Methodology for inventorying greenhouse gas emissions from global cities"，*Energy Policy*，Vol.38.

Keynes，J. M. 1936： "The general theory of employment，interest，and money"，Palgrave Macmillan.

Khanna，N.et al，2014： "China's pilot low-carbon city initiative: A comparative assessment of national goals and local plans"，*Sustainable Cities & Society*，Vol.12.

Lee，T. D.et al，2013： "Comparative studies of urban climate co-benefits in Asian cities: An analysis of relationships between CO_2 emissions and environmental indicators"，*Journal of Cleaner Production*，Vol.58.

Lee，T.et al，2018： "Mapping city-to-city networks for climate change action: Geographic bases，link modalities，functions，and activity"，*Journal of Cleaner Production*，Vol.182.

Li，J. S. et al，2018： "Carbon emissions and their drivers for a typical urban economy from multiple perspectives: A case analysis for Beijing city"，*Applied Energy*，Vol.226.

Li，P. et al，2018： "Ecological risk evaluation and green infrastructure planning for coping with global climate change，a case study of Shanghai，China"，*IOP Conference Series: Earth and Environmental Science*，Vol.108，No.4.

Li，Q.et al，2017. Empirical study of the willingness of consumers to purchase low-carbon products by considering carbon labels: A case study"，*Journal of Cleaner Production*，Vol.161.

Li，Y. et al，2017a. Exploring spatial explicit greenhouse gas inventories: Location-based accounting approach and implications in Japan"，*Journal of Cleaner Production*，Vol.167.

Li，Y.et al，2017b： "The impacts of carbon pricing on coastal megacities: A CGE analysis of Singapore"，*Journal of Cleaner Production*，Vol.165.

Liao，B.et al，2022： "How can green building development promote carbon emission reduction efficiency of the construction industry?—Based on the dual perspective of industry and space", *Environmental Science and Pollution Research*, Vol.29. No.7 .

Lin, B. Q. et al, 2017a: "Analysis of energy related carbon dioxide emission andreduction potential in Pakistan", *Journal of Cleaner Production*, Vol.143.

Lin, B.et al, 2017b: "Energy efficiency of Chinese service sector and its regional differences", *Journal of Cleaner Production*, Vol.168.

Lin, J. Y.et al, 2013: "Using hybrid method to evaluatecarbon footprint of Xiamen City, China", *Energy Policy*, Vol.58.

Liu, L.et al, 2017: "Application of flexible function forms in climate change research: Theoretical regularity and model selection", *Journal of Cleaner Production*, Vol.165.

Liu, T. et al, 2018: "Low-carbon governance in China e case study of low carbon industry park pilot", *Journal of Cleaner Production*, Vol.171.

Liu, X. et al, 2018: "Estimating spatiotemporal variations of city-level energy-related CO_2 emissions: An improved dis-aggregating model based on vegetation adjusted nighttime light data", *Journal of Cleaner Production*, Vol.177.

Liu, X. et al, 2022: "Increasing disparities in the embedded carbon emissions of provincial urban households in China", *Journal of Environmental Management*, Vol.302.

Liu, Z .et al, 2018: "Efficient distribution of carbon emissions reduction targets at the city level: A case of Yangtze River Delta region", *Journal of Cleaner Production*, Vol.172.

Liu, Z.et al, 2012: "Features, trajectories and driving forces for energy-related GHG emissions from Chinese mega cites: The case of Beijing, Tianjin, Shanghai and Chongqing", *Energy*, Vol.37, No.1.

Liu, Z.et al, 2015: "Reduced carbon emission estimates from fossil fuel combustion and cement production in China", *Nature*, Vol.524.

Long, Y.et al, 2017: "Exploring the indirect household carbon emissions by source: Analysis on 49 Japanese cities", *Journal of Cleaner Production*, Vol.167.

Lu, Y.et al, 2017: "Urban ecological footprint prediction based on the Markov chain", *Journal of Cleaner Production*, Vol.163.

Lucas, R, 1988: "On the mechanics of economic development", *Journal of Monetary Economics*, Vol.22, No.1.

Magueta, D. et al, 2018: "New cars and emissions: Effects of policies, macroeconomic impacts and cities characteristics in Portugal", *Journal of Cleaner Production*, Vol.181.

Martire, S.et al, 2018: "Widening the perspective in greenhouse gas emissions accounting: The way forward for supporting climate and energy policies at municipal level", *Journal of Cleaner Production*, Vol.176.

Mauerhofer, V.et al, 2018: "An analytical framework for solutions of conflicting interests between climate change and biodiversity conservation laws on the example of Vienna/Austria", *Journal of Cleaner Production*, Vol.178.

Mendoza-Tinoco, D. et al, 2017: "Flood footprint of the 2007 floods in the UK: The case of the Yorkshire and the Humber region", *Journal of Cleaner Production*, Vol.168.

Meng, J. et al, 2017: "The consumption-based black carbon emissions of China's megacities", *Journal of Cleaner Production*, Vol.161.

Meng, J. et al, 2019: "Carbon emissions along China's Belt and Road", *Nature Sustainability*, Vol.2, No.8.

Mi, Z. F. et al, 2016: "Consumption-based emission accounting for Chinese cities", *Appl Energy*, Vol.184.

Mi, Z. F. et al, 2017: "Pattern changes in determinants of Chinese emissions", *Environmental Research Letters*, Vol.12, No.7.

Nagorny-Koring, N. C.et al, 2018: "Managing urban transitions in theory and practice-the case of the Pioneer Cities and Transition Cities projects", *Journal of Cleaner Production*, Vol.175.

NAQSIQ, 2011: "National industries classification (GB/T 4754—2011)".

NBS, 2017: "National Bureau of Statistics", http://www.stats.gov.cn/.

NDRC, 2004: "Initial National Communication on Climate Change", Beijing, China Planning Press.

NDRC, 2007: "National Programs on Coping with Climate Change", https://www.nrdc.org/issues/climate-change.

NDRC, 2011: "Guildelines for Provincial Greenhouse Gas Inventories".

NDRC, 2012: "The People's Republic of China Second National Communication on Climate Change".

NDRC, 2016: "First Biennial Update Report on Climate Change".

Nourqolipour, R. et al, 2015: "Multi-objective-based modeling for land use change analysis in the South West of Selangor, Malaysia", *Environmental Earth Sciences*, Vol.74, No.5.

Oh, B. K.et al, 2017: "Influence of variations in CO_2 emission data upon environmental impact of building construction", *Journal of Cleaner Production*, Vol.140, No.3.

Ottelin, J.et al, 2018: "Carbon footprint trends of metropolitan residents in Finland: How strong mitigation policies affect different urban zones", *Journal of Cleaner Production*, Vol.170.

Pablo-Romero, M. D. P.et al, 2018: "Analyzing the effects of the benchmark local initiatives of Covenant of Mayors signatories", *Journal of Cleaner Production*, Vol.176.

Pacala, S. W. et al, 2001: "Consistent land and atmosphere-based US carbon sink estimates", *Science*, Vol.292.

Palermo, V. et al, 2018: "Multi-sector mitigation strategies at the neighborhood scale", *Journal of Cleaner Production*, Vol.187.

Pardo Martinez, C. I.et al, 2018: "Prevention, mitigation and adaptation to climate change from perspectives of urban population in an emerging economy", *Journal of Cleaner Production*, Vol.178.

Peters, G. P. et al, 2012: "A synthesis of carbon in international trade", *Biogeosciences*, Vol.9.

Peters, K. et al, 2012: "Aerosol indirect effects from shipping emissions: Sensitivity studies with the global aerosol-climate model ECHAM-HAM", *Atmos Chem Phys*, Vol.12, No.13.

Prentice, I .C.et al, 1998: "C-quest in the Amazon Basin", *Nature*, Vol.396.

Pu, Z.et al, 2018: "Economic growth, environmental sustainability and China mayors' promotion", *Journal of Cleaner Production*, Vol.172.

Qi, C. et al, 2018: "Inventory, environmental impact, and economic burden of GHG emission at the city level: Case study of Jinan, China", *Journal of Cleaner Production*, Vol.192.

Qin, Q.et al, 2017: "A multi-criteria decision analysis model for carbon emission quota allocation in China's east coastal areas: Efficiency and equity", *Journal of Cleaner Production*, Vol.168.

Reckien, D. et al, 2018: "How are cities planning to respond to climate change? Assessment of local climate plans from 885 cities in the EU-28", *Journal of Cleaner Production*, Vol.191.

Reyhaneh, S. et al, 2019: "Risk analysis of urban stormwater infrastructure systems using fuzzy spatial multi-criteria decision making", *Science of the Total Environment*, Vol.647.

Ribeiro, J. M. P. et al, 2018: "The adoption of strategies for sustainable cities: A comparative study between Seattle and Florianopolis legislation for energy and water efficiency in buildings", *Journal of Cleaner Production*, Vol.197.

Richards, K. R.et al, 2004: "A Review of forest carbon sequestration cost studies: A dozen years of research", *Climatic Change*, Vol.63.

Rocha, L. C. S. et al, 2017: "Photovoltaic electricity production in Brazil: A stochastic economic viability analysis for small systems in the face of net metering and tax incentives", *Journal of Cleaner Production*, Vol.168.

Rodriguez-Sinobas, L. et al, 2018: "Techniques and criteria for sustainable urban stormwater management. The case study of Valdebebas (Madrid, Spain)", *Journal of Cleaner Production*, Vol.172.

Roelich, K. et al, 2018: "Institutional pathways to municipal energy companies in the UK: Realizing co-benefits to mitigate climate change in cities", *Journal of Cleaner Production*, Vol.182.

Romanovskaya, A. A. et al, 2014: "Land use contribution to the anthropogenic emission of greenhouse gases in Russia in 2000—2011", *Russian Meteorology & Hydrology*, Vol.39, No.3.

Romer Paul, M, 1986: "Increasing Returns and Long-Run Growth", *Journal of Political Economics*, Vol.94, No.5.

Salas, J.et al, 2018: "A discursive, many-objective approach for selecting more-evolved urban vulnerability assessment models", *Journal of Cleaner Production*, Vol.176.

Seo, S.et al, 2018: "Energy and GHG reductions considering embodied impacts of retrofitting existing dwelling stock in Greater Melbourne", *Journal of Cleaner Production*, Vol.170.

Shan, Y .L. et al, 2016a: "New provincial CO$_2$ emission inventories in China based on apparent energy consumption data and updated emission factors", *Applied Energy*, Vol.184.

Shan, Y. et al, 2017: "Methodology and applications of city level CO$_2$ emission ac-counts in China", *Journal of Cleaner Production*, Vol.161.

Shan, Y. et al, 2018a: "City-level climate change mitigation in China", *Science Advances*, Vol.4, No.6.

Shan, Y. et al, 2018b: "China CO$_2$ emission accounts 1997—2015", *Science Data*, Vol.5.

Shan, Y. L.et al, 2016b: "CO$_2$ emissions from China's lime industry", *Applied Energy*, Vol.166.

Shao, Y. et al, 2013: "Surface-driven sodium Ion energy storage in nanocellular carbon foams. *Nano Letters*, Vol.13, No.8.

Shen, L. et al, 2018: "What drives the carbon emission in the Chinese cities? A case of pilot low carbon city of Beijing", *Journal of Cleaner Production*, Vol.171.

Solow, R. M. A, 1956: "Contribution to the theory of economic growth", *Quarterly Journal of Economics*, Vol.70, No.1.

Stern, D. I.et al, 2012: "The role of energy in the industrial revolution and modern economic growth", *Energy Journal*, Vol.125.

Su, C. Y.et al, 2012: "Analysis of urban transport carbon emissions and low-carbon development mode : A case study of Shanghai", *Journal of Highway and Transportation Research and Development*, Vol.29.

Sudmant, A. et al, 2018: "Producer cities and consumer cities: Using production-and consumption-based carbon accounts to guide climate action in China, the UK, and the US", *Journal of Cleaner Production*, Vol.176.

Sugar, L. et al, 2012: "Greenhouse Gas Emissions from Chinese Cities", *Journal of Industrial Ecology*, Vol.16.

Sun, J.et al, 2018: "Measuring emission-reduction and energy-conservation efficiency of Chinese cities considering management and technology heterogeneity", *Journal of Cleaner Production*, Vol.175.

Sun, P, et al, 2021: "Energy efficiency comparison amongst service industry in Chinese provinces from the perspective of heterogeneous resource endowment: Analysis using undesirable super efficiency SBM-ML model", N.PAG.

Swan, T. W. 1956: "Economic growth and capital accumulation", *Economic Record*, Vo-l32, No.2.

To, W. M.et al, 2017: "GHG emissions from electricity consumption: A case study of Hong Kong from 2002 to 2015 and trends to 2030", *Journal of Cleaner Production*, Vol.165.

UNDESA, 2014: "World Urbanization Prospects. United Nations Department of Economic and Social Affairs, Population Division", http://esa.un.org/unpd/wup/CD-ROM/ Default.aspx.

United Nations Framework Convention on Climate Change (UNFCCC), 2015: "Paris Agreement" //Vasenev, V. I, et al, 2018: "Projection of urban expansion and related changes in soil carbon stocks in the Moscow Region", *Journal of Cleaner Production*, Vol.170.

Vergragt, P. J. et al, 2015: "Transitions to sustainable consumption and production within cities", *Journal of Cleaner Production*, Vol.87.

Vitousek, P. M. et al, 1997: "Human domination of earth's ecosystems", *Science*, Vol.277, No.5325.

Waheed, R. et al, 2018: "Forest, agriculture, renewable energy, and CO_2 emission", *Journal of Cleaner Production*, Vol.172.

Wamsler, C.et al, 2020: "Enabling new mindsets and transformative skills for negotiating and activating climate action: Lessons from UNFCCC conferences of the parties", *Environmental Science & Policy*, Vol.112.

Wang, A.et al, 2017: "Assessing CO_2 emissions in China's commercial sector: Determinants and reduction strategies", *Journal of Cleaner Production*, Vol.164.

Wang, J. et al, 2018: "The spatiotemporal features of greenhouse gases emissions from biomass burning in China from 2000—2012", *Journal of Cleaner Production*, Vol.181.

Wang, M. X. et al, 2018: "Evaluating green development level of nine cities within the Pearl River Delta, China", *Journal of Cleaner Production*, Vol.171.

Wang, M.et al, 2021: "The consequences of industrial restructuring, regional balanced development, and market-oriented reform for China's carbon dioxide emissions: A multi-tier meta-frontier DEA-based decomposition analysis", *Technological Forecasting and Social Change*, Vol.164.

Wang, P. et al, 2018: "Responses of urban ecosystem health to precipitation extreme: A case study in Beijing and Tianjin", *Journal of Cleaner Production*, Vol.177.

Wang, Q .et al, 2019: "Decoupling sectoral economic output from carbon emissions on city level: A comparative study of Beijing and Shanghai, China", *Journal of Cleaner Production*, Vol.209.

Wang, R. et al, 2021: "Research on China's agricultural carbon emission efficiency evaluation and regional differentiation based on DEA and Theil models. Int", *Environmental Science & Technology*, Vol.18.

Wang, S .et al, 2018: "Influencing factors and regional discrepancies of the efficiency of carbon dioxide emissions in Jiangsu, China", *Ecological Indicators*, Vol.90.

Wang, Y.et al, 2021: "Study on influencing factors of carbon dioxide emissions from railway operations in China", *Journal of the China Railway Society*, Vol.150.

Wang, Z. et al, 2018: "Learning urban resilience from a social-economic- ecological system perspective: A case study of Beijing from 1978 to 2015", *Journal of Cleaner Production*, Vol.183.

Wei, W. et al, 2017: "Carbon emissions of urban power grid in Jing-Jin-Ji region: Characteristics and influential factors", *Journal of Cleaner Production*, Vol.168.

Wrigley, E. 2010: "Energy and the Industrial Revolution in England", Cambridge, Cambridge University Press.

Wu，J.et al，2017："Carbon emission reduction potentials under different polices in Chinese cities: A scenario-based analysis"，*Journal of Cleaner Production*，Vol.161.

Wu，X. et al，2018："Effect of air pollution on the stock yield of heavy pollution enterprises in China's key control cities"，*Journal of Cleaner Production*，Vol.170.

Wu，Y. et al，2010："Uncertainties in estimating mercury emissions from coal-fired power plan"，*Atmospheric Chemistry and Physics*，Vol.10.

Xi，F. M. et al，2011："Contributing to local policy making on GHG emission reduction through inventorying and attribution: a case study of Shenyang，China"，Energy*Energy Policy*，Vol.39.

Xu，Q. et al，2016："The influence of rapid urbanization and land use changes on terrestrial carbon sources/sinks in Guangzhou，China"，*Ecological Indicators*，Vol.70.

Xu，S. C. et al，2017："Analysis of regional contributions to the national carbon intensity in China in different five-year Plan periods"，*Journal of Cleaner Production*，Vol.145.

Ya，Z. et al，2018："Emissions and low-carbon development in Guangdong-Hong Kong-Macao Greater Bay Area cities and their surroundings"，*Applied Energy*，Vol.228.

Yang，Q. et al，2015："Energy-dominated carbon metabolism: A case study of Hubei province，China"，*Ecological Informatics*，Vol.26.

Yang，S .et al，2018："Analyzing and optimizing the impact of economic restructuring on Shanghai's carbon emissions using STIRPAT and NSGA-II"，*Sustainable Cities and Society*，Vol.40.

Yang，Y.et al，2017："An analysis of the implications of China's urbanization policy for economic growth and energy consumption"，*Journal of Cleaner Production*，Vol.161.

Yang，Y.et al，2018："Urban daily travel carbon emissions accounting and mitigation potential analysis using surveyed individual data"，*Journal of Cleaner Production*，Vol.192.

Yin，B. et al，2018："Appraising the environmental benefits of ride-sharing: The Paris region case study"，*Journal of Cleaner Production*，Vol.177.

Yu，Y. et al，2017："Did China's regional transport industry enjoy better carbon productivity under regulations?"，*Journal of Cleaner Production*，Vol.165.

Yuan，Y. et al，2022："Carbon emissions from land use in Jiangsu，China，and analysis of the regional interactions"，*Environmental Science and Pollution Research*，022-19007-2.

Zhan，C.et al，2018："Financing eco cities and low carbon cities: The case of Shenzhen International Low Carbon City"，*Journal of Cleaner Production*，Vol.180.

Zhang，B. et al，2016："Growth in embodied energy transfers via China's domestic trade: Evidence from multi-regional input-output analysis"，*Apply Energy*，Vol.184.

Zhang，C. et al，2018："Co-benefits of urban concrete recycling on the mitigation of greenhouse gas emissions and land use change: A case in Chongqing metropolis，China"，*Journal of Cleaner Production*，Vol.201.

Zhang，J.et al，2018："The influence of population movements on the urban relative humidity of Beijing during the Chinese Spring Festival holiday"，*Journal of Cleaner*

Production，Vol.170.

Zhang，S. et al，2021："Gauging the impacts of urbanization on CO_2 emissions from the construction industry: Evidence from China"，*Journal of Environmental Management*，Vol.288.

Zhang，S.et al，2018："Impact of tiered pricing system on China's urban residential electricity consumption: Survey evidences from 14 cities in Guangxi Province"，*Journal of Cleaner Production*，Vol.170.

Zhang，Y. et al，2007："Emission of polycyclic aromatic hydrocarbons in china by county"，*Environmental Science & Technology*，Vol.41，No.3.

Zhao，M. et al，2012："The accounting of CO_2 emissions based on the energy balance table"，*Ecological Economy*，Vol.11.

Zhao，Y. et al，2008："Primary air pollutant emissions of coal-fired power plants in China: Current status and future prediction"，*Atmospheric Environment*，Vol.42，No.36.

Zhao，Y.H. et al，2018："Scenario analysis of the carbon pricing policy in China's power sector through 2050: Based on an improved CGE model"，*Ecological Indicators*，Vol.85.

Zhi，M. et al，2016："Consumption-based emission accounting for Chinese cities"，*Applied Energy*，Vol.184.

Zhou，Y. et al，2016："A factorial dual-objective rural environmental management model"，*Journal of Cleaner Production*，Vol.124.

Zhou，Y.et al，2013："Water resources management under multi-parameter interactions: A factorial multi-stage stochastic programming approach"，*Omega*，Vol.41，No.3.

Zhou，Y.et al，2015："Planning sustainable electric-power system with carbon emission abatement through CDM under uncertainty"，*Apply Energy*，Vol.140.

Zhou，Z. et al，2018："Carbon emission performance evaluation and allocation in Chinese cities"，*Journal of Cleaner Production*，Vol.172.

Zhu，X. H.et al，2017："Analysis of industrial energy-related CO_2 emissions and the reduction potential of cities in the Yangtze River Delta region"，*Journal of Cleaner Production*，Vol.168.

Ziogou，I. et al，2017："Energy，environmental and economic assessment of electricity savings from the operation of green roofs in urban office buildings of a warm Mediterranean region"，*Journal of Cleaner Production*，Vol.168.